本书获广东省高水平大学建设项目暨南大学“华侨华人与国际问题研究”学科组团建设经费资助

2016年度教育部人文社会科学重点研究基地重大项目《国家边疆安全视野下的沿边地区侨情调研》（项目批准号：16JJD810008）

教育部人文社会科学重点研究基地
Key Research Institute of Humanities and Social Sciences at Universities
暨南大学华侨华人研究院
Academy of Overseas Chinese Studies in Jinan University

国家出版基金项目
NATIONAL PUBLICATION FOUNDATION

“百部好书”扶持项目
GUANGDONG PUBLISHING

·世界华侨华人研究文库·

归侨口述史 广西篇

梁茂春 陈 文 主 编

暨南大學出版社
JINAN UNIVERSITY PRESS

中国·广州

图书在版编目（CIP）数据

归侨口述史．广西篇/梁茂春，陈文主编．—广州：暨南大学出版社，2022.8
（世界华侨华人研究文库）
ISBN 978－7－5668－3439－3

Ⅰ.①归… Ⅱ.①梁… ②陈… Ⅲ.①归国华侨—史料—广西 Ⅳ.①D634.3

中国版本图书馆 CIP 数据核字（2022）第 103794 号

归侨口述史·广西篇
GUIQIAO KOUSHUSHI · GUANGXI PIAN
主　编：梁茂春　陈　文

出 版 人：张晋升
策划编辑：黄圣英
责任编辑：冯　琳　王辰月　刘宇韬
责任校对：苏　洁　冯月盈
责任印制：周一丹　郑玉婷

出版发行：暨南大学出版社（511443）
电　　话：总编室（8620）37332601
营销部（8620）37332680　37332681　37332682　37332683
传　　真：（8620）37332660（办公室）　37332684（营销部）
网　　址：http：//www.jnupress.com
排　　版：广州市天河星辰文化发展部照排中心
印　　刷：深圳市新联美术印刷有限公司
开　　本：787mm×1092mm　1/16
印　　张：19.875
字　　数：399 千
版　　次：2022 年 8 月第 1 版
印　　次：2022 年 8 月第 1 次
定　　价：89.00 元

主编简介

梁茂春，暨南大学国际关系学院/华侨华人研究院教授、博士生导师。主持国家社会科学基金重点项目及一般项目、国家民委人文社科项目、国务院侨办人文社科项目多项。著有《跨越族群边界》（社会科学文献出版社，2008）、《跨国迁移、流动与身份认同》（上海人民出版社，2021）。在《民族研究》《中国社会科学内部文稿》《中国史研究》《世界民族》《华侨华人历史研究》《暨南学报》及 *Asian and Pacific Migration Journal* 等刊物发表论文数十篇。

陈文，暨南大学国际关系学院/华侨华人研究院教授、博士生导师。主持国家社会科学基金重点项目及一般项目、教育部重点文科基地重大项目、教育部哲学社会科学研究基金后期资助项目多项。出版学术专著《越南科举制度研究》（商务印书馆，2015），获教育部第八届高等学校科学研究优秀成果三等奖；参与《归侨口述史·暨南篇》口述访谈组织和书稿编辑工作；在《世界历史》《中国边疆史地研究》《中国历史地理论丛》《世界经济与政治》《世界民族》《东南亚研究》等刊物发表论文数十篇。

总　序

在20世纪，华侨华人问题曾经四次引起学术界关注。第一次是20世纪初关于南非华工的问题；第二次是“一战”后欧洲华工问题；第三次是五六十年代东南亚国家出现的“排华”问题；第四次则是80年代中国经济崛起与海外华侨华人关系的问题。每次华侨华人研究成为研究热点时，都有大量高水平研究著作问世。

进入21世纪以来，随着全球化进程的加速和中国国际化水平的提升，海外华侨华人与中国的发展日益密切，华侨华人研究掀起了新一轮高潮。华侨华人研究机构由过去只有暨南大学、厦门大学、北京大学、华侨大学等少数几家壮大至目前遍布全国的近百所科研院校，研究领域从往昔以华侨史研究为主拓展至华人政治、华人经济、华商管理、华文教育、华人文学、华文传媒、华人安全、华人宗教、侨乡研究等涉侨各个方面，研究方法也逐渐呈现出多学科交叉的趋势，融入政治学、历史学、社会学、民族学、教育学、新闻与传播学、经济学、管理学、法学等学科方法与视角。与此同时，政府、社会也愈益关注华侨华人研究。国务院侨办近年来不断加大研究经费投入，并先后在上海、武汉、杭州、广州等地设立侨务理论研究基地，凝聚了一大批海内外专家学者，形成了华侨华人研究与政府决策咨询相结合的科学发展机制。而以社会力量与学者智慧相结合的华商研究机构也先后在复旦大学、清华大学等地成立，闯出了一条理论研究与社会实践相结合的华侨华人研究新路径。

作为一所百年侨校，暨南大学在中国华侨华人研究中具有特殊的地位。暨南大学创立于1906年，是中国第一所华侨高等学府。华侨华人研究是学校重要的学术传统和特色。早在1927年，暨南大学便成立了南洋文化事业部，网罗人才，开展东南亚及华侨华人的研究，出版《南洋研究》等刊物。1981年，经教育部批准，暨南大学在全国率先成立华侨华人研究的专门学术机构——华侨研究所，由著名学者朱杰勤教授担任所长。1984年在国内招收首批华侨史方向博士研究生。1996年后华侨华人研究被纳入国家“211工程”1—3期重点学科建设行列，2000年获批教育部人文社会科学重点研究基地（华侨华人研究）。暨南大学于2006年成立了华侨华人研究院，并聘请全国政协常委、国务院侨务办公室原副主任刘泽彭出任院长和基地主任。2011年，学校再次整合提升华侨华人研究力量，将华侨华人研究院与国际关系学系（东南亚研究所）合并成立国际关系学院/华侨华人研究院，继续聘请刘泽彭同志出任华侨华人研究院院长和基地主任，由华侨华人与国际问题研究知名专家曹云华教授出任国际关系学院院长兼华侨华人研究院执行院长。同时，学校还加大科研经费投入，努力打造“华侨华人研究优势学科创新平台”。研究院在加强自身科研能力的基础上，采取以研究项目、开放性课题为中心，学者带项目、课题进院的工作体制，致力于多学科和国际视野下的前沿研究，立足于为国家的改革开放和现代化建设服务，为社会服务，为政府决策咨询服务，努力将之建设成为世界一流的学术研究机构和人才培养基地。

值华侨华人研究在中华大地百花齐放、百家争鸣之际，为进一步彰显暨南大学科研特色，整合校内外相关研究力量，发掘华侨华人研究新资源，推动华侨华人研究学科的发展，暨南大学华侨华人研究院在2012年推出了“世界华侨华人研究文库”。文库的著作多为本校优势学科的前沿研究成果，作者中既有资深教授、学科带头人，也有学界新秀。他们的研究成果从多学科视野探索了国内外华侨华人研究的一些新问题、新趋势，具有较高的学术价值和现实意义。截至2016年底，文库已经出版三批23本，在华侨华人研究领域引起了不错的反响。

2015年6月，暨南大学入选广东省高水平大学重点建设高校，“华侨华人与国际问题研究”成为学校高水平建设重点支持的一个学科组团。为了进一步发挥暨南大学的华侨华人研究优势，学院决定继续组织出版这套丛书。丛书的经费来源从之前的“211工程”和暨南大学“华侨华人研究优势学科创新平台”变为广东省高水平大学建设项目暨南大学“华侨华人与国际问题研究”学科组团，编委会也随人员变动做了一些调整。

本套丛书的出版得到学校领导的大力关心与支持。国际关系学院/华侨华人研究院领导与部分教师特别是高水平大学建设学科组团中的华侨华人与跨国移民研究团队的教师们也付出了艰辛的劳动，他们在策划、选题、组稿、编辑、校对等环节投入大量精力。同时，暨南大学出版社也对丛书出版给予高度重视，组织最优秀的编辑团队全程跟进，并积极申报国家出版基金项目，获得立项资助。在此，我们对所有为本丛书出版付出宝贵心血与汗水的同仁致以最衷心的感谢！

在前面三批的总序中，我们表示“期盼本丛书的出版能在华侨华人研究领域激起一点小浪花”。现在看来，已部分达到了目的，尽管如此，我们仍坚持不忘初心，继往开来，汇聚国内外华侨华人研究的朵朵浪花，把这套文库办成展现全球华侨华人研究优秀成果的一个重要平台。

《世界华侨华人研究文库》编委会

2017 年 6 月

目　录

总　序　/1

陈承业　/1
陈敬恒、张婷娘夫妇　/18
陈益美　/27
邓春林　/34
邓叶通　/38
杜剑宣　/43
付为喜　/48
何珠英　/52
黄儒武　/65
黄色文　/70
黄世辉　/75
黎永东　/80
李其益　/85
林　红　/93
林华凌　/98
林惠江　/108
林振才　/113
马拔芳　/122
梅思就　/130
潘自权　/136
邱小兵　/142
苏成耀　/151
苏妙英　/167

王钦武　/193
吴家运　/195
肖兰章　/198
颜金发　/205
殷华生　/212
余亚明、方秀霞夫妇　/217
云大瀛　/230
曾令威　/251
赵耀强　/258
朱国良　/266
印尼归侨甲　/277
印尼归侨乙　/283
印尼归侨丙　/284
印尼归侨丁　/286
印尼归侨戊　/290
越南归侨甲　/295
越南归侨乙　/299

后　记　/303

陈承业[①]

一

我们家族从我爷爷那一辈就去缅甸了，所以我应该是第三代移民。尽管是第三代移民，但我与缅甸当地人的交流很少。在缅甸的华侨华人习惯于只在相互之间进行交流。华侨华人集中居住的那条街就叫唐人街。我爱人居住的地方叫毛大棉，当时从毛大棉到仰光要坐一个晚上的汽车，住处靠近北大年的太府。

我出生于1944年，但在我1964年回国前，中国驻越南领事馆帮我办的护照上面写的却是1946年出生，他们把我的年龄改小了一点。领事馆的工作人员说回国读书就应该把年龄改小一点，因为年龄大的要被安置到农场干活。

陈承业的父亲（右起第三人）20世纪40年代所在的华侨西洋乐队

① 访谈时间：2014年8月11日；访谈者：梁茂春、陈文；录音整理：方陈灵（天津外国语大学2012级本科学生）；访谈地点：陈承业家中。

我有一个比我大三岁的哥哥，还有两个姐姐。我回来的时候，两个姐姐都已结婚了。哥哥在越南人投资开设的工厂里工作，但是这个工厂被缅甸政府收为国有后，我哥就不能在那里工作了，因为他是华侨，没有缅甸国籍，只能在当地断断续续地打一些零工。后来他在当地的农贸市场摆了一个摊位，做点小生意。我的嫂子也是华侨，不过现在他们为了能更方便地在缅甸工作和生活，都加入了缅甸国籍。

现在在缅甸的华侨华人，除了老一辈之外，都加入了缅甸国籍。当时很多华侨都说，我是中国人，为什么要加入缅甸国籍？即使一些人加入了缅甸国籍，他们还是保留着华人的生活习惯，不受缅甸文化习俗的影响。在缅甸的大部分华人还是会庆祝春节、中秋节等中国传统节日。

当时缅甸发生的排华事件，其针对的人群基本上都是上了年纪的华侨。为什么不排斥年青一代的华侨华人？因为年青一代的华侨华人不懂政治，也不关注政治，不会触动缅甸人的神经。排华刚开始的时候，还没有华侨加入缅甸国籍。到后来，缅甸政府发布法令，禁止华侨从事的行业有 18 种之多，把在缅华侨的活路给堵死了，最后大多数华侨不得不加入缅甸国籍。但老一辈华侨无所谓，他们保留着中国国籍，誓死要做中国人。而我们这一辈很多人都加入了缅甸国籍，当时我们才二三十岁，正是需要讨生活的年纪，不然没法生存。

陈承业妻子庄秀宝二姐一家人合影（摄于 1975 年）

在缅甸，如果没有缅甸国籍会有很多不方便，因为只有缅甸公民才可以申请护照出国。没有缅甸国籍的人还是可以住在那里，但没有那么自由。当时针对没有缅甸国籍的人有很多类似于宵禁的行动上的限制。缅甸有一个类似于中国的街道居委会的机构，家里有客人来缅必须向那里的负责人报告，而且客人最多只能留宿七天。如果七天后还没有离开，就必须再向其报告一次。这个制度主要是针对华侨华人的。后来这个制度取消了，家里来客人不再需要报备。

当时在缅甸的华侨华人比较多，多数都是做大生意、开大工厂的。缅甸本地人不刻意追求高质量的生活，他们最喜欢吃的是鱼露，有鱼露和辣椒他们就能够吃一餐，有没有鸡鸭鱼肉都无所谓。缅甸人不像中国人那么努力地追求财富，过得去就行了。1989 年，缅甸实行改革开放以后，他们开始追求精神上的享受。大多数缅甸人信仰佛教，缅甸的佛跟中国的佛是一样的。中国人信佛的时候还想着招财进宝，佛像下面要刻上“招财进宝”；但缅甸人很容易知足，他们很虔诚，只要有一点钱，就愿意捐给寺庙，他们只是祈求平安。

1961 年，陈承业（前排右四）以前所在的仰光闽南歌剧社到缅甸博古演出

那时，缅甸农村没有华人，华人基本上都在城市生活，而且大部分都聚集在一起，不会与缅甸人杂居。仰光市中心是华人聚居区，隔壁是印度人聚居区，外围才住着缅甸人。华人的生意经营得很好，市中心很热闹，缅甸人会来华人聚居区买东西。印度人穷的很穷、富的很富。但我们华人不一样，大家差距不大，都很会过日子。以前的那种专门帮别人打苦工、卖力气的人群中最常见的就有印度人。他们打一天工，赚了一点工钱就去喝酒，喝完酒就睡在路边，第二天醒来继续打工。

如果按照整个仰光总人口来算，华人的比例并不高。但是华人都集中在仰光市中心，那里专门有一个唐人街，居住的基本上都是华人。仰光有很多福建人、广东潮州人和梅县人，所以华人习惯于讲闽南话、潮汕话和客家话。在缅甸开始排华之前，当地缅甸人不仇视华人，大家还是有来往的，没有什么矛盾。我们当时居住的城市是个小地方，只有几条街，我们跟缅甸邻居的关系很好。那缅甸为什么要排华？是因为华人有钱，他们请的保姆大多都是缅甸本地人。缅甸人不过问政治，排华肯定是由缅甸政府挑起的，缅甸政界都是缅甸本地人，他们觉得华人群体太强势了。

缅甸仰光华侨中学，陈承业（左二）回国前与朋友留影

在1964年我回国之前就已经学会缅甸语了，这是受环境影响使然。华侨华人之间也有讲缅甸语的，因为大家可能来自中国不同的地方，说着不同的方言，所以华侨华人之间的通用语言就是缅甸语，很少有华侨华人讲普通话。我们在家里讲方言，缅甸的华文学校教书也是用方言来教的，比如说我小学的时候主要用闽南语来学习。“缅甸语”是专门设立的一门课，但当时我们学缅甸语主要还是通过日常生活来学习。不过，用缅甸语进行日常沟通还可以，如果要谈深刻一点的话题，比如有关经济、政治、法律上的专业名词，大部分华侨华人就不会讲了。

居住在山区的华侨华人讲的缅甸语就更不标准了。尤其是缅甸北部地区流行讲缅甸普通话，所以那里的华侨华人虽然会讲一些缅甸语，但一般发音都不标准。如果你到曼德勒，那里的一些华侨华人还可以讲普通话，但是他们的普通话是带有云南方言口音的，因为那个地方靠近云南。

仰光城华侨体育会成立三周年纪念暨欢迎仰光闽南歌剧团演出。第四排右四为陈承业（摄于1961年）

我们华人都在当地结婚，没听说过有人回中国寻找配偶的。在缅甸，华人基本上互相都认识，如果不认识也会有人帮忙介绍对象，一般介绍的都是华人，不会介绍缅甸人。我们也有这个共识，就是华人绝对不找缅甸人结婚。那个时候华人与缅甸人结婚的还比较少，后来渐渐就有一些了。但是，即使是找缅甸人结婚，也会找混血儿——父母有一方是华人的那种。华人慢慢被缅甸文化同化了，在穿着、饮食方面已经缅甸化了，比如说华人喜欢吃红烧肉，缅甸人是不吃的；缅甸人最喜欢的就是咖喱饭和鱼露，现在的华人也都已经习惯吃这些东西了。华人适应能力还是很强的，缅甸排华，我就加入了缅甸国籍。当时气氛那么紧张，华人不敢娶缅甸人，等到和平时期大环境稳定下来了，大家才慢慢恢复联系，互相建立信任，华人才考虑娶缅甸本地女人。

我们在缅甸读书，小学、中学都是在华侨办的华文学校就读。华文学校小学阶段的学制跟中国一样也是六年制，一学年有两个学期。小学有语文、算术两科。到了初中就增加了数学、化学、地理，地理课教材中有中国地图，历史教材也跟中国的一样。

1960—1961 年仰光闽南歌剧社到博古演出。后排右一为陈承业（摄于 1961 年）

当时仰光有很多华文学校，如华侨中学、南洋中学、中华中学、华夏中学、中国女中，还有专门的女子学校，小学有华侨小学，中小学比较大的学校都是华侨集资开办的。所以，当时的华文学校没有当地人来读书，只招收华侨子弟。华文学校也学缅甸语、英语，但主要还是学中文、数理化、历史、地理，课程全部都是用中文教学。缅甸语就在语文课堂中学习，语文课学习中文、英语、缅甸语三种语言。华文学校毕业的人，在缅甸的就业市场中并不占优势，用人单位不看文凭，都是靠互相介绍的。比如，我的儿子高中毕业了，介绍到你的店里去工作，文凭没有用处。在公司里工作，懂不懂缅甸语都无所谓。但是我们都会缅甸语，我们回国几十年了，到现在都还会说、会听、会写缅甸语。

华文学校在中国的国庆节期间举行篮球、排球比赛。图为 1959 年 10 月陈承业妻子庄秀宝的二姐（第一排右一）在南洋中学的篮球队比赛获得冠军

我母亲养育我们比较辛苦，因为我们家比较穷，读书都是在缅华人资助我们的，只要成绩好，当地的华人组织都会资助我们读书。

在学校，老师或领事馆工作人员找来一些进步的华侨学生，成立学习毛主席著作小组。进步学生主要是指贫困学生，贫困学生是重点培养对象，因为贫困学生普遍学习比较刻苦。我妻子当时就参加了，她也是进步学生，身份不能公开，都是单线联系，不能让校长知道。我们私底下偷偷地学习毛主席著作。华文学校的校长虽然管理学校，但他不一定知道我们学习毛主席著作活动的情况，他更不能以学校的名义来组织学习。在缅甸有很多这种地下组织，有些老师可能就是地下组织成员，我们当时就是受他们的影响。

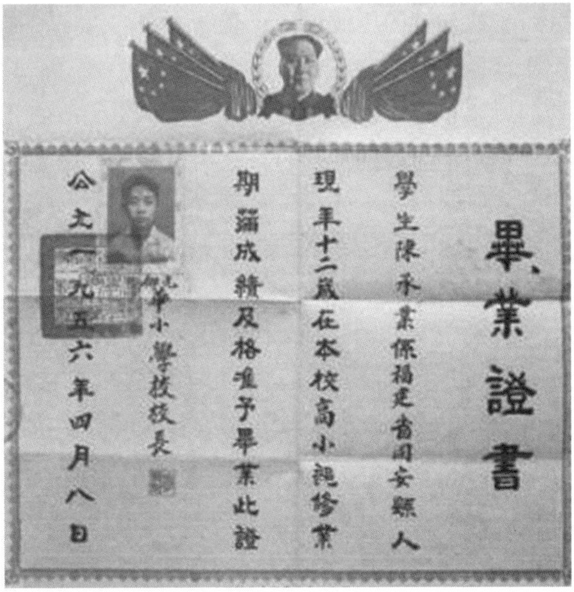

畢業證書

學生陳承業係福建省同安縣人

現年十二歲在本校高小統修業

期滿成績及格准予畢業此證

華小學校校長

公元一九五六年四月八日

缅甸华文学校毕业证书

在华文学校不升缅甸国旗，也不唱缅甸国歌，因为我

缅甸华侨店员之家（摄于1955年8月）

们也不懂，我们都唱中国国歌，缅甸政府也不干涉。因为那时候中缅两国关系很友好，我们还在缅甸的时候，周总理带团访问过好多次缅甸，学校还组织了文艺演出。我们从小就受到中国共产党的影响，很关心祖国的情况。所以，1964年我回祖国继续读书，决心将来要建设祖国。在缅甸读书时我们就被灌输了这种思想，我们很多人认为回国读书很光荣。我有一位朋友那时候没有回国，因为当时他已经成家了，他家人都在缅甸。如果我没有在领事馆里工作的话，我可能也不会回国读书，或许会在当地参加工作，参加一些活动也等于为祖国做事了嘛。

我们华文学校基本上没有跟当地的中学或小学搞过联谊活动，华文学校只跟华文学校搞联谊活动，比如举行篮球比赛、春节庆典、友谊赛等。

华文学校的毕业证上还有毛主席的头像，很有中国特色，缅甸的教育系统也不干涉。我们华侨也会举行中国国庆节游行，中国的国庆节期间我们举办酒会、播放电影，华侨聚集在商会的大礼堂里搞活动。

读初中的时候，我们不与缅甸的同龄学生来往，都是与华侨学生来往。过去缅甸人对我们华人还是很好的，自从排华以后我们的关系才变差了一点。现在互相之间不谈政治，大家都是为了生活。

缅甸大部分当地人不像华人那样勤快，整体比较落后，所以我们与缅甸人交往不多。但是现在不同了，华人在缅甸生活久了，中国文化对缅甸人的影响也多了。现在缅甸人也懂得讲卫生了，过去缅甸的卫生条件太差了，苍蝇满地飞，路上到处都是垃圾。我们这些在缅甸出生后来回国的，去缅甸探亲十有八九会拉肚子。

回国之前，我在缅甸已经中学毕业了，在商店工作，加入了店员联合会。在二十世纪五六十年代，缅甸华侨的企业、商店里的员工纷纷成立了联合会，那时候家里条件不好的华侨在商店工作后，就有资格参加这种联合会。我参加的是“店员之家”，只要你本人是华侨，属于打工一族，就可以加入联合会，这是一个庞大的组织。

后来华文学校被缅甸政府收归国有，成立了一个发展联合委员会或是革命委员会之类的组织，学校这块地就变成缅甸政府的了，缅甸政府没有给学校任何赔偿。1963 年，缅甸政府发布一个通告，所有的旧缅币作废，作废前旧币可以拿去银行兑换新币，这样一来，华侨损失很大。因为华侨很有钱，但又不敢去兑换新币。因为如果你去兑换，缅甸政府就知道你有多少钱从而找你麻烦，因此很多华侨宁愿丢掉旧币！当时华人基本上垄断了缅甸的经济，缅甸人再怎么有钱，也比不上华人的中等水平，通过兑换新币这一招，华人的钱就被作废了。

1964 年陈承业回国前，全家专门到照相馆照相，中间为其母亲，后排左二和左一为哥哥嫂嫂，前排右一为大姐，左一为二姐（20 世纪 60 年代缅甸排华时到台湾发展），后排右一为陈承业

中华人民共和国成立以后，缅甸也承认了中国政府。在日本殖民统治缅甸时期，我们“店员之家”的办公地点在楼顶，当时我们租了商城的一整层。楼下的写字楼还有一些华侨组织。当时的华侨组织，分为不同的派别，组织形式也各式各样，老板有老板的商会，打工仔有打工仔的店员联合会，老师有老师的教工联合会。还有一个华侨救济互助委员会，主要帮助生活困难的华侨，是华人老板们组织的，这个委员会还租有一层楼，经费来自社会捐赠。店员联合会早就成立了，过去周总理、陈毅元帅经常去缅甸访问，我们这些店员都要提前准备。例如，周总理从机场到领事馆要经过的路段，我们会提前几天去考察，主要是怕国民党特务在路上埋地雷。周总理每一次到访，我们这些店员都会提前准备，我们当地华侨很担心国家领导人的安危。我们做这些事情是自发的，没有人资助，接到通知后第二天早上在店里集中，然后出发。每一次都有好几十人参加，从机场一直到大使馆这条路上，我们一路慢慢地走，东看看、西看看。

1964 年陈承业（中间）回国前与亲友合照留影（摄于缅甸仰光）

当时缅甸有《人民报》《华商商报》《华侨报》《中国日报》等几家华文报社。后来缅甸开始排华，就不允许办华文报纸了。《人民报》是仰光最大的华文报纸，当时华侨家庭一般都会订阅。这些报纸的创办和经营，中方领事馆也会提供资金支持，可以说其真正的后台是领事馆。我们店里的老板都经常在领事馆参加像国庆、酒会这些活动。

1964 年 8 月陈承业（前排中间）回国读书前缅华闽南歌剧社欢送留影，前排左三为仰光最大的华文报《人民报》社社长，二排左四是其最好的朋友陈金源（摄于缅甸仰光）

我记得当时缅甸《人民报》很有影响力，它是一份进步报纸。当时缅甸侨联成员每人都赞助了，而且都是由我们这些爱国人士担任记者和编辑。大概在

1966 年，这家报纸就被封了。1962 年缅甸发生军事政变，1964 年我们回国时那边已经开始排华，开始限制华侨做生意了。1966 年华文报刊全部停办。

在 1964 年回国前，我有收音机，可以收听中国的广播电台，也可以看引进的中国电影，像动画片《神笔马良》《三毛流浪记》以及古装戏《画中人》等，我都看过。仰光有外国人开的电影院，也有华侨开的电影院，放缅甸本土影片的多，也有进口影片比如英国影片。如果是华侨开的电影院，不时地就会有中国影片放映。如果是非华侨开的电影院，就很少播放中国影片。不过政治题材的电影基本上没有，放的主要是古装片。

生活在缅甸的华人也知道中文的重要性，只要有条件都会将子女送到华文学校去。有华文学校就去华文学校，没有华文学校就去私人办的补习班学中文。现在中国越来越强大了，世界各地都有中国人去做生意，他们学中文的目的是方便将来做生意，因为与中国人的生意越做越大，中文在世界各地都在使用。华人也越来越重视中文。由于老一辈华人血统意识根深蒂固，即使没有华文学校，也会自己教子女学习中文，或上华文学校学习。现在从缅甸来暨南大学读书的多是华人的子女。原来广西民族学院（今广西民族大学）也有一批从缅甸过来读书的华人子弟，有些人毕业后就不回缅甸了，留在了中国，在中国收入高，缅甸收入很低。在缅甸工作每月收入有几十万缅币，但折合人民币不到一千元。除非到中国投资的缅甸公司里工作，工资才比较高，月薪有好几千元人民币。所以这些留学生就愿意留在中国，在中国挣钱，回缅甸生活就比较轻松。但是他们不能长期在中国居住，必须有公司作担保，然后经公安机关批准才行。我们曾给他们提建议说，娶一个中国姑娘就可以合法在这里居住了，但这样做的留学生还是比较少的。

虽然大多数缅甸年青一代的华人被同化了，但他们还认为自己是中国人，也记得自己的母语，而且做生意也需要使用母语。我离开缅甸以后，那些没有离开的同胞很快就被同化了。缅甸开始排华以后，作为外籍居民，没有缅甸国籍就要交外籍税。很多东西会被限制，出行不方便，做生意有障碍，所以就只有被同化了，到现在，在缅 90% 的中国人都加入了缅甸国籍，这与缅甸政府强有力的限制措施有关。

我听说现在缅甸补习班使用的课本是台湾编的，不是大陆编的。虽然为了搞好中缅两国之间的关系，缅甸有很多中文补习班，但补习的资料不是我们大陆提供的，而是台湾提供的。但是当地偏向中国大陆的华人还是多数，虽然课本是台湾编的，但只要教会孩子们中文就行了，孔子学院好像只有曼德勒有一所。我爱人的妹妹和她的侄子、侄女们，年纪大一点的对中文都一窍不通，现在都是送小孩子去补习班学中文了。

虽然华人渐渐被同化了，但在缅甸参政的华人一直不多，在政府部门工作的华人还是很少，关心政治的华人也很少，除非是为了做生意，需要跟政府官员搞好关系；普通人就过自己的日子，一般的华人家庭都不过问政治。但在经济上，华人还是占优势的，缅甸老百姓对华人经济上的优势并没有那么敏感。印尼人排华实际上也是因为受当时政府的挑唆。

缅甸开放的范围很小，要比柬埔寨小很多，有很多华人到柬埔寨开工厂，但没有人去缅甸开工厂。我们中国人去缅甸做生意也始终做不起来。比如之前有人去缅甸开北京烤鸭店，最后没有成功。香港人去缅甸做生意的比较多，广西南宁人去的不多，因为南宁人没有那么强的经济实力。也有些缅甸华人已经移民到美国和其他发达国家，有些是投靠子女移民去的，经济条件好的就送子女到美国读书，等子女毕业后留下来再把父母接过去。缅甸属于贫穷国家，美国针对一些东南亚贫穷国家每年有一些资助项目，允许移民到他们国家去。美国通过抽签决定谁可以移民过去。这些人到美国之后，再慢慢接自己的亲戚一起去。像我爱人二姐的儿子在日本工作过，后来抽签抽到了资助资格就到美国去了。年轻人去美国还可以奋斗，但是上了年纪的人去美国就不能适应了。

二

我是 1964 年 8 月回国的。领事馆帮我办好手续，买好机票，而其他华侨需要自己购买机票。我们从缅甸回国的第一站就是昆明。因为华侨学生回国读书的比较多，昆明就专门设有接待站。我们一下飞机，就立即被送到旅社去。因为考虑到我们从国外回来，担心带有传染病，所以我们被安置在旅社住一段时间以后，华侨补习学校（以下简称补校）才来接我们去读书。后来回国的人更多了，接待方就把一部分归侨分到了南宁，我们都服从分配。1965 年 2 月，我们就转到了南宁，把昆明华侨补校让给后面回来的人。在这大半年中，我们就在昆明华侨补校读书。

在昆明华侨补校时，因为我们都会中文，所以老师都用中文教学。我们刚回来时，国家对我们很好。因为当时天气很冷，我们一回来，就给我们发了棉衣，床上用品也都准备好了。学校还有奖学金，条件好的少给一点，条件差的多给一点。到南宁以后，国家号召我们尽量为国家减轻负担，所以我们回来时带的一些值钱的东西，如金饰、衣服等，都拿到典当店当掉，一些新的东西也全部卖掉换钱，同时也领取一点奖学金。我带回来的东西全都卖掉了，因为那时回来我们的待遇都非常好，回来就决心要建设自己的祖国。

陈承业（后排中）和南宁华侨补习学校同班同学在南宁人民公园合影

我爱人家在毛大棉，是缅甸第三大城市。她家里并不同意她回国，1964 年是组织送她回国的。当时她是积极分子，因为那时候有些家长认为自己的子女还小，不同意他（她）们回国，所以回国由老师组织，一切都是秘密进行的。家里主动送回国的也有，但是大部分是跟风，都想回去建设自己的祖国。我们回国时，缅甸已经没有华文学校，全部被关闭了。1964 年表面上虽然很平静，但是华文学校已被缅甸政府收归国有，华人经商也已开始受到限制，华人被禁止读中文书籍了。

1973 年陈承业与庄秀宝在云南瑞丽与庄秀宝母亲会面

20 世纪 70 年代陈承业二姐（右二）与缅甸的姐姐一家人

三

我爱人20世纪80年代回过缅甸一次。第一次回缅甸还见到了她母亲，第二次去的时候就见不到了，她母亲已经去世了。第二次重返缅甸，是我们夫妇俩一起去的。1991年时边境还没有开放。当时我们要先从南宁坐火车到昆明，再从昆明坐汽车到保山、芒市、瑞丽，到瑞丽以后，就由边民带入缅甸境内，边境有人专门做这个生意，他们懂得走小路，避开海关。从南宁出发，两天就可以到仰光了。到保山那段路程很危险，整天都是绕着山走，到缅甸后路况更差了，全是泥巴路，等我们回到缅甸的家时全身都是泥巴，回一次家真的很艰苦。那时候缅甸的家里已经很富有了，她二姐家条件好，在仰光买了房子，家里还有用人，大姐家境就没有这么好。

庄秀宝（左三）1991年第二次回缅甸探亲，于缅甸仰光二姐家合影

1995年回缅甸是我一个人去的，因为我爱人已经去过了，她回去的次数比我多。我的朋友陈金源就开车陪着我到处玩，他是我最好的朋友。自从1964年我回国后，我们一直没有见面，相隔三十年后才得以重逢。我有时候写信给我妈，我妈不识字，都是由陈金源念给我妈听的。他在商店里工作，我以前参加的那个“店员之家”，就是他介绍的。他也加入了歌剧社，很活跃，一心扑在为华侨服务的工作上。他比我大好几岁，我们就是在这个歌剧社里认识的。我回国后与他也有信件来往，都是用中文写的，他也很关心中国国内的情况。

1995 年陈承业回缅甸探亲，与母亲（前排左二）、二姐（前排左一）、大哥（后排右一）合影

2004 年 4 月，我们夫妇一起回到缅甸。我们到了缅甸就穿当地的服装了。我妈还是穿我们中国人穿的那种裤脚宽宽的裤子。现在年轻的华人也与缅甸的年轻人穿得一样了，只有上了年纪的老人才穿缅甸当地的服装。

当时缅甸人坐长途班车是没有什么安全意识的，挤得上去就挤，他们的公共汽车也是这样。缅甸人坐车，先交钱后上车，其他的事（安全问题）没人管。有时候缅甸人坐公共汽车是从后门上的，只要你有一只脚能够踩进车厢，有一个手能够抓住门边，那么即使另一只脚悬空也无所谓。缅甸火车也是很落后的，车厢顶上都敢坐人。当地人的车几乎都是日本车，质量很好。日本人很聪明，把他们的二手车推销到缅甸，因为即使是二手车，性能还是很好的，所以在缅甸很受欢迎。

2004 年 4 月，陈承业、庄秀宝夫妇回缅甸探亲时穿上了缅甸服装

以前人们去缅甸时，没有邀请函是不能去的，探亲也要有邀请函，手续很复杂。2002 年是我妈妈、姐姐写的邀请函，邀请我们夫妇去探亲，邀请函是给缅甸驻中国的领事馆看的，他们看不懂中文信。以前办理入境手续很复杂，我们要到昆明去办理签证。现在放开了，什么手续都不用，只需交 300 元签证费。现在南宁也有领事馆了，很方便。

2004 年 4 月，陈承业（中间）、庄秀宝（右二）夫妇回缅甸与哥嫂姐姐合影于庆福宫门前

我们回国后，有时工作中碰到不顺利的事，就会很失落。我在学校读书的时候、在农村插队很辛苦的时候都没有这种想法，是进工厂以后才产生这种想法的。虽然我哥哥与我相比，他在缅甸的情况不一定比我在国内的好，但我爱人的家里就不同了，她姐姐在缅甸就比我们在国内好多了，她姐姐在那边有房、有车、有店，但是我们没有。谁让我们进了工厂的门呢？有什么不如意，只能自我安慰了。我们本来就是出于爱国才回来的，是不会后悔的。

我们 1969 年下乡，1972 年到黎塘耐火材料厂工作。我们进的是广西宾阳氮肥厂，工人主要是当地人，是农村城镇级别，后来越南发生排华事件以后，就有一部分越南人（归侨）进厂，大概有 70 人，但这并不是专门为华侨开办的工厂。

1978 年越南排华的时候，国家为了安置归难侨，专门建了华侨服装厂。1978—1979 年又建了一些职工宿舍。我是 1985 年来南宁华侨服装厂的。

后来企业改制，规定女的到 40 岁，男的到 50 岁就要下岗。到后来又有企业改制，改成公司企业制，原来我们所在的南宁华侨服装厂就把我们安排到社区，然后这个工厂就跟我们一点关系都没有了。如果它没有改制的话，起码我们还有生活保障。未改制之前，每一年政府都要拨一些华侨事业经费下来，即使企业效益不好，我们在厂里看病，起码也能报销百分之八九十。而现在到社区以后，我们一个月才三四十块的医药费，真是天壤之别！连看一次感冒都不够。春节、国庆节、中秋节、重阳节之类的节日，一分钱的福利都没有。不过现在我有一份退休金，也算过得去。

庄秀宝在广西宾阳氮肥厂时是篮球队队员

1985 年我们到南宁华侨服装厂，给我们分配的宿舍是大板房，大板房只有四十年的使用寿命，但我们现在还一直在里面住着。因为这里条件艰苦，所以有些归侨家庭的子女在外面买了房，全家就搬出去了，这里的大板房就出租了，也有人去了美国，不像以前这里住的都是归侨。

我们的儿子于 1995 年考上军校，当时他考上在合肥的解放军电子工程学院，是我们华侨服装厂子女中第一个考上大学的，工会奖励他 20 块钱。他毕业后一直都在青岛部队，20 年了，他一直在北海舰队搞后勤。

陈敬恒、张婷娘夫妇[①]

一

张婷娘：我是在日本占领印尼后出生的，我的出生日是1943年4月30日，出生地在印尼完悦沙里，属于万隆地区，但离万隆比较远。我是第五代移民，曾听爸爸说我们的祖籍是福建，具体的地点就不知道了；妈妈的祖籍是广东梅县。

我们家有九个兄弟姐妹，到第七个才是男孩，第八个又是女孩，第九个孩子比我女儿还小一点。只有我和姐姐回国了。

因为我们家所在的小镇华人比较少，所以我就在本镇的印尼语小学读书，这个小学全部都是用印尼语教学，没有中文课。班上的华人是少数，一个班三十多人，只有两个是华人，同学们也都知道我们是华人，因为长相不同，习俗也不一样，不过这并不影响我们之间的关系，因为我们家几代人都不说中文了，连福建和广东的方言也不会说了，我妈妈也只会说一点点中文，我们在家里都是说印尼语的。我从小就跟印尼当地的小朋友一起玩耍，不分你我。我们镇上只有二十家是华人，占少数，集中居住在一条街上。

从右至左依次是：张婷娘、老七（弟弟）、老三、老四、老五和老六，除老七外均为女孩（摄于1959年）

---

① 第一次访谈，访谈时间：2013年8月；访谈者：陈健（桂林力创小学教师）；录音整理：方陈灵（天津外国语大学2012级本科学生）。第二次访谈，访谈时间：2018年10月6日；访谈者：梁茂春、陈文。两次访谈地点均为桂林华侨农场。

我在印尼学校学印尼语，到四年级还未学过中文，主要学的是印尼语、数学，同时每天也参加伊斯兰教的祈祷活动，用阿拉伯语做祷告。读到小学四年级的时候，某天外婆到我家劝说我爸爸，让我和姐姐一起转到华文学校读书，说我们应该到华文学校读书，因为我们都是中国人，应该学会中文。那时外婆已经四十多岁，她是在印尼出生的，居住在打横，也属于万隆地区，离我们家大概有六十公里。她们家一直说客家话，她的外公是第一代移民，外婆二十六岁时，她的外公就已去世，她大概每半年来我们家看望一次。对外婆的这个提议，我爸刚开始并不同意，他说，在哪读书、读印尼文还是读中文都是一样的，而且华文学校离家较远，要坐火车一个小时才到，女孩子在往返的路上也不安全。但外婆的意见还是影响了我爸爸最终的决定。后来他遇到了同镇上的姓林和姓佘的两个邻居，他们都有一子一女在印尼学校读书，也有转学到华文学校的念头。就这样，我们六个华人同学凑在一起坐火车去华文学校读书，三个家庭的大人都放心了。

后排从左至右：陈敬恒的弟弟、陈敬恒、张婷娘、陈敬恒的大嫂和大哥；前排为陈敬恒的母亲、大哥的两个女儿（摄于陈敬恒的印尼老家，1959 年）

华文学校离家确实比较远，我们六人早上六点就要急匆匆地跑着去赶火车，坐一个小时才到学校，有时火车还没有完全停下我们就要跳下车了，因为七点半就开始上课了，时间非常紧，下午四点我们才能回到家。我姐姐那时比我高两个年级，她已经在印尼学校读到六年级。到华文学校后，由于不懂中文，她也和我们一样，要从一年级读起。华文学校的老师全部是华人，一个星期只有一节课是学印尼语的。从那时起我才开始学会说中文。直到 1959 年学校被关闭，我在华文学校读了四年小学，加起来一共读了八年小学。华文学校关闭后，我就回家在父母开的日用品杂货店里帮忙卖东西。我们家有九个兄弟姐妹，我有一个姐姐，我排第二，下面还有两个弟弟、五个妹妹。这个店铺养活了我们这个大家庭，生活还是不错的，但算不上富裕，那时我家还没有买汽车。

两年后，我和姐姐就回国了。回国之前，我和姐姐在家里同时举行了婚礼，那是 1960 年 2 月 14 日，两个月后我们两个小家庭一共四口人就一起回国了。

陈敬恒：我是 1936 年出生的，家住在西爪哇的一个小镇——展玉。我从华文学校初中毕业后，就到完悦沙里我叔叔的店铺里帮忙，离张婷娘的家并不远。有一次我到她家的店铺买东西，我们就认识了。后来印尼政府不允许华侨在县以下的地方居住，而我是第二代移民，我们全家都还是中国籍，印尼政府就叫我们搬走。一开始我们坚持不走，印尼政府就强迫我们华侨每个家庭推出一个人作为代表，集中关押在一个地方，对我们实行强迫教育，要我们服从“十号法令”，搬到大城市去住。就这样我坐了一个月的“牢”，出来的时候，还发给我一张“出狱证”。我从“牢”里出来之后，我们全家就不得不回国了。张婷娘决定跟我一起回国，所以我们就与父母商量先结婚再回国。

张婷娘和陈敬恒举办婚礼时在印尼老家门前的合影。第二排中为父亲、母亲，第三排右二为张婷娘的姐夫、右三为姐姐、右四为张婷娘、右五为陈敬恒（摄于 1960 年 2 月）

当时我很关心中国的情况，经常看《中国画报》《中国妇女》等中国的杂志，这些杂志都是从中国运到印尼的，在一些城市里都有卖。当时我也看印尼文的《新报》，它是亲中国大陆的，当然也看亲台湾的《天声日报》。华文学校也分为两派，学生穿的校服明显不同。不过这两派的人在街上遇到不会对骂，大家只是意识形态不同而已。“十号法令”颁布后，亲台湾的华侨也回了台湾。为什么印尼政府不允许华侨在县以下的地区居住呢？听我们农场的沈汉武老师说，主要是怕我们支持印尼共产党，因为印尼共产党买东西都要到华人商店。印尼共产党一般在乡村活动，而乡村只有华侨华人开商店，发报机等这些货物都是从华侨手上购买的。

张婷娘与陈敬恒的结婚照（摄于1960年2月14日）

张婷娘：那时我们知道中华人民共和国刚刚成立，又听说中国很多方面都很好，所以非常想回国看看。得知我要回国，父母并不赞同。我爸爸说：人走到哪里都是为了一碗饭，回到中国也是一样，最好不要回去了。也有些邻居跟我爸爸谈起回国的事，我爸爸说，我们一家这么多人，搬一次家不容易，现在生活已经稳定了，就不想回中国了。我妈妈则说，如果我们在苏拉威西岛那边生活，虽然也有海洋相隔，但距离这里并不远，每隔一两年还能见上一两面，回到中国就离得太远了。她预感到今后我们再难见面，就哭了起来。

二

张婷娘：回国的时候，我们的船票是由印尼中华总商会负责的。1960年4月，我们在雅加达上了船，坐了六天六夜，船才在湛江靠岸。在湛江，我们填报志愿打算去云南和海南，因为这两个地方的气候跟印尼差不多，但最后政府突然通知我们改去南宁。所以我们一上岸就坐车到了南宁，4月26日到南宁后在那里住了一个星期。然后又安排我们坐火车到桂林，在桂林市区又住了一个星期，当时桂林华侨农场还没有建好房子。听说还派来一批监狱的犯人加班加点地建了一批平房。就是现在礼堂旁边、小学前面那排房子。我们是五月才到华侨农场的。那时谁也没有想到我们印尼归侨全部要开始拿起锄头种菜了。

那时政府分三批安置从印尼回来的归侨：第一批到陆丰华侨农场；我和我姐姐、姐夫属于第二批，被安置在桂林华侨农场；第三批到英德华侨农场。我们到桂林时，先在酒店住了一个星期，然后才到华侨农场，因为当时农场的住房还没有建好。房子是用泥砖建的，两个人住一间，没有窗户。尤其是一些大家庭好几口人也只能挤在一间平房里住，确实很可怜。我们当时是吃大锅饭，要排队打饭打菜。我们来到这里时的生产活动就是种菜，以前在印尼大家都没有干过这样的农活，我在印尼时是开商店的。另外，刚到农场时，生活上不习惯，吃的不习惯，气候也不习惯，所以当时有点后悔回国了。

回国之初的1960年8月，摄于桂林华侨农场的家门前。前排右一为张婷娘与女儿，左一为姐姐与儿子，后排右一为陈敬恒，左一为姐夫

我们一回国就给印尼的亲人写信，把我们的合影照片一起寄回去，当时照片上陈敬恒看上去很瘦。一个月后收到他妈妈的回信，叮嘱他要加强营养，吃好一点。当时写信都是用印尼文，刚回国时，我妈妈经常写信给我，每年写很多信。现在我还在看印尼文新闻，我的微信里有“归侨群”，群里发了不少印尼方面的新闻，包括印尼文的信息。

陈敬恒：有时候我们写的信，印尼的亲人也收不到，可能是被拦截了。尤其是印尼与中国断交了之后，他们就很难收到我们的信了。

张婷娘：我刚开始在农场是种菜的，然后搬到二队种果树，一直干了三年。后来又调到一队，去烧石灰，石灰是用来做建筑材料的，我在那里干了五年。

1965 年之后，陈敬恒开始在一队当会计，直到退休。后来我又到大理石矿那边烧石灰，一直干到 1980 年。然后到农场的油库当保管员，直到 1992 年退休。

刚回国时我们的生活比较困难，还吃上了米糠，当时叫作“营养粉”，是比较高级的米糠，把它跟米饭一起蒸，单独吃“营养粉”是很难吃的。刚回来时，我们有三个月是没有工资的，后来每月工资 17 块钱。好多年后就是“抢工分”[①]了。“抢工分”的时候我们夫妻俩的工作量都达不到额定标准，比如割草要割三百斤才达标，我们一天只割了一百斤。达标的基本工资是每人 22 块钱，但我们两个人加起来才能挣到一个人的基本工资。后来农场又叫我们去捡牛粪，要求一天捡三百斤，哪里有这么多牛粪可捡哟！再比如，要求我们每人一天挖八个果树坑，要求是一米深、一米宽，用来种果树的，那么大的工作量男同志都完不成，更不要说我们这些女同志了。

1966 年，张婷娘的外婆到访小姨家。二排右二为外婆，右三为妈妈，后排左二为四妹，一排右一为六妹，右三为九弟。此照片随信件由印尼寄回国内

三

张婷娘：20 世纪 70 年代，归侨中有很多人申请出国（境）。我们也申请了，一开始我们申请到香港，但我妈说还是到印尼吧，去香港做什么？那里的房子那么小。然后我们就改为申请去印尼，但最终没有被批准。我们印尼的亲人还给场

① 评工记分是我国农业劳动互助组、农业生产合作社和农村人民公社时期评定组员或社员劳动成绩、计算劳动工分的一种方法。

陈敬恒、张婷娘金婚照（摄于2010年）

部写了很多封信，最后也没有办法。不过，还是有不少归侨的申请获得批准了，他们大多去了香港。

陈敬恒：那时很多归侨出国的申请都被压在场部了，没有报上去。当时符合条件的归侨基本上都申请了，如果都获批的话，这里的归侨可能就走光了，不剩几个人了。

张婷娘：为什么这么多归侨申请出去？因为那时在这里生活实在太艰苦了。我在农场烧了十五年的石灰，往窑里搬的那些石头又大又重，烧的那个火呀红彤彤的，很刺眼，后来把我的一只眼睛都弄坏了。烧制石灰时扬起的灰尘也很大。我那时当组长，每天晚上八九点钟的时候还要去给石灰窑盖上土，过一个星期之后再开窑取出石灰，这个工作真的是很辛苦。这个工作从1965年一直干到1980年，整整十五年的时间。当时的生活比我们在印尼时要苦得多了，我们在印尼的时候，靠一个小店铺卖杂货就能够养活一家十几口人了，而且基本上只是父母亲两个人在工作。刚开始，我妈妈在小店铺里卖单车用的灯，后来又卖黄豆和黑豆，这两种豆子分别是用来做豆浆和酱油的，比较畅销，光靠卖这些东西已经能挣够一家人的生活费了。我们归侨刚回国的时候都想不通，在印尼，光靠父亲一个人开一个小小的店铺都能够养活一家十几个人，为什么回到国内这么多劳动力一起干活，却连饭都吃不饱？所以后来一有文件允许，我们都申请了出国（境）。

1984年，张婷娘送母亲到桂林机场乘机返回印尼。右五为母亲，右七为陈敬恒，右九为女儿，左四为姐姐，左六为张婷娘

我们第一次回印尼探亲的时间是1991年，是我弟弟帮我申请的。当时刚好有个朋友从中国回印尼，他到我父母家去告诉我父母，他们的两个女儿都想回来看看他们。然后我弟弟就写信来，把钱寄给香港的朋友，让他帮忙办理出国手续。这样，我们夫妇、姐姐和姐夫一共四个人就经过香港，坐飞机到了印尼，在印尼停留了28天。

1991年，张婷娘第一次回印尼。前排为父母。二排右起分别是姐姐、张婷娘（老二）、老四、老五、老六、老七、老八（张婷娘回国时才一岁）、九弟（张婷娘回国后才出生的）（摄于印尼老家）

父亲还健在，只是母亲在前一年（1990年）摔伤了腿。时隔31年后第一次见面，我们都很激动，我爸爸说想都不敢想还能够再见面。之后，1996年是第二次回去，那时爸爸已于1993年去世了，这次是我和女儿、丈夫三人一起去的，待了两个月。我曾先后回过七次印尼，分别是1991年、1996年、2001年、2005年、2008年、2011年、2015年，其中2015年在那边过了年。

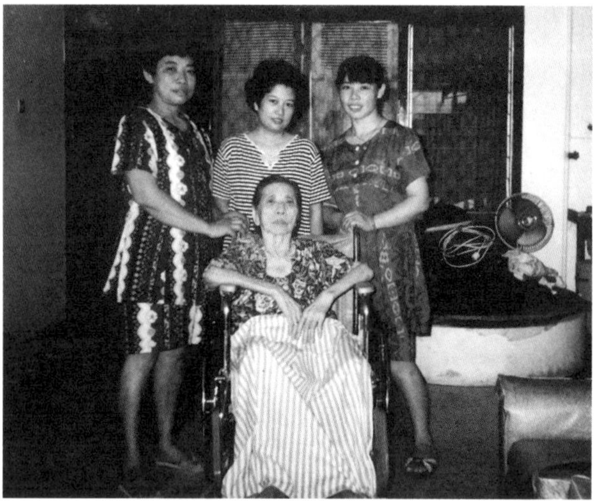

张婷娘第二次去印尼，中为母亲，后排右一为女儿，右二为弟媳（摄于1996年）

我爸爸他们的店铺还在，房子也扩建了，商店在卖建筑材料，也买了汽车，生活比以前好了很多。除了去印尼的老家之外，我们也去了一些地方旅游，比如去了雅加达我妹妹那里，还有泗水。由于我妈妈生病，所以我第一次到第四次都是去印尼照顾我妈妈的。

陈益美[①]

一

我爷爷是从福建去的印尼，什么时候去的、奶奶是不是在那边出生的，我都不清楚，我爸爸是在那边出生的，我家族在印尼至少已经是三代人了。我的外公外婆也是福建人，他们是从广东出去的。那时候中国是旧社会，生活太困难了，很多中国沿海地区的居民就去南洋谋生。爷爷奶奶刚到印尼的时候，靠捡东西来卖钱，后来开了一间小小的店铺，从小生意慢慢做起，越做越大，后来就可以养活一家人了。到我爸爸这一代，我们家的生活还是过得不错的。我有七个兄弟姐妹，都是生在印尼、长在印尼，现在他们有的已经过世了。

陈益美的父母亲

我在印尼那边也没读什么书，只读到小学二年级。我不到八岁就参加工作了，因为工资太低，我换过六份工作，日子过得很苦。最早是在印刷厂工作，帮老板打扫印刷机，扛纸到仓库，搬各种颜色的印油，印制有关酱油瓶、药材的广告；后来卖过蚊香、拖鞋；十三岁时卖过印尼草药；十七八岁时就去开汽车、修汽车；后来又进了葡萄酒厂，帮老板卖酒、送货、收钱、开票。我打工的地方老板全是华人，没有一个是印尼人。那时我工资是八百印尼盾，在那边七八百印尼盾算是蛮高的收入了，后来涨到一千多印尼盾了。现在印尼盾不值钱了，一元人民币等于

① 根据2013年8月8日上午陈健（桂林力创小学教师）对陈益美先生的访谈录音整理而成。

1 600 印尼盾。那时候我自己挣了钱，就买了个小小的电单车。

我们住在三宝垄华人区，跟印尼人交往蛮多的，他们还是很客气的。我不是因为印尼排华回来的。印尼颁布“十号法令”，要将华侨赶走，一个国家有一个国家的政策，他们说华人违反了他们的规矩，因为在印尼的农村，印尼人挣钱不多，华人挣钱太多了。他们要把华人从县以下的地区赶到城市里去谋生。

二

虽然我是在印尼出生的，但我是中国国籍，后来才加入印尼国籍的。我在那边没有受到排挤，是自愿回到祖国的。为什么想回国呢？在雅加达的时候，我们天天看中国新闻，看到从印尼回国的归侨在海南岛，穿着花衣服，喝着咖啡、可可，我也想过这样的生活。我就跟我爸爸说，什么时候让我回国吧，爸爸说没有船、没有飞机怎么回国？

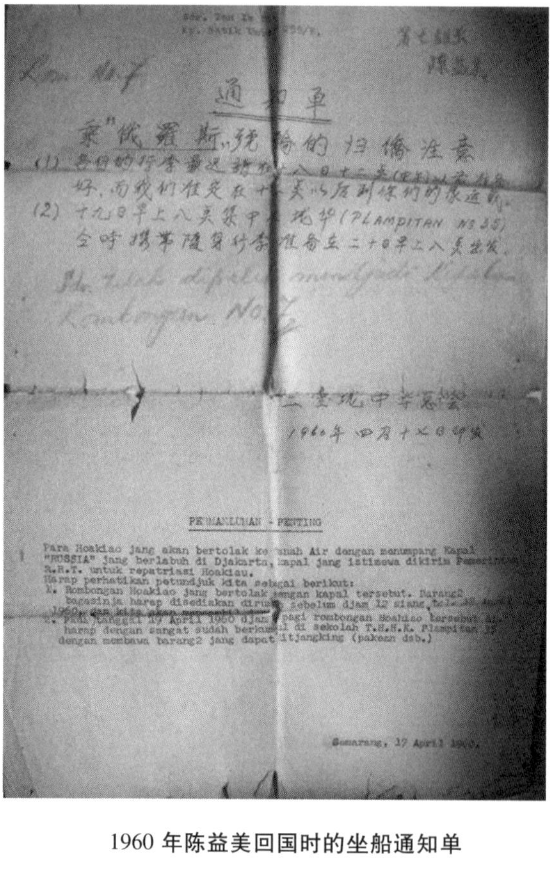

通知单

乘"俄罗斯"轮船的归侨注意

(2) 十九日早上八点集中 (PLAMPITAN No 35)

1960年四月十七日印发

PENTING

Para Hoakiao jang akan bertolak ke Tanah Air dengan menumpang Kapal "RUSSIA" jang berlabuh di Djakarta, kapal jang istimewa dikirim Pemerintah R.R.T. untuk repatriasi Hoakiau.

Harap perhatikan petundjuk kita sebagai berikut:

1. Rombongan Hoakiao jang bertolak dengan kapal tersebut. Barang2 bagasinja harap disediakan dirumah sebelum djam 12 siang, [illegible]
2. Pada tanggal 19 April 1960 djam [illegible] pagi rombongan Hoakiao tersebut diharap dengan sangat sudah berkumpul di sekolah T.H.H.K. Plampitan 35 dengan membawa barang2 jang dapat ditjangking (pakean dsb.)

Semarang, 17 April 1960.

1960 年陈益美回国时的坐船通知单

我是 1960 年 5 月 8 日到达桂林的，我们全家就我一个人回来了。1960 年 4 月，中国派船去印尼接华侨，我们坐的是苏联船。我收到了乘船通知，是第七组的组长，由我带领一组人回国。我们的领队是开轮船的，回国后他去了香港，现在已经过世了。直到现在我还保留着回国时的坐船通知单。

4 月 21 日，我们从三宝垄坐火车到雅加达，住了一个晚上，第二天就从雅加达乘船回中国。27 日到湛江，下船以后接受检查，刀具之类的全部没收。28 日我从湛江的码头上车，直接去火车站，坐火车到南宁，在朝阳旅社住了一个星期，5 月 8 日到桂林。那时候，土司长在桂林火车站接我们到桃花江饭店。

5 月的桂林还是很冷的，政府部门发给我们的卫生衣、卫生裤都是红色和蓝色的，那一批回来的印尼归侨差不多有两千人，桃花江边全部是穿着红蓝卫生衣裤的归侨，非常热闹。在印尼，我们最冷的时候是穿衬衣，多数时候只穿短袖、汗衫、背心，从来没有穿过卫生衣、卫生裤，穿起来好稀奇，也好兴奋。那时候走在街上也没有什么人，也没有汽车。

陈益美目前还保留着 1960 年回国时的归国华侨证、所持的船票，以及入住的南宁朝阳旅舍和桂林桃花江饭店的住房卡片

到桂林的第一个星期，大家等着安排工作，我们就出去到处看看。我去看了雁山公园、水牢，还有白骨洞。以前日军侵略桂林的时候，中国人躲在这个洞里，日军就用火烧、用毒气熏，把老百姓毒死在洞里，所以这个洞里有很多白色的骨头。我们还去了大圩华侨农场，晚上在人民礼堂看杂技，看《刘三姐》。一个星期后，就开始分配工作了，先是拉了五六车的人去了农场。还没有分配工作的，就被安排去了交通、公交、公社等单位工作。

1960 年 5 月 14 日，我到临桂路 8 号桂林公交公司上班，开公共汽车。那时候没有国产汽车，都是把装沙子、石头的进口货车改装成公交车，车里有两排座位，还喷了香水，当时两分钱可以坐四站，后来是三分钱坐四站，慢慢地又涨价了。后来我年纪大了，就去修车了，在公交公司修理厂当过工会负责人，当过组长、班长、车间主任，直到1997年退休。我积极肯干，加入了中国共产党，还获得“优秀共产党员”等荣誉称号。1964年6月我申请参加工会学习，现在我还保留着当时的学习证件和学员合照。

“文化大革命”时期，他们说我是特务，每次开会，我都要接受批斗。当时我三十多岁，已经结了婚，还没有孩子，也不敢要，我爱人跟她妈妈在华侨农场，她也不敢来看我。这种生活曾经让我好难受，后来我忍受不了，跑到香港，但还是被遣送回来了。直到1972年以后我才得到平反。现在我一想到这些事心里就难过，没办法控制。那时因为被扣上“特务”的帽子，我不敢写信回家，我家里放在挎包里的印尼来的信件全部被拿走了，有的照片也被拿走了，所以后来每次收到信，我们就马上烧掉，或者埋在地下。就这样，我与印尼家人中断了联系，有38年没有见面，直到1996年我才第一次回印尼。

1964年6月5日，在桂林市工商局脱产参加政治学习三个月。倒数第二排左四为陈益美

我结婚早，1962年，即回国两年后我就结婚了。我爱人也是归侨，她是跟她的爸妈、妹妹、哥哥一起回来的，被分配到桂林华侨农场。她有个亲戚在香港，后来她的妹妹就去了香港。由于没有房子，我们结婚后没有住在一起，她在农场跟她妈妈住在一起，我在单位住单身宿舍。她在那边工作，我在这边工作，只有周六我才能到农场去看她。现在我爱人很少去华侨农场了，因为她妈妈、哥哥都去世了，只有清明节才去上坟。

现在我女儿还在公交公司工作，她曾经是售票员，但现在公交车都实行无人售票了，所以她就到食堂去炒菜了。我曾经说等她退休了就带她去印尼玩玩，因为她一次也没去过。女婿的爸爸是新加坡归侨，他在中国出生。

三

1996 年中国与印尼恢复邦交后，我哥哥看到隔壁邻居有人从中国回印尼，就问是哪里的，听说是广西的，就打听我的情况。后来国务院侨办就给我写信说：你家里希望与你取得联系。我于 1996 年、2002 年、2005 年、2008 年去了四次印尼，1996 年第一次去，见到了爸妈，还有姑妈等其他亲戚。2002 年第二次去就没有见到爸妈了，他们已经去世了，父母将我养大，他们走的时候我却不在身边，现在想起我就流泪。

陈益美夫妇回印尼穿着印尼传统民族服饰（摄于 2002 年）

我的兄弟姐妹们都还在，他们全部都加入了印尼国籍。他们打工的打工，做小生意的做小生意，生活马马虎虎还过得去，每一家都有汽车。在印尼，每个家庭都有能力分期付款买一辆车。在印尼什么都可以分期付款，房子、冰箱、彩电、摩托车、汽车都可以，所以我弟弟有三辆车，其中一辆付全款，另外两辆还没付清全款，这两辆车用到报废都还没付清全款，他们都是超前消费。他们的孩子都养育得不错，印尼学校会教英语、中文、印尼语、日语四种语言，所以他们来中国不需要导游就可以到处游玩。

印尼兄弟姐妹来过桂林，2012 年我弟弟和他女儿、女婿一起来，在我家里住了一个月，到处走走看看，他们还去了中国香港、马来西亚。

我 23 岁回国，不是因为印尼排华，而是因为爱国回来的，是我自己要求回来建设祖国的。我回国已经 53 年了，现在 76 岁了。我不后悔回来，一点都不。

印尼的亲戚到访桂林，前排为陈益美夫妇（摄于2012年）

退休后我还当过导游，带过印尼旅游团。现在我老了，旅行社打电话叫我去带团，我不去了，早上三四点钟就得起来，安排他们吃早点，然后去旅游景点，接着还得去机场，好累。

2004年10月印尼巴中1952届同学毕业52周年纪念来桂林旅游。倒数第三排右四为陈益美

现在我每天唱唱歌、跳跳舞、打打羽毛球，星期四在黄仁凯老师那里上课，学唱印尼歌，跟一群归侨在一起讲讲印尼话。我还想当羽毛球裁判，这是我的爱好。我原来在市区打羽毛球，现在那里收费太贵了，所以就在家这边打了。我还帮归侨订购印尼文的图书，2013年有两个印尼老师专门来桂林讲学，我们二十多人去听了课。我从小没学过印尼文，现在开始学了。

我还留有印尼服饰，这些服饰都是后来我回印尼时那边家里人送的，回国后我只在家里穿，不穿到外面，怕被人说我穿这么花哨的衣服。

我以前在单位被评先进时，就有人说："现在国内没有人了吗？要评个外国人啊！"我说："我是中国人、中国共产党党员，是中华人民共和国公民，我不是外国人。"什么叫华侨？华侨就是在外国的中国人，在国内的叫归侨，归国华侨。

邓春林[①]

一

我 1946 年出生在越南的广宁省广和县塘和镇，是第三代或第四代移民，祖籍是广东恩平。后来在一个煤矿里做矿工。

我爷爷是在越南过世的，爸爸回到中国后才过世。1978 年 5 月，越南排华时我随父母回到了中国。当时他们是推着人力车回来的，只带了些衣服，我家在越南的房子全部归越南政府了。我们回国时能拿多少就拿多少，拿不了的就归越南政府了。我们居住的塘和镇上也就几百口人，主要是华人，有挖煤矿的，有搞点小买卖的，有开商场的，还有种地的。镇子周边农村住的是越南人，镇上住的是华人。镇上的越南人比较少，我学会越南语主要是在读初中的时候，学校里有很多越南人。我父母听得懂越南语，但那时候他们还不怎么会讲。

我在越南时读的书既有中文的，也有越南文的。小学时我的老师是华人，到中学的时候教越南文的就是越南人。我读到初中毕业就去当煤矿工人了。煤矿离我家有三百公里，工资要比在本地干活高一些。我在煤矿做得很辛苦，但能寄一点钱回家。我的工作主要是搞运输、开大卡车。我是去煤矿之后在矿区里学会开车的，里面有一个驾校，是免费培训的。这个煤矿是越南政府开的，在里面工作的多数是越南人，华人只是少数。开车算是一份比较好的工作了。以前在我们那里初中毕业是相当高的教育水平了，当时还没有高中，最高就是初中，我又长得比较高，也许是因为我的这些条件，所以让我开车。当时我的待遇与越南人是一样的，干得多就挣得多，干得少就挣得少，当领导的都是越南人。一个月能挣到一百多越南盾，那时候一百多越南盾就是相当高的工资了，当时一个小学老师一个月也就是三四十越南盾。每月还给我们每个人分配 26 公斤的粮食，当时越南是要有粮票才能买粮食，而我们干这种活就能拿 26 公斤，还是很不错的。那时

① 访谈时间：2014 年 8 月 7 日；访谈者：梁茂春、陈文；访谈地点：广西武鸣东风农场陆斡分场邓春林家中。

越南的什么都是分配的。我在矿区做了三年左右，一直到 1978 年。

我学开车用了一年半的时间，这个工作算是很好的，来之不易，选拔时对华人限制会多一点。首先家庭成分要好，我属于无产阶级，但假如你的爷爷是地主就不会被选上了。越南人到我们那个地方去招工，他们就是看这些，看你的家庭成分，看你有没有文化，看你身体素质达标不达标。

我去做矿工的时候才结识了越南朋友，因为大家是工友，平时都讲越南语。

回国这么多年，我不再关心越南的情况，主要关注国内的情况。我在越南的亲人也全都回国了。当时最早从越南回国的，是海防那批华侨。那时候我们在矿区，他们回国时要经过矿区，也会经过塘和镇。他们也是推着三轮车，挑着担，走十几天，很辛苦。我们住的地方与中国的距离近一些，只用了两天时间就回来了。

越南对刚移民到越南的华人管理比较严格，特别是 20 世纪 50 年代才移民到越南的那批人。越南政府首先抓这种人并遣送回中国，即便已经与越南人结婚的华人也会被赶回中国，越南老婆愿意跟着来就来，不愿意来就不来了。不来的话也不需要离婚手续，一家人就这样分开了，我们这里就有这种情况。当然，也有越南老婆跟着来中国的。

那时候我已经结婚了，老婆也是华人。我们是在塘和镇成家的，我到矿区工作时是孤身一人去的，老婆留在家里。我每年只有 12 天的假期回家探亲。她有空时也去矿区看我。

二

刚回到东兴时，政府安排了几个地方给归侨住，其中一个就是电影院，我们在临时安置点一共住了十多天。我是和老婆、两个孩子先回来的，两个孩子当时一个三岁，另一个一岁多。那时候我的爸妈他们还没有回国。他们老了，也不愿意回国，因为那个时候也不是全镇的华人都走了，还有一些华人继续留在那里，我父母他们就不愿意回来。但越南政府就是要彻底赶走华人，你不走就把你丢上车去，把你拉到边境，扔在那里，让你没法再回到越南。

我的老家在广东，刚开始我们是想去广东阳春的，那时候听说从广西出发坐火车要几天才能到广州，到了广州又要坐两天船才能到阳春，我觉得太辛苦了，所以就留在广西了，然后就到了这里。我们没有去东风农场的陆斡分场，因为那个华侨农场安排不下那么多人。

邓春林（左）与访谈者

刚到这里时，我们没有像样的房子，住的都是用油纸临时盖着的棚屋。我们第一批过来了大概 300 人。那时候刚到这里住不惯，我们从越南的镇上一下子就来到了这片荒野上，什么都不熟悉，棚屋条件太差，又矮又小，一家人住在一个棚屋里非常挤。床铺就是一般的木床。一年之后才建好比较像样的房子。后来因为土地不够，又分了一些人到别的地方去。我们刚来的时候，一个劳动力才给一亩二分地，我们家两个劳动力才分到二亩四分地。

从越南塘和镇回来的有五六户人家，我们在越南从来都没有种过地，到这里之后要从头开始学种地。刚来的时候大家都不习惯，都想走。而且当时我们的行李还没有运到，我们沿着大路走，想回到东兴那边去。刚上路不久，解放军就拉着行李到了。解放军说你们就留在这里了，还想去哪里？所以我们又都跑回来了。现在我们住的房子都是 2008 年左右建的，政府给每户五千的补贴，自己花钱装修的。

我父母回国后找到了我们，也到了这里。我的兄弟姐妹大多到广东去了，有一个大姐在广西高峰林场。那时候是你想去哪里就去哪里，你不想去就不去。回到东兴后再想去哪儿也由自己决定。我们为什么来这里呢？是因为在这里粮食可以分得多一点，可以吃饱。在越南，一个月只分给每个人 13 公斤粮食，13 公斤还不都是白米，60% 是面粉。

刚刚回来的时候，我们在这里住不惯。我们在越南住了那么多年，第一次来到这里，都听不懂这边人讲话。

当时由于这里的土地不够，就分散了一些人到东江总场那边去了。那时候通知下来，谁愿意去就报名，不愿意去就留下来。我没有报名，因为我在这里当了一个小官。那时候按天算工分，出工一天就登记一天。早上七点钟敲钟就得出工去了。刚来的时候有的人受不了，就出走了，走到高桥（离居住点约十公里），遇到了解放军的货车，他们便劝说这些人返回。有些人在其他地方有亲人，就直接投奔亲戚去了，听说别处的房子是瓦盖的，面积又大。后来也有人偷渡，一起买船到澳门、香港，然后再到国外去，有些人全家都走了。我那时候小孩又多，又没钱，所以没有出去。

邓叶通①

我于1933年出生在泰国勿洞，1949年从泰国回到中国。我的祖籍在广西容县，我爷爷奶奶都是容县人，他们最早是移民到泰国的。当时有人带他们去泰国打工，主要是割橡胶。我父亲是独生子，也从事割橡胶的工作。母亲也是容县人，他们结婚后一起去的泰国。我们家有两兄弟、两姐妹，我排行老四。

我是一个人回国的，回到容县读书，那时这里刚好解放了。我回来一年多之后，也就是十七岁半时就与容县姑娘黎淑超结婚了。1958年才转到这里的农场，是第一批到武鸣华侨农场的归侨，那时主要是种植香茅。因为我是自己一个人回国的，所以当时我的归侨身份还要找材料来证明才行。

邓叶通的祖父邓荫回国时使用的泰国护照（拍摄年份不详）

---

① 访谈时间：2014年8月6日上午；访谈者：梁茂春、陈文；访谈地点：广西武鸣华侨农场团结分场邓叶通家中。

邓叶通祖父、祖母的身份证件

直到1988年，也就是时隔近四十年后，我才重返泰国勿洞见到了母亲和兄弟姐妹，那年我在泰国待了三个月。父亲早已于1986年去世，当时是泰国的亲人来信告知我这个噩耗。1996年母亲去世，哥哥嫂嫂一直到现在还是在泰国从事割橡胶的工作。

在泰国的时候，华人聚居在一起，大家都说粤语。我在泰国的华文小学只读了一年多就不读了。老师是华人，一百多个学生全都是华人，大多数是容县来的移民子女。

1949年，我回国主要是为了参加村里的“分田”。后来我又想重返泰国，已经出不去了。我爸爸还寄钱回来让我读书，我就在容县读了高小。他从泰国寄钱回来，主要是给我们这些在国内的亲属去买猪回来宰杀后分猪肉。那时候大家的生活都很困难，一个月都吃不到一餐猪肉，所以收到从泰国寄回来的钱，大家可以去镇上买猪，杀猪聚餐（当地俗称“猪会”），自然是非常高兴的事。一般是过年之前收到寄回来的钱，整个大家族一起聚餐。

1988年，也就是回国近四十年后，邓叶通（左二）第一次重返泰国勿洞，见到了母亲和兄弟姐妹，并在泰国住了三个月

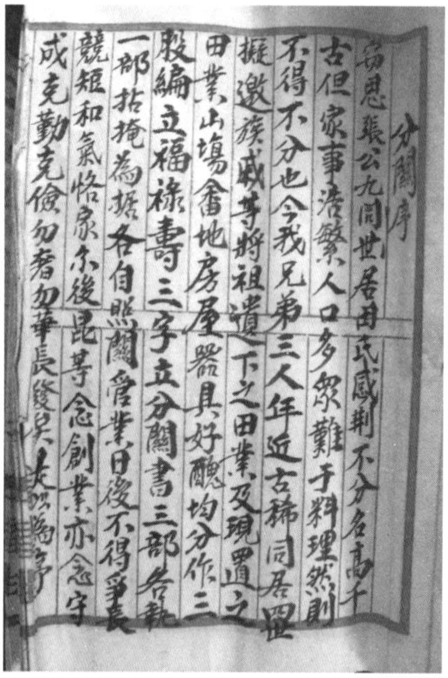

分關序
竊思張公九世同居，母氏咸則不分，名高千
古，但家事浩繁，人口多眾，難于料理，然則
不得不分也。今我兄弟三人年近古稀，同居日
擬邀族戚等將祖遺下之田業，及現置之
田業、山塲、畬地、房屋、器具，好醜均分作三
股，編立福祿壽三字，立分關書三部，各執
一部，拈掩為據，各自照關管業，日後不得爭長
競短，和氣恪家，示後昆等念創業亦念守
成，克勤克儉，勿奢勿華……

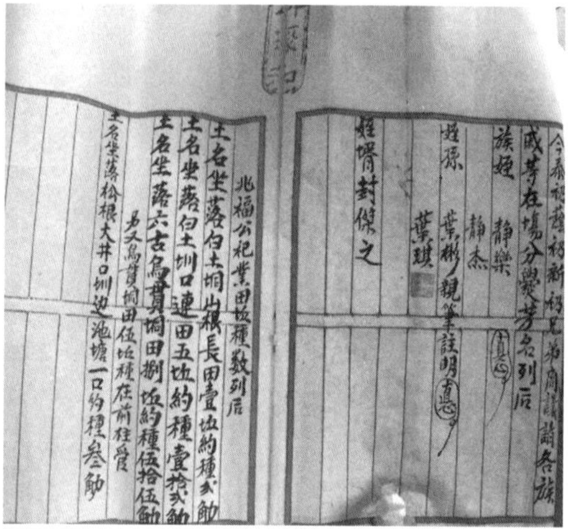

1949 年邓叶通奉父母之命回到中国，在家乡参加“分田”，这是当时的田契

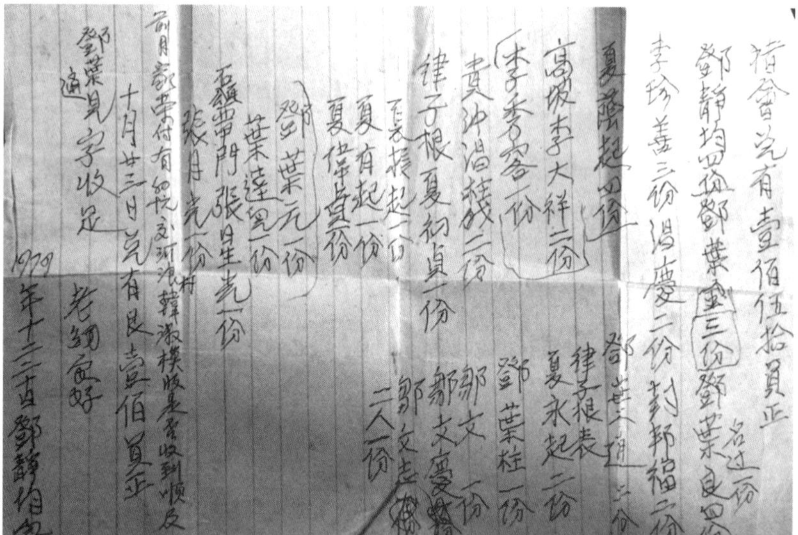

1979 年邓叶通父亲从泰国汇款回来，家族成员户户有份

我到农场几年之后，又于 1962 年左右返回容县，因为当时农场搞了一次运动，我被下放回到容县老家，1985 年复工，1988 年我才又重返农场。所以，那时我爸爸从泰国寄钱、寄信都是寄到容县的。1988 年回来复工时，主要是做公路、水利方

面的工作，后来种水果、香蕉。从北流、容县来农场的人不少。回到农场的那一年，我去了一趟泰国，我爸爸他们到曼谷机场举着一个写有我姓名的牌子来接我。我去泰国的费用都是由我哥哥他们出的，我们当时根本就没有钱去国外。

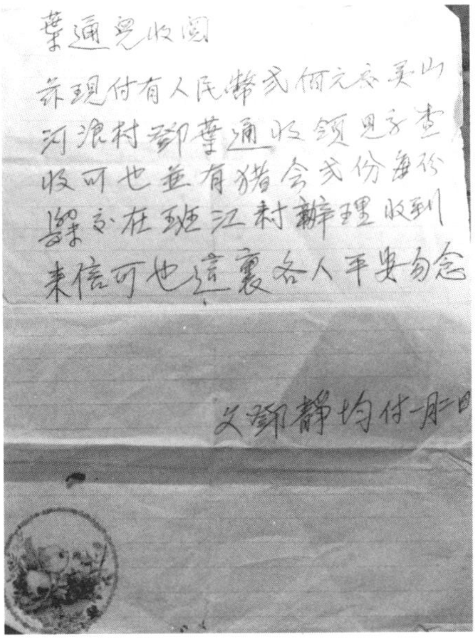

葉通兒收閱

茲現付有人民幣弍佰元至昊山河浪村鄧葉通收領見字查收可也並有猪会弍份每份[illegible]在班江村辦理收到来信可也這裏各人平安勿念

父鄧靜均付一月二日

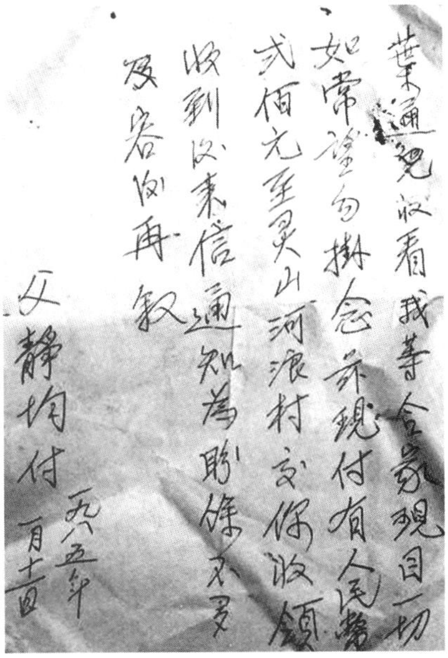

葉通兒收看 我等合家現日一切如常望勿掛念 茲現付有人民幣弍佰元至昊山河浪村交你收領 收到後来信通知為盼 餘不多及 容後再叙

父 靜均付 一九八五年一月十二日

20 世纪 70—90 年代邓叶通的父亲几乎每年都汇款回老家，资助家族举办“猪会”

邓叶通的亲属们在泰国“敬南堂”合影

1990 年，我第二次去泰国，带回一本 1989 年的《泰国勿洞八桂堂成立二十周年纪念特刊》，并一直保留着。纪念册的扉页上除了有泰国国王和王后画像之外，还有孙中山、李宗仁的画像。

邓叶通一家在广西武鸣华侨农场的家中（摄于 2014 年）

杜剑宣[①]

孙中山在辛亥革命（1911 年 10 月 10 日）之前，会同海内外中国革命党人组织和发动了不少起义。然而唯一一次具有重大历史意义的、由他亲自发动并亲临起义战斗最前线进行指挥和直接参战的革命起义，就是镇南关起义。

镇南关（即现友谊关）居高临下，易守难攻，坚守祖国南大门，它与越南北部谅山省边陲重镇同登的距离仅约三公里，与该省首府谅山市的距离也只不过十七八公里。在天气晴朗的情况下，登上关口西边的金鸡山山顶，用肉眼也能看到谅山市[②]的城郭。

1907 年下半年，孙中山来到谅山，结识了当地的华侨同胞，住在他们的家里，从事革命活动，他的言行在侨胞中影响广泛、强烈，并传为佳话。

我是出生在谅山的第三代华侨。我的爷爷杜春康在清朝末期，即十九世纪末，赶马车从南宁出发，往南经过宁明、凭祥，走走停停，终于流浪到越南北部谅山，就在那里落地生根，安家乐业，经营当地的土特产八角（茴香）、桐油果等生意。生意一天天兴隆起来，渐渐发展成有铺面的、商号为“锦芳”的杂货店。

孙公炎老师也是出生在谅山的华侨，年轻时回国求学，曾在桂林汉民中学读书，毕业后回谅山市中华学校任教（当语文老师），也担任过学校的领导。今年九十多岁高龄的他已移民美国，定居亚特兰大。记得他曾经跟我说过，他父亲孙健开和我祖父以及一批爱国华侨，听了孙中山的演讲，深受教育，受到鼓舞，非常振奋，踊跃给革命党捐款，以自己的实际行动支持孙中山为首的中国革命党人的反清义举。他还说，当时革命党人接收了捐款，都在一张蓝色的纸条上立下字据，写清楚捐款人姓名和捐款数额，称以后会加利偿还。可惜珍贵的历史记录没有保存下来。但我们从孙中山的《1907 年 10 月 8 日致邓泽如》一文中知道，他

---

① 杜剑宣目前为广西师范大学退休教师。本篇是他根据我们的口述史编撰要求撰写的专题回忆文章，原名为《孙中山在谅山及我的祖辈出国谋生的经历》。2019 年冬，我们曾到桂林登门拜访杜老师，荣幸地获得他的手写书稿。

② 谅山，即今越南北部城市谅山市，越南谅山省首府，处于中越边境地区，距中越边境线 18 公里。历史上，许多中国人为避战乱或谋生计而至此生活，逐渐形成华侨华人社会。1907 年，孙中山到谅山与革命党首领黄明堂、黄兴、关仁辅等共议镇南关起义大计，会见谅山侨领及革命党人。镇南关起义时，谅山华侨为后勤支援、伤员收容和烈士安葬竭尽全力。

说："凡资助革命者，计斯必厚利偿还，从丰报酬。"① 无论从时间上看还是从文中概述内容看，两者表述都相吻合。

再者，我们还可以从跟随孙中山到谅山省边界登上镇南关的日本友人池亨吉所著的《支那革命实见记》看到这样一段文字："风闻革命党员在谅山有巨款的钱财，盖该地的某住民。"② 这说明了革命党人在谅山的侨胞中募集到捐款，加上在越南河内、海防，乃至南洋各国的侨胞中募集到的捐款到谅山"某住民"的家中。到底是哪家？无从考证。

在池亨吉的《支那革命实见记》中，较多叙述了孙中山在镇南关和同登的情况，如他引用的河内《东京时报》所述："1907 年 12 月 22 日晨 6 时……镇南关要塞的官兵，为中国革命军所袭击……约有百十名革命党员，在二三日前潜伏于文烟（即同登）、谅山等地，即于本月 2 日攻破宁明国境诸地而向镇南关去……及至 3 月 10 日时倾……"

华侨代表祭拜义冢，杜剑宣翻拍于家中收藏照片

"革命军约有 150 人至 200 人之谱，从同登到镇南关，沿途有多数中国人和约八九名日本人（池亨吉注：实际上日本只有我一人，其他则为孙逸仙、黄兴及留日学生某某军人）。到了 3 日晚，次日报有 150 人到达。"

池亨吉继而写道：同年 12 月 5 日，他与孙中山军自同登出发到河内去，正午到谅山停车一小时，与河内开来的火车相交……离开谅山，在当日上灯时分到了河内站。

关于孙中山在谅山从事革命活动的文字记载，除池亨吉零星叙述之外，我的确找不到任何其他有价值的文字资料可利用，也许由于当时环境艰苦，革命党领导人都忙于起义的组织和发动的重要工作，抽不出专人来搜集、整理当时发生的种种重大事件，这项任务倒是落到有较强写作能力的日本友人池亨吉的肩上，写

① 孙中山：《1907 年 10 月 8 日致邓泽如》，《孙中山全集》（第十卷），北京：中华书局，1986 年，第 344 页。

② 广西政协委员会文史资料委员会编：《孙中山在广西》，南宁：广西人民出版社，1996 年，第 9 页。

出了《支那革命实见记》一书，使我们后来者从中获得宝贵的线索，并通过相关专家、人士的口述、回忆，把当时的历史事件结合起来，写出有参考价值的口述历史的文章。这应该也是挽救历史资料的重要工作吧！

谅山市的侨胞是怎么支持镇南关起义的？上面我已经谈到他们的捐款情况，除此之外，我们还知道，该市东北面有一处义冢，亦称众人坟，是专用于埋葬无后的谅山侨胞死者的。每年清明，谅山华侨组织轮流派代表前往坟地扫墓、祭拜。

在此，我要补充介绍一位鲜为人知的人物。他是来自广东的谅山市杨姓华侨。他的房屋坐落在谅山市华侨人口最集中的丘骡街正街 23 号。这是孙中山到谅山后住宿和从事各种活动最主要的地方。丘骡街由东街、西街、南街、北街和正街这五条主要街道组成。

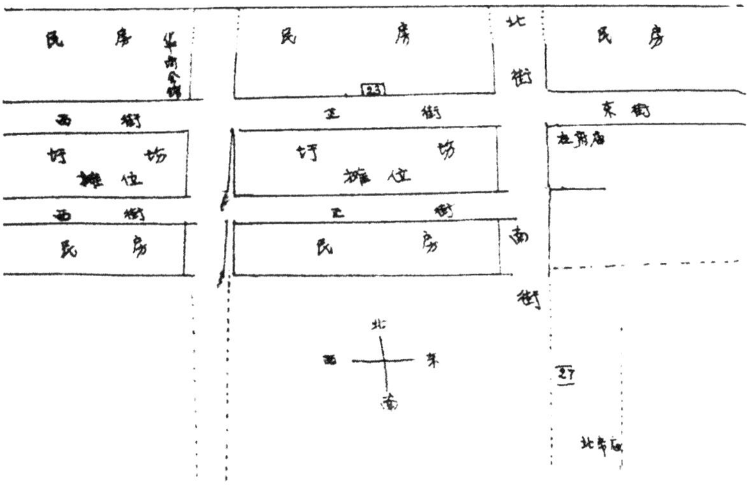

谅山市丘骡街示意图（笔者凭记忆所绘，仅作参考）

孙中山在越南北部的河内、海防、谅山等地结识了不少华侨著名人士。1907年镇南关起义前几个月，听说孙中山在河内时，曾一度来到中越边境越南一侧的文渊（即同登）的权记客栈里[①]，但没人提及他在谅山市丘骡街区所住的地址。上面我提到他住在丘骡街正街 23 号，是经过反复调查、核实得出的结论。下面是我得出此结论的经历：

2012 年 3 月 7 日，我在南宁找到谅山市的老华侨刘铭安，当年他已经是 85 岁的老人了。他曾在中华学校任教，养护很清楚（即记事很清楚）。他的家就坐落在离孙中山住的正街 23 号不远的地方。他还明确地说，孙中山就住在陈玉麟

① 广西政协委员会文史资料委员会编：《广西文史资料》，南宁：广西人民出版社，1981 年，第 3 页。

家的左边，房主姓杨，孙先生就住在杨家后院的楼上。当然，这些事都是他们的父辈们给他讲述的真人真事。

同年4月8日，我在凭祥市又找到83岁高龄的谅山市老华侨丁英武，问及我们上几辈的杨姓老华侨的相关事宜，出乎我的意料，我问对了人。他说我问的那位老前辈是他母亲周成珠的外公，名叫杨琼。那么丁英武就是他的重外孙子了。抓住这层亲戚关系，我就可以顺藤摸瓜了，有关孙中山在谅山的活动及其相关言行也得以更真实、更详细地还原了。

孙中山住在杨家，自然很了解杨家的家庭状况。他知道杨有一子四女，那时海内外中国人普遍都重男轻女。在教育方面，尤其突出。杨家的四个女儿自然也不能上私塾。孙中山说推翻清政府之后，男女一样都享受同等教育的权利。但杨家的四个女儿没有等到那个时候就先后出嫁了：大女儿嫁周月明，生有上面我提及的丁英武的母亲周成珠和周逸邦（我小学同学周大光的父亲），二女儿嫁给彭浩，三女儿嫁给邓家，四女儿嫁给孙家。至于杨琼本人及其儿子在镇南关起义失败之后去向不明，只知道传闻杨琼的儿子到过山萝、莱州一带，是否参加了河口起义，无从考证。在《广西文史资料》第十卷第305页上有这么一段话："1907年12月5日上午6时40分，火车从同登出发开往河内，正午到谅山站……车内忽有一人大呼万岁而入我们的客车里来，原来是杨某，在河内的同志中首屈一指的人。"杨某，莫非他就是杨琼？我目前只能提出这种猜测。

我期盼着有更多的发现，希望更多的人参与这项工作，提供哪怕是很细微的线索。

也是同年11月3日，我到南宁采访了我的老同学周大光，那年他77岁。我对他说，半年多前，我到凭祥采访了丁英武老乡，谈了杨琼的事，我问他是否听说过老一辈人谈及孙中山在谅山的活动情况。周大光听我提到丁英武，就说丁是他的表哥，而且是姑表哥。显然，他们表兄弟俩都是杨琼的重外孙子了。他回忆说，小时候，他曾爬到正街23号后院的木制楼房上去玩过，却不知道那个地方曾经是孙中山居住过的地方。

2014年10月26日，我和女儿杜骞到法国南部图鲁兹，有意采访已经定居法国的谅山老华侨梁煜宝。我知道他从小就很喜欢中国的历史和文学，收藏着珍贵的资料，包括一些史籍、图片等。关于孙中山在谅山的住所，除了正街23号得到他的证实之外，他还说在南街靠近北帝庙的房子也是孙中山曾经居住过的地方，只不过居住时间不如正街23号这么久。他还说23号那套房子几经易手，现在的房东是吴姓的越南人了。他精通越南的喃字①，能用喃字阅读中国书籍。

① 喃字，又称字喃，越南古文，它是借用汉字的意义创造的一种越南文字。

谅山市华侨知新、尚德同学会 1946 年合影留念

抗日战争胜利后的第二年，即 1946 年初，在孙中山教育思想影响下成立的两间学校——知新学校、尚德女校的校友们聚会，宣告成立新校建设委员会，并于同年 3 月 16 日（阴历正月十五）举行了新校中华学校落成典礼。

付为喜[①]

一

我的祖辈是从广东英德移民到越南的，到我这一代已经是第五代了。我1943年出生在广宁省谭下县新立村。这个村子里全部是华人，我上学时是学越南文的，没有学中文，学校没有中文老师。但过一段时间后，我弟弟他们上学都是学中文了，因为学校有中文老师了。我的普通话是1978年回到中国后才学的。

在越南时，我们村方圆十多公里以内住的都是华人，华人都是内部通婚的，虽然与越南人的村庄相距不是很远，最近的只有两公里，但大多数华人不愿意与越南人结婚，主要是因为风俗习惯很不同。

我们的村子也不是很好的地方，靠近海边。越南人不喜欢种田，只有我们华人种田。我们新立村的房子是泥巴做的，很结实。越南人的房子外面一圈是石头，里面用木头顶，家里没有什么餐桌，吃饭就坐在床上吃，他们的床很干净。越南人住的房子很通透、凉爽，每一家都很干净。华人的生活用具很多，家里东西放得乱糟糟的，越南人家里就不会这样。

1978年6月，越南开始排华，我们是一家人一起回中国的。我们去越南海防大舅家，他说我们华人总是要回中国的。我当时不懂是什么意思。1978年，海防市的华侨纷纷跑回中国，我们村离中国边境近一些，看到很多往北走的华侨经过我们村，他们也不跟我们说是怎么回事。后来，我们村有人了解到，说越南准备排华了，我们要逃回中国了。但是，也有些人不愿走，瑶族、苗族人就不走，只有我们汉族人逃走了，瑶族人大多居住在山上，我有一个小妹嫁到瑶族人家，她没有被驱逐。看见走的人很多，我们也跟着走了。当时也没有村长或者镇长来通知说华人要回中国去。那时我是村里队长，我也不知道该不该走，只有听收音机了解信息，收听英国台、美国台，听到说越南要排华了，但越南的电台却没有说要赶我们走。我去问越南的镇长：你们到底是不是要赶我们走？他说：不好

① 访谈时间：2014年8月9日；访谈者：梁茂春、陈文；访谈地点：付为喜家中。

说，你们最好别走。我们村里的人都逃走了，后来我们一家人也回中国了。我们在越南有房子，但走的时候什么都不能卖，所以走的时候能拿多少行李就拿多少行李。

现在我们在越南的房子已经被人占了，是一家越南人，是越南政府安排他们入住的，政府不仅安排人过去住，还让他们种我们的地。我们当时住的越南村庄距离海边很近，不到一公里。

回国后，我们先到东兴，在东兴住了十天，等待政府的安排。政府一开始安排我们一家人去海南，但是我们家老人多、孩子多，爷爷奶奶 80 多岁了，我自己有五个小孩，最小的 10 个月，次小的是两岁，最大的 12 岁，小孩太多了，走远路太麻烦。后来政府又说安排我们到福建，福建也太远了，我们不愿意去。第三次安排我们去广西武鸣，就这样，我们来到了这里。

我们在越南那边是没有固定工作的，有空就去打鱼拿去卖，生活还过得去。回国之后是领工分，做什么工都要听队长的，每天出工、记工分。刚回来时真的不习惯，饮食也不习惯。这里的猪肉没有越南那边的好吃，那边的猪最少养半年以上，有的甚至养一年才杀。现在这边养猪不到半年就杀了，感觉还是那边的好吃。

当年我们是坐船回国的，我们家自己有船。船到东兴时就卖给东兴人了，我们的船载重是六吨，能够容纳几家人，但才卖了一千块钱，没有办法。现在这样一艘船至少卖十万块钱以上，竹排都能卖几万块呢。我们那艘船是木船，是自己做的，专门用来打鱼的，有时也可以运输，帮越南人运货物。当时我们全村有钱的人家都有自己的船，没有钱的就两三户人家共用一条船。

当时我们那艘船坐了六户人，都是我的亲兄弟、堂兄弟，大家都是亲戚，有老人走不了远路的，就乘我们的船过来了。我大孩子当年 12 岁，他是走路过来的，把船上位置让给了那些不能走远路的老人家。他爷爷带着他走，全程有五十多公里，要走两天。我就负责开船，我们都会自己开船。除了我小妹嫁给瑶族人家没有回来，我的亲戚六户二十多个人全部都回来了。

我那艘船是帆船，有风就能走。那时从我们村的海边出发，三天就到东兴了，遇上西南风船速就快点，遇上东南风则慢点，逆风也能斜着开，但是会更慢。我们经常走这条航线，都知道东兴的方向，知道东兴离我们家不远。

付为喜在家中（右一）接受访问

我们从东兴来这里时，是部队用班车把我们拉过来的，一辆班车能坐三四十个人。行李就用货车拉，我们到达之前，行李已经先到了。我们从越南带回了一个柜子，直到现在还在用。我们刚到这里时，在一个学校里住了十天，吃饭有饭堂，到吃饭时就拿碗去饭堂打回家吃。

后来我们就转到上平，在那种油纸盖的房子里住了一年多，房间没有厕所，厕所在另外的地方。那时候也谈不上什么满意不满意，我们懂得，国家一下子要安排这么多人，建房子也没那么快，而且我们是自愿回来的，所以不会抱怨什么。

我在越南的时候还当过“农业专家”，越南政府还给我颁发了一个证书。我在越南那边当生产队队长，管二十多户人家。也是像这里一样记工分，按工分分配，谁干得多就得多一点。我主要管工分，管东西怎么分配，我做队长也有工分。按照粮食收获多少来分，粮食收多了就多分，收少就少分。我既要当队长，同时也要劳动，一个月才能分到三十公斤稻谷。种地是生产队的事情，但打鱼不是。我们自己做了船来打鱼，几个兄弟自己一起用山上伐的杉木来做的，我家里的柜子、凳子、床都是我自己做的。新立村有二十多户，可能 80% 的人家有船。那时候，我们村被赶回来的人大部分是坐船回来的。回来这边就是领工资了，一个月 25 块钱，东西也便宜，那时候猪肉才几毛钱一斤。

那时我们一个村有的人要求去海南，有的人要求去福建，有十多户来到了上平这里，占大多数了。我们这个村有三个队，大多数人都姓傅，都有点亲戚关系，属于同一个家族，但他们不会写这个“傅”字，就改成了“付”。此外，还有一户姓陈的和三户姓杨的人家。

来到农场后，农场领导知道我曾在越南当过队长，就叫我继续当队长，我们在越南主要讲客家话、粤语，农场领导也跟我们讲粤语，我不懂普通话，指挥不了大家，我就不愿意当。后来我是通过看电视才慢慢学会的普通话。

一直到 1989 年，我们的生活要比周边农民的好一些。但是现在我们没有土地，农民的生活要比我们好，他们种田地收入多，还有政府补贴。我们种玉米、水稻，每年还要交土地使用费，原来是一亩地要给农场交两百多元，现在要交一百元。另外，还要交养老保险费。到明年我就退休了，就不用交那么多了。有些好的土地一亩一年的收入多则一千元，少则几百元。还要交这些费用，我们当然有意见了。

现在有个腾换房子的工程，房子已经建好了。我的大家庭已经分为 5 户小家庭了，但只安排给我们 3 套房子，我们有 12 个人，总共才 120 平方米，怎么够住呀？太小了。多数人还是愿意住现在的这些房子。但上面要求一定要搬。那边房子建得好，但在市中心吃菜也贵，我们两天就要买一次菜，因为没有地可以种菜。

我回国以后去过越南一次，可能是 1987 年或 1988 年吧，是去扫墓的。后来没钱再去了。我们在这里挣不到什么钱，孩子又多，生活困难。我们越南的家现在已经住着越南人了，房子还是原来的样子，他们也没有装修。越南人大多也贫困，他们没有好房子住，被他们白捡到一套房子，我们不服气也没有用。不过越南现在比以前好得多了。

我有四个妹妹、三个弟弟，只有一个小妹在越南，其他的都在中国，其中有两个妹妹在广东，一个在英德华侨农场，她是从这里嫁过去的。其中嫁给瑶族的小妹还在越南，我们有时会通信。去年（2013 年）9 月她来过我这里，她说这边的生活要比他们那边的好。她有四五个孩子，都是跟当地的少数民族结婚，一个儿子在地方当领导，有个媳妇当老师。她现在有点钱了，能够来中国看我们，还去广东找了其他几个姐姐。

现在不少越南人来中国打工，他们不愿意种田，因为种田不挣钱，又辛苦，所以一家人先有一两个来中国打工，然后再把家人带过来。这些越南人有些也会讲普通话了，不会讲普通话的也照样能打工，他们当中有一两个会讲就行了，前几年砍甘蔗的活计统统是越南人过来做的。

何珠英[1]

一

我是1942年3月26日在印尼出生的，现在七十多岁了。1960年我同哥哥一起回国。哥哥在上户口时把我的年龄报小了一岁，所以我的身份证就比实际年龄小了一岁。1963年我考上广西医科大学本科，1968年毕业分配到了广西阳朔县兴坪卫生院，后又调去高田卫生院，工作九年后，调回桂林市结核病防治所（后改名第三人民医院），后来在结核病防治所工作，直到退休。

我们全家人除了最小的弟弟，其他人都是在印尼的西爪哇出生。西爪哇是城市下辖的一个地方，相当于一个镇，很不出名，距离万隆有一百多公里。我们在那里生活了很长时间，后来因为印尼跟荷兰打仗，我家房子被烧，什么都没有了，就迁到别的地方去了。因为我有一个伯伯在近东爪哇的一个地方开了一家木薯粉加工厂，我们就像逃难一样到那里投靠他。过了一段时间，我们又搬到另一个城市，过几年又搬了回去，其间反反复复，搬来搬去的，就在西爪哇那一带。

我外公是从广东的大埔县出去的，大埔县现在属于梅县地区，离梅县大概还有60公里。我外婆是在印尼出生的，她是侨生。华侨生的，就叫侨生，我妈妈也是侨生，所以凡是在印尼出生的中国人的子女都叫侨生。[2]

我外公出生在中国，我外婆很早就去世了，后来外公又娶了一个老婆，也是从国内带出去的。

---

① 访谈时间：2013年8月20日；访问者：陈健（桂林力创小学教师）；录音整理：方陈灵（天津外国语大学2012级本科学生）；访谈地点：桂林市桂湖花园。

② 现在一般指回到祖国就学的华侨学生。

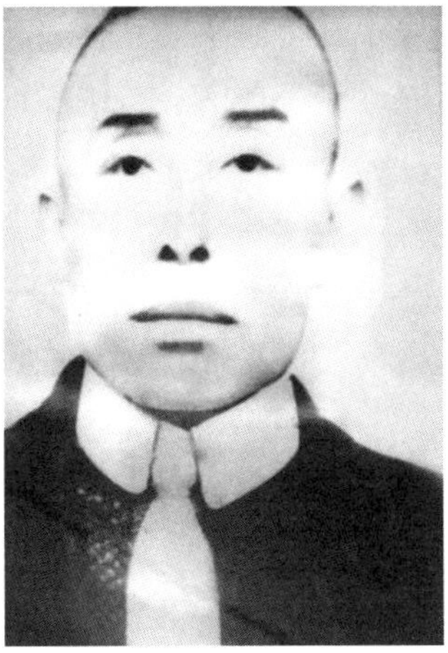

何珠英的爷爷和奶奶

我这次回去了解了我爷爷的情况。听我哥哥说，我还有个堂哥在家乡，八十多岁了，他一直没有离开家乡。我奶奶是1963年88岁高龄过世的，好多事情都是我奶奶讲给我堂哥听的，因为他从小就跟我奶奶住在一起。听他们说，我爷爷以前是汕头大学堂毕业的，比较有文化，他当了个小官，管两个村子。那个时候我爷爷负责禁赌，一看到有人赌博就抓，所以他在任的时候，两个村子都比较繁荣，结果有些赌博的人就记恨他，有一次收买了我爷爷手下的人，骗他出来喝酒。当时有人给我爷爷通风报信，叫他不要去，说会有危险。他说，他不怕，他没做坏事，他是光明磊落的，于是就赴宴了。结果我爷爷喝了酒以后，被坏人用长矛刺死，坏人拿石头绑在他身上，沉入了我们家乡的含江，所以连尸体都找不到了。我爷爷参加过辛亥革命，追随过孙中山先生，还是我们家乡第一个剪辫子、穿西装的人。

我爷爷死的时候，我爸爸才7岁，我爸是1907年出生的，家中排行最小，我爸的哥哥姐姐很多，我奶奶生了几个孩子，大多都死了，就带大三个，一个是我爸爸，还有我伯伯和姑姑。自爷爷死后，家里生活来源没有了，我爸爸就没法读书了，小小年纪就开始工作挣钱了，7岁就帮别人挑担子，种菜浇水。那时候从南洋回来的人，村里有生活困难、日子过不下去的，只要愿意给钱，就能把他（她）带去南洋，我爸爸15岁的时候就这样去了南洋。我伯伯先去了新加坡，我爸爸去了印尼。听我妈妈说，我爸爸一个人在印尼觉得很孤单，就把我伯伯硬拉到印尼去了。

20世纪40年代以后，我爸爸和伯伯一直都没有回国。我爸23岁时结婚。抗日战争期间，有一年他想回国把我二哥送回家乡，但我妈妈怀孕、早产，就没有回成。所以我爸爸自从出国以后，直到1960年年底才第一次回中国，1961年才回来看我奶奶，他出去几十年，一直到老了才回来见他妈妈。我听

何珠英父母在印尼结婚（摄于1930年）

我伯母说，那时我奶奶的腰不行，是因为抗战时逃难，被一个日本骑兵打伤了腰椎，所以有点驼背。不过我奶奶个子很高，虽然驼背，但站起来差不多跟我一样高了，奶奶的照片我都还留着。她一直与我堂哥一起在家乡生活。我伯伯有两个小孩子在中国，他们都跟着奶奶生活，一直到奶奶去世。

何珠英一家在印尼，左一为妈妈抱着最小的弟弟，右一为爸爸抱着最小的妹妹。右三为何珠英

我伯伯没有回过国，他把孩子留在中国以后，又把我伯母接去印尼照顾他，他们在国外又生了一个儿子和一个女儿。不过，我伯伯后来又和一个印尼人结了婚。事情是这样的：我爸爸给我伯伯出钱，把木薯粉加工厂买了下来。有个印尼女人在那里做工，我伯伯跟她好上后又生了六个小孩，所以我伯伯的小孩很多。听说在1949年，我伯伯得了肺病，最后吐血死了。留下的小孩子基本上都是由我爸爸抚养，所以我爸爸的生活负担很重，自己有八个小孩，还要抚养伯伯的几个孩子。我们家兄弟姐妹多，在家里我排第五，上面有三个哥哥、一个姐姐，下

面有两个弟弟、一个妹妹。在印尼时，我妈开了一个小商店。我家也开过一家工厂，落难的时候爸爸还做过押车送货之类的工作。我们家的经济水平在印尼算是中等水平。

在印尼时，何珠英一家，右数第四位为伯母，伯母右边的为伯父的孩子，左边的为何珠英的兄弟姐妹。右七为何珠英

我们在印尼读的都是华人办的学校，我们主要是学中文，英文和印尼文也要学。我们在小地方学的中文没有在大城市里的大学校学的正规。因为我们那个小地方的师资比较短缺，有的人小学毕业就可以教小学，高中毕业的一般就教初中，老师都没有经过培训，没有经验。有些华人从国内出去，到了印尼就当老师，所以我的普通话不好，现在也改不了，主要是在印尼就没有学好，四声都说不清楚。

我当时在印尼读书时没有证件，只有一个学习报告册，我初三在椰城中华中学上学，其他时候就在小地方读。我们的中文学的是繁体字，我的学习报告册上老师写的字很漂亮，现在的人写繁体字已经不能写得那么好了。

1960 年印尼排华时，基本上县级以下的华文学校都被封了，到 1965 年以后全印尼的华文学校都关闭了。

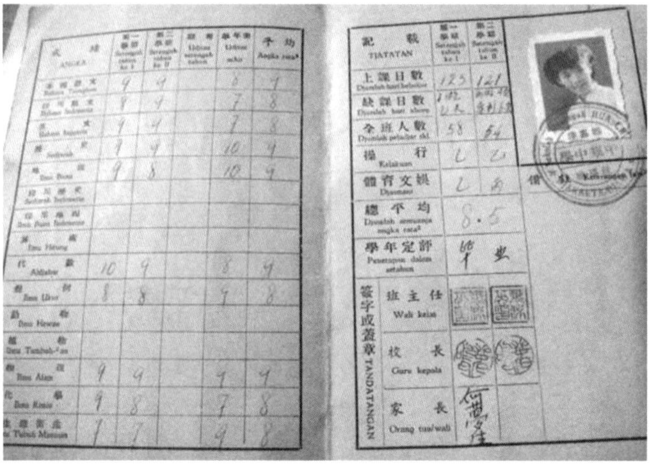

何珠英在雅加达中华中学读初三时的成绩报告册

在印尼读中学时与同学、老师外出旅游时的留影，后排右三为何珠英

以前印尼的华侨中做生意的占了90%多，印尼当地人很少做生意，华侨集中在市区。我家隔壁也有印尼人，我们也会交往，一般都是说说话，不像同华人那样交往密切，我们华人之间关系比较密切，逢年过节亲友之间都会互相拜访。我爸因为有好多事情需要与当地部门打交道，所以我爸认识较多印尼人，我爸的印尼语也说得比较好，他说话没有中国口音。不像我们的一些亲戚，在印尼生活几十年了，印尼语还是说不清楚，还带有中国口音。我爸不仅能说印尼语，也能写印尼文，有时候人们需要用印尼文写申请报告，都是找我爸帮忙写。我爸都能自己打字。他说他到印尼一个星期就学会说印尼语了。

在回中国之前，我们没去过别的国家，只有我伯伯去过新加坡。印尼华侨中有很多人也是出过国的，当时最多的是回中国探亲、观光。

二

我们家是分几批回国的。第一批是 1959 年，我二哥高中毕业以后，自费回国，在北京华侨补习学校读书。

在印尼时，何珠英的父亲（左数第二）与其他三位抵制排华的负责人，右二为主要负责人

后来，印尼总统颁布“十号法令”，不允许外侨在县以下地区做生意，这个法令其实是针对华人的。因为印尼不管在城市还是农村，90% 做生意的外侨都是华人；也不允许开办华文学校，不允许华人在那里谋生、做生意，但是加入印尼籍的人可以，不加入的就不能。我爸是那里华侨总会的成员，这是一个华侨组织，其作用一是办华文学校，二是搞福利，哪个华侨有困难需要帮助，他们就号召大家捐款帮助。这个华侨总会有五个成员，都是做生意的，我爸是其中之一。1959 年，印尼发布“十号法令”以后，时任中国驻印尼大使黄镇，就召集我爸他们五个成员到大使馆去开会，就说，印尼发不发令，你们都要跟他们斗，他们叫你们搬走，你们就不要搬。开完会以后，我爸他们回到地方就跟各家华侨通气，不管印尼政府有什么指示，都不要理它，对抗到底。所以第一次颁布法令以后，华侨都不采取行动。第二次发布法令，重申了法令，并规定了搬走期限。我爸他们又去开了第二次会，回来以后又传达说，第一次他们拿我们没有办法，第二次又来了，我们照样不搬，因为华人蛮多的。结果第二次不搬，印尼政府就采取措施了。有一天天还没亮的时候，我就听到有人敲我们家的门，一看是几个印尼宪兵，把我爸带走了，我们也不知道带去哪里。第二天天亮以后，发现其他家有四个华侨也被带走了，后来知道就是那五个开会的全部被带走了，听说是在万隆市的监狱里坐牢。

顿时，我们这些华侨就群龙无首了，大家都很慌张。第二天、第三天，华侨每家每户的家长又到电影院开会。因为当地没有像礼堂那么大的地方，所以就到电影院集中。结果，这次印尼当局又把那些去开会的人抓到一个牢房集中关起来，关了差不多一个月。

这些家长被抓走以后，印尼政府对我们说，你们只能带随身需要的东西，然后离开。我们原来住的镇大概像现在的荔浦县镇那么大，生活各方面都挺方便的。我们也不知道要离开多久，所以我们只拿了随身需要的东西，钱和米之类的。我们所有人的房子都被打上了封条，不让我们再回来住。若要回来，就要跟部队、宪兵打报告，他们批准以后，跟着我们去开门拿东西。我们被集中到另外一个县的集中所，集中所设在原来的一所华文学校里，有时候房间不够住，就只能打地铺睡觉，有的睡在教室里，有的睡在大厅里。我刚好被分到乞丐和残疾人收容所，那里还有分隔的房间，条件算好的了。几个月之后，中国领事馆的人来慰问我们，说中国政府也在抗议。因为华人受排挤就是从我们那个镇开始的，所以中国政府比较关心我们。很多印尼报纸的新闻记者也采访了我们，来了解我们华侨被安排在这里是怎么一回事。我们那个镇华侨的家长被抓起来一个月以后才放出来。我爸他们几个人好像是三个月后才放出来，他们曾被转移到几个不同地方的牢房。在坐牢之前，领事馆对我爸他们说，有风险，印尼政府可能要把我们驱逐出境，但是不要紧，领事馆会帮我们办护照，马上就能走。我爸心里就有个底了，所以跟我们说，如果真的有什么不测，我们马上就回国。在我爸还没有被放出来的时候，中国就派接侨船来了，我们家里人除了我二哥在没排华之前就回国了之外，其他人都分批回来了。

排华是从我们镇开始的，当时我们还年轻，还没有那么害怕。当时我们在集中所、收容所的时候，有个印尼报纸的记者来采访我们，他问："你们愿意回中国去吗?"我说："愿意啊。"那时候，我年轻，什么都不懂。他又问："你知道吗？你回中国去，要挑粪哦。"我说："怕什么，没有吧，我们中国是天堂。"因为我当时看到的宣传，都说中国是天堂，所以我就说："到天堂去怕什么，不怕。"他还问："那你们想想，你们的老祖宗、你们的父辈们从中国来都是穿短裤的，连衣服都没得穿，现在你在印尼过得这么好了，有钱了，到时候你到中国去，你怕不怕?"我说："不怕!"那时候，我真的没有想太多。

1960 年 2 月，我伯母跟她的两个小孩，还有我的一个哥哥、一个弟弟先回国。回来后被分到广东的陆丰县华侨农场，那是第一批。到了 4 月是第二批，那时我爸被放出来了，他就让我哥和我，还有我堂弟回来了，我们三个人 1960 年 4 月 28 日到南宁，5 月 2 日就到了桂林。我们先是坐船到湛江，然后从湛江下船，再到南宁，在南宁暂住几天，最后就转到了桂林。

到南宁的时候，我们看到街上有好多拉大粪的三轮车。我们当时早餐吃的主要是馒头，难吃得很，我们说能吃就吃，不能吃就丢掉，有饭就吃。那些年纪大一些的归侨说：看看，这就是我们以后的生活，以后的生活苦啊，我们要挑大粪，今后都没有饭吃哦。我们当时还年轻，也没有想那么多。从南宁到桂林后，我们被安排在学校里，算是对我们这些归侨学生的一点照顾吧。有时我们还能吃到一点肉，但大部分时间是吃蕹菜、豆腐乳、辣椒、辣椒酱。

我回国时 17 岁。我在印尼已经读高中了，但刚读了不到半年，印尼开始排华，就不能再读了。1960 年回国后，我又重新读了高中一年级。我们到桂林后被安排在桂林中学，在桂林市的甲山那边。由于当时已经是五月，不能重新开一个班，我们就在桂林中学插班了。我读高一，跟着原来的班级上课，也跟着他们一起劳动。放暑假以后，我们就分开了，有些到桂林市一中、市二中、市三中，我被分配到市三中，就是现在的桂林中学。

后来，读书是慢慢适应了，但是在生活方面还不能适应，最不适应的就是气候。因为我们在国外长期都是穿短衣短裙，长袖都很少穿，回国后却要穿毛衣、棉衣，以前我们从没有穿过冬衣。当时知道要回国，在准备东西时，我们家家户户都买了大批的东西，却没想到国内那么冷，没有准备毛衣，棉衣更没有，我们就只有长袖。那时正是困难时期，国内的东西少。但我们带回来的东西比较多，糖、油、饼干什么的都带回来了，所以虽然跟国外比生活条件差，但跟国内比，我们的生活还是比较优越的。

我爸对我堂兄弟妹说：你们要回国可以，不回国也可以。因为这五个孩子中，已有一个跟他们一起回来，还留下了四个。他们很多人都劝我爸不要回国，可以搬到另一个地方谋生。我爸也比较熟悉当地的印尼官员，他们说别回去了，他们会保护我们家的，我们家留在那里不会有问题。还有很多亲戚也说别回去了，算了吧。但那时我爸说，他有八个子女，除了一个大女儿在印尼结婚，留在印尼了，其他的几个都已经回去了，他也要跟着回去。所以到 1960 年底，我爸就回来了。我爸把我们家的工厂、房子都贱卖处理了。

我爸在 1960 年 12 月回到了广州。他们那一批归侨被分到了广东英德华侨农场，我大哥劝他留在广州。由于我和我哥被安排在桂林市，我哥在桂林市工作，没有被分到华侨农场，我也在桂林读书，所以我爸就决定还是到桂林来。就这样，我爸要求到桂林，后来也获批准了。跟他一批回来的其他华侨，就在广东英德华侨农场落户了。

1959 年，二哥临回国前与家人合影（何珠英在外地读书，不在场）

后来，我弟弟、哥哥从广东跑来广西。他们说那边太苦了，没有饭吃，跑到桂林后就不愿再回广东了。我爸没有办法，通过交涉，政府才同意把我哥哥和弟弟迁到桂林。但我的伯母、一个堂哥，还有一个堂妹，还在广东的陆丰农场，那里的条件确实是艰苦的。

我们家没有落户在农场而是在市区里，所以条件比较好，我们也能适应。那些被分去农场的归侨，在印尼时都是做生意的，从来没有拿过锄头，所以一来到农场马上要做农活，就很难适应。

那时国家对归侨也有一些照顾。我们吃的东西好多都是罐头装的，带回来的东西有一个房间那么多。在回国时，好多人告诉我爸和我哥，说国内的日子很苦的，中国物资匮乏，所以我爸回来时带了一大桶猪油，带的黄油起码有几十罐，都是用一个个木箱子装好的，其中有三个木箱子有矮柜那么长。罐头、木薯粉、糯米等都带回来了。所以，在三年困难时期，我们家还是有一点东西吃的。

我们还带回了劳动工具，比如锄头、镰刀、锯子等。我爸听很多人讲，国内什么都没有，所以他连镰刀都准备好了。

排华时，居住在我们家附近的两个华侨领导也回来了。不过，还有三个没有回来，后来排华形势慢慢地缓和了，他们就不想回来了，因为他们听说国内的生活很苦。两个回国的侨领中有一个先回来，他已经到桂林的华侨农场了，我爸回来时就是他去接待的。现在，另外三个没回国的侨领已经在印尼过世了。

我们到桂林的时候，先是住在桃花江饭店，有些归侨住在旅社，有的住在麻纺厂，分了几个临时居住点，桃花江饭店算是比较高级的。我们每天要到十字街那里去吃饭，吃饭的时候有车接送。

虽然我是从印尼回来的第二批归侨学生之一，但在到达桂林的归侨中，我们算是第一批。那时桂林市里还是破破烂烂的，相比起来，我们在印尼的房子是砖木结构，而桂林的老百姓住的都是木板房。只有少数以前国民党军官的旧居和有钱人的房子是砖房，比较漂亮。桃花江饭店对面的那一排房子都是木板房，很小。

三

1963 年高中毕业后，我考上了广西医科大学，在南宁读书，当时学制是五年。但是，我才读了两年半，“文化大革命”就开始了。我们下乡锻炼，到了靖西，在越南边境那边，参加消灭钉螺、血吸虫运动，那里有血吸虫病，因为钉螺是血吸虫的寄主，所以要把钉螺灭掉，才能消灭血吸虫病。在那里我们待了半年。当时学校已经搞得轰轰烈烈了，校领导全部都被拉下台，我们就闹着回学校。

我们回到学校的时候，已经停课了，一直到 1968 年，大家就毕业参加分配了。其实我大学只读了两年，学了点基础知识，真正的临床课程都没上过。即使是在复课的时候，也是上不了几节课，不同派别又打起来了，又不能上课了。1968 年，“文化大革命”开始以后，解放军、工农兵都进驻学校，更是不能正常上课了。

当时，我什么活动都不参加，人家打起来，我就跑了。所以，回到学校以后学校开始整顿，要求学生个个写检讨，但我没写，我又没参加武斗，也没乱写大字报。

大串联的时候我们是自己串联，没跟着他们大队人马。1966 年，我们几个去了北京，毛主席接见红卫兵的时候我们也去了。我们是报名去的，走路去湛江串联，然后回来。那时候我拿着一个背包和棉被，第一天走了二十公里路，走得脚都起了泡，走不动了。后来，就跟我表妹一起去大串联，我表妹是广西大学的，我们几个人一起跑到贵阳、西安，挤上汽车、火车，到了刘文彩的家乡——四川成都。回来后又去了上海，大家实际上是去旅游了。我们几个女孩子也不担心什么人身安全之类的，没有想过这些，那时“文化大革命”，年轻人只要爬得上车就行了，到了哪个地方我们就去找学校住。

毕业的时候，我们先被分配到桂林劳改农场，就是轮胎厂后面那个横塘农场，是一个劳改犯农场。那个地方有好多犯人，那些犯人还没有全部提走就叫我们去接班，接班就是劳动，我们在那里劳动，有的人养牛，有的人种田，有的人养鸭子。后来，慢慢地犯人走了，我们还要在那里劳动半年，养牛、插田什么的我都做。

半年以后我们就分散了，到农村跟农民住在一起，住在农民家里，跟农民一起吃饭、一起劳动，接受工农兵的再教育，那时大学生毕业之后都要接受工农兵再教育。我被分配到永福县的广富乡，下车以后还要走十几里的山路。1970年元月，我们被集中起来分配工作，我们大部分人都被安排到了县里，只有两三个同学被分配到了地区医院，我则被分配到阳朔县。

刚到阳朔时，正在搞“二五运动”，我就参加了“二五运动”，半年以后又被安排到兴坪卫生所。我爱人也是归侨，他应该是“文化大革命”时期毕业的，比我早一些参加工作。1972年我生了小孩后就调到高田了，在阳朔待了九年，然后就调回了桂林结核病防治所，也就是现在的第三人民医院，在这里一直工作到退休。

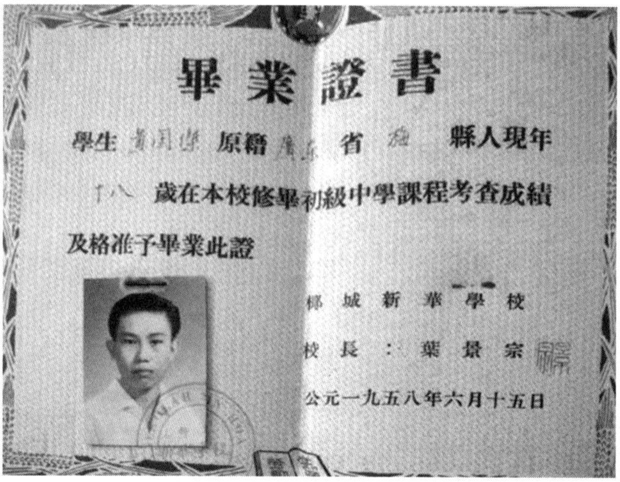

何珠英爱人的中学毕业证书

这个医院的工作与其他医院相比比较轻松，没有那么忙，因为病号比较单一，所以每天都是进行抢救，来了病号就急诊，不像其他综合性医院那么忙。结核病不怎么可怕，是可防可治的，比肝炎好治，结核病主要是通过呼吸道传染，只要注意防护就可以了。

我爱人是学农业的，他和我一起从阳朔调回了桂林，他被安排到了甲山公社一个农业技术推广站工作。1987年，他下乡的时候发病了，做手术时医生发现他可能有个先天性的血管瘤，那时很难检查出来，没什么症状。那段时间他工作很忙，刚好乡政府大改选，需要到农村里去，白天找不到农民，只好每天晚上开会。到矮山塘那里他就发病了，工作太累加上年纪也大了，血压又偏高，就脑出血了，救不了了。1987年那时候我们的孩子都还小，最小的只有4岁。

退休以后，我们校友会每个星期都会组织一次活动。有时候大家聚起来出去旅游玩一玩。我跟我们单位的人交往得比较少，因为大家住得太分散了，平时只能见面聊聊天。现在，我每天早上会到公园活动活动，跳跳舞。

四

我去年第一次重返印尼。我姐姐已经移民澳大利亚了。我姐姐的两个孩子、我妈妈同父异母的两个舅舅，还有个姨妈都还在印尼。我去看了他们。我最小的小姨77岁了，表弟、表哥、表姐都还在，我舅舅的孩子也都还在。

我的两个舅舅，其中一个年纪大的开了个小商店，另外一个开了个建材店。我舅舅的孩子中有一个现在过得很好，也就是我的一个表弟，他的财产比较多，他是开汽车修理店的，也是汽车代理商。他的女儿今年也开了一个保险公司，她还出了一本书，送给我一本，写的都是印尼文，我还看得懂。表弟的儿子在搞房地产。

我还有一个表妹也过得很好，表妹夫以前是我的同学，在万隆地区提他的名字很多人都知道。他父母原来是开肥皂加工厂的，后来养殖鸟类，专门养殖贵重的鸟，他们经常出国去进货，我还去过他们的养殖场参观。那个厂里还有卖斗鸡的，一只斗鸡值人民币三四万元。表妹夫养了五百多只小鸡，印尼各地人都到他那里买斗鸡，是买回去配种的。表妹夫发展得比较好，还开了一个很大的酒楼，在那个地方算是首富了。所以我表妹的生活比较好，她今年刚刚满60岁。

我回印尼后发现，印尼50年没有发生什么变化。市区里面的老城区，跟我小时候比，小时候还干净、整齐一些，现在看上去都破破烂烂的，到处都是摆摊的，以前我家的门面都还在，都没有改造过，都50年了还是那个老样子。现在印尼人自己也开铺面了，但是大多数还是华人在那里开店。可能因为人口增长了，市区的边缘都建起了好多房子，我都不认得路了。但是，政府管理方面没有我们中国政府做得好。雅加达有

何珠英（中）回老家与广东梅县大埔老家堂哥嫂在老家老屋前合影

一条河，以前那条河河水黑黑的，到现在都还是那么脏，垃圾成堆，一下雨，水就把那些垃圾冲进河里了。雅加达附近的市区也没有变化，郊外的新开发区就比较好。反正我觉得印尼50年变化不大。

我印尼的伯母在我伯父去世了之后就改嫁了。我伯母有个孩子也在桂林。我们兄弟姐妹个个都是在印尼出生的，我大姐是1932年出生的。我们住的第一个地方在爪哇岛万隆市，我这次去看了一下，老房子还在，但是破破烂烂的，也没有改造。我二哥是最早回国的，他从北京地质队毕业后到甘肃工作，退休以后就回了桂林。堂哥出生以后就没出过国，一直陪在我奶奶身边。老家的这个房子可能是我爷爷做官的时候和亲戚合伙建起来的，上面的门匾上有个“第”字，说明家里有人做官，如果是“居”字，说明是做生意的。

我们自己带回来的照片都不见了。我前年回去在我堂哥那里找到一些翻拍带回来了，我和大哥的照片在“文化大革命”时全部都被烧掉了。

我没有后悔回国，我们全家都回来了，什么想法都没有。我们没有什么直系亲属在印尼了。我姐姐家孩子多，也不可能走，我父母亲、兄弟和妹妹都在这里，以前想出去，去申请的话，就说国外有亲人来信，拿着外国来信作为申请理由，可以以探亲为借口申请出去，但我们没有这种条件。

2013年9月14日，何珠英（左）与访问者陈健合影

黄儒武[①]

一

我 1947 年出生于越南北方河北省陆远县黄索村。我爷爷黄潮是从防城那良村移民到越南去的，我算是第三代移民了。当时中国的农村很穷，爷爷是因为穷才跑出去的，到了越南给汤氏家族做了上门女婿。我奶奶是瑶族，会讲瑶语，生了 8 个子女，我父亲是最小的一个。奶奶在 2007 年去世，享年 92 岁。爷爷奶奶当时有很多钱。为什么我爷爷奶奶有钱？是因为当时法国殖民统治越南时期，他们攒到一点钱就去买法国人的土地，最后留给了我伯伯和我父亲，他们的生活还是很好的。到 1955 年，法国人撤退时邀请我父母一起去法国。本来我父母打算去，但我奶奶不允许他们走，说他们在越南有那么多牛，而过去在中国的时候什么都没有，现在生活已经很好了，还跑到法国做什么？

1954 年，越南北方解放。1955 年越南搞土地改革，把我父亲打成“地主派”，牛、猪和土地、房子都被没收了，家产全部被没收完。那时我刚 4 岁，当时我们一家人很可怜，10 个兄弟姐妹中，我在男孩中排第二、在兄弟姐妹中排第六。越南政府抓我父亲去劳改，那时是 1957 年，后来不知是哪一天，他们准备枪毙我父亲。第一个被枪毙的是姓韦的越南人，第二个要枪毙我父亲。这时，一个与我母亲同姓的越南人就去替我父亲说情。他说：第一，革命是有道德的，干革命的人也是有道德的，有道德的人才干革命。我父亲的财产是来自家里长辈的，不是我父亲自己积累的土地。第二，我父亲有亲戚在南宁，这件事会传到中国领事馆的。我父亲在越南的财产并不是抢来的，而是用自己的血汗积攒起土地和财富的，枪毙是没有道理的。经这个越南人的一番说情，后来越南政府就决定不枪毙我父亲了。1958 年，我母亲死了，是被气死的。因家里房子被没收，我父亲只好带着一家人到了广宁省，那时我刚好 10 岁。我那时就开始帮别人放牛，

---

① 访谈时间：2014 年 8 月 13 日下午；访谈者：梁茂春、陈文、蒙晓云；录音及文字整理：陈文；访谈地点：隆安浪湾华侨农场老人活动中心。

上山砍树打柴去卖，生活变得很苦了。我父亲曾经说去法国，奶奶不让他去，结果变成了这样。我还是个小孩，却不能读书，连越南文学校都没得读，只能帮别人看牛。1967 年，我 20 岁的时候就去当了兵。本来我因为历史不清白是不能去当兵的，但到了 1967 年、1968 年，越南北方对南方进行总反攻，兵力不够，就接收我当兵了。

我从小就有一个志向，要成为一名共产党员。因为我从小就看过很多革命电影，是从中国传播到越南的，例如《刘胡兰》《董存瑞》《罗盛教》等爱国电影。我受共产主义思想的影响，想加入越南共产党。当时我在军队里本来已经当了班长，但是由于我父亲“地主派”身份的原因，后来就不让我当班长了，只能去当炊事员，也不能加入越南共产党。1967 年至 1970 年我在越南当了四年兵。仗还没打完，越南南北还没有统一，我就回家了。

我因为历史不清白，连结婚都结不了，越南女人都不敢嫁给我。但我一直努力工作，积极向党组织靠拢，直到回到中国。回国后我也很努力地学习，虽然我没上过学，但是我自学掌握了越南文，那时有书有报，不懂我就问。

1970 年，我回到广宁靠海边的地方。原来我们家所在的地方是瑶族聚居区，比这个地方富裕一点。我住在下龙湾附近，直到 1978 年才回国。那时，政府不给安排工作，我就打柴卖、杀猪卖。在 1972 年，我当上了码头搬运工。1970 年我结婚了。我爱人也跟我在同一个部队、同一个连当过兵，她也是华人，当过班长。我们是同一年退伍的，退伍之后就结婚了。她所在的连有 5 个女兵，其中有 3 个是华人。她们 3 个人都是在 1978 年回到中国的，其中一个在广东英德华侨农场，一个去了加拿大。

在越南的军队里，我所在的那个班其余全部都是越南人。刚开始越南部队不管你是不是华人，只要能干就可以当班长，当时我是共青团员。后来因为我的历史不清白，部队不再让我当班长了。我们 1970 年结婚，1972 年我就搬到我爱人的家乡——广宁省先安县了，在芒街附近。后来，我们在那里建了自己的水泥房，就与爱人的家人分开住了。没想到，1978 年房子建好后不久，生活变好了一点，却又不得不离开，回到了中国。我们有三个孩子，两男一女，都是在越南出生的，1972 年大女儿出生，1975 年老二出生，1977 年老三出生。

我回国后也当过兵，后来当过警察，又当了领导。除了我爱人外，我和三个孩子都是共产党员。

二

我们是1978年5月回国的。那时国内的人真是可怜呀，我们的船是用竹子做的，走了两天海路才到国内。从越南的先安县走陆路到芒街很近，只有90公里路。但是因为我们有老有小，走陆路不方便，只好坐船走海路。后来发现，海路其实很难走。

我们是在东兴上岸的，在东兴住了五天。各县、各单位分别到东兴要人，让我们报名去各个安置点。侨办来问："你是哪里人呀？"我说是广东人（防城当时属于广东），我不知道东兴就是老家，但我也不想去广东。1978年5月，我们就被安排到隆安县浪湾华侨农场了。

不久，1979年2月，对越自卫反击战打响，我就去当兵了，因为国家需要嘛。当时政府号召三十多岁的越南归侨踊跃参军，能讲越南语和普通话就去当翻译。这两种语言我都会。为什么我在越南没有读书也会讲普通话呢？那是因为20世纪60年代，中国人民解放军去支援越南，部队就驻扎在我们村附近，周围到处都是解放军，我是跟解放军学的普通话。有时，晚上解放军开车来把我们华侨拉到营地去看电影，还把毛主席像章发给我们。就这样，我学会了一点普通话。

黄儒武参加对越自卫反击战时的留影（摄于1979年）

到隆安县浪湾华侨农场后，有60个归侨报名去当兵，其中也有在越南当过兵的。1979年2月17日10点47分，中国正式发起对越自卫反击战。我在部队里主要是做翻译，因为我会讲越南语。在这次战争中，同去的浪湾华侨农场的归侨60人中死了4人。当时我们的部队是在武鸣的灵水集中的。参军有军服，军章也有编号，立功也有编号，60人中有人立了一等功，我们三兄弟去，我立了三等功，二弟立了二等功。

1979年7月我当兵回来，上级组织部分参加对越自卫反击战的战士参加宣讲团，叫"讲荣团"，到各地宣讲。1979年7月至8月，广西侨办让我去参加讲荣团宣讲，主要宣讲对越自卫反击战的事迹，讲了整整一个月，我去了广西很多地

在浪湾华侨农场派出所担任政治指导员（摄于1988年）

方，除了十万大山没有去，有归侨的地方都去讲了。1979年9月，我就到了浪湾派出所工作，本来是让我当农场领导的，但是我没有文化，看不懂文件，只好去了派出所工作。到了派出所工作后，我开始自学中文。

1982年3月至4月，我被调到自治区公安厅学习一个月，边学边考试，回来后就一直在派出所工作。1985年8月至1986年8月，我又到广西华侨补习学校学习了一年。那时我三十八九岁了，没有基础，怎么学呀？何况要从初中开始学，我感到很困难。历史课最难了。我曾在考场里晕倒，被拉去医院抢救。我是班长，压力太大了。同班有几十个人，都是各地的归侨去补习中文，我也想把中文学好，数学就不管了。1988年，派出所老所长调走了，我就接任指导员一职。

1993年，我被调到来宾市迁江华侨农场担任农场书记，我是孤身一个人过去的，本来组织是想让我全家一起过去，但是我不愿意。到迁江华侨农场之后，我主要搞来料加工，我在那里干了三年。1993年，我家老二也刚好考上龙州的大学，1996年他回来时我也回来了，他回到职工技术学校当了老师。从迁江回来后，我就当了浪湾华侨农场场部的信访办主任。虽然我当过兵、当过警察，不过现在却是按工人的待遇退休的。

浪湾华侨农场总部办公楼（摄于2014年8月）

总的来说，我回国30来年，我们国家在共产党的领导下，取得了辉煌的成绩，我目睹和经历了这些变化，深有体会。从老百姓的交通工具就可以看到国家经济的飞速发展。我开始当警察时管的是单车，后来管摩托车，现在又管小轿车。经济发展了，人民的生活也发生了很大的变化，大部分老百姓都能吃饱穿暖了，我国的海、陆、空军事实力也增强了。

黄色文[①]

一

1945 年，我出生于越南广宁省芒街市的一个陶瓷工人家庭。1954 年，越南北部解放后，我就到广宁省芒街市华文小学念书。1960 年，刚读完初一上学期，因家庭经济困难不能再读书了，父亲要我离开芒街，前往广宁省东朝县东城合作社做陶工。

我的童年在北越东北小镇度过。在那个年代，人们烤暖、乘凉时最热闹的话题，就是中国志愿军抗美援朝的战事。电影《上甘岭》在我童年故乡上映，当时那里没有电影院，就在一块空地上放映，坐了近千人，晚上八点开始放映，我们这些八九岁的电影爱好者，怕到晚了没有好位子，在下午五点就拿板凳占好位置。电影主题歌唱出“一条大河波浪宽，风吹稻花香两岸……”我们小孩跟着唱，老人们拍手合奏，汇成一曲大合唱。我们生活在刚解放的小城镇，每每听到这首歌曲：“起来，不愿做奴隶的人们，把我们血肉，筑成我们新的长城……”老师讲，这是中华人民共和国国歌——《义勇军进行曲》，老师教我们站立着听完那首洪亮的震撼人心的歌曲，听着听着，一股对祖国无穷的爱就涌上心头，等听完国歌才去做其他事情。当时我们的老师是由中国政府部门派来的，他教导我们华侨孩子要了解祖国，长江、黄河，巍巍昆仑，东北平原，南方珠江三角洲，这是养育我们祖辈的美好地方。我们的祖辈在那封建社会时期扶老携幼到处流浪。我们的爷爷奶奶不知道历经多少苦难，来到这个越南东北的小城，与祖国大陆最南端结下美好的缘分。越南在胡志明的领导下建立了人民政府，爷爷奶奶、爸爸妈妈从东兴到越南芒街，早出晚归就为找口吃的，养家糊口。祖国呀！你心爱的子女，在那旧社会，为了生存，在那兵荒马乱的年代，民不聊生的岁月里，扶老携幼，背井离乡，四处奔波，在人生路

---

① 访谈时间：2018 年 8 月 28 日；录音及文字整理：普鹏飞（暨南大学国际关系学院/华侨华人研究院 2016 级硕士研究生）；访谈地点：黄色文翻译店。

上历经磨难；我们到了中国大陆最南端对面的越南芒街，在那片土地上，种豆得豆，种瓜得瓜，没有大衣也能度冬。

我在越南度过36年，在越南东北的小县城念书，小学毕业后考进陈富中学读初一。

自从进入学校起，老师就对我们讲：“我们是华裔越南人，养我祖辈的是中国，我们这一代人在越南国土上长大，孩子们，你们真幸福，在越南劳动党领导下的越南民主共和国的土地生活成长，你们是这里的主人，有责任去保卫建设这个家园，也有责任保卫养我们祖辈的中国。”树高万丈落叶归根，不能忘本，中国，古老的中国，有五千年文明的伟大祖国，她养育了我们的祖辈，我们的心、我们每个细胞都带着祖辈的遗产。

我们越南华人有两个祖国，中国和越南。越南有两千多公里的海岸线，北方有鸿基无烟煤，四通八达的海防港，从早到晚汽笛响彻云霄；还有那红河平原，四季稻花香；南方有湄公河平原，芬芳的稻花，雪白的大米，煮熟米饭香喷喷；一年四季如春的达乐高原有橡胶林、沉香、八角和各种名贵的药材，松木高入云端，风吹出快乐的音符陪着我们生活。

越南的北方在越南劳动党领导下得到解放。我们小镇也在越南劳动党的领导下进行社会主义改造，集体化的农业经济、工商业的供销社得到发展，人们的吃住也一天天好起来。越南芒街对面是中国东兴镇，那里也是刚刚解放，万物待兴，这个小镇有部分人为了生活早出晚归，到河对岸越南境内的由中国老板开设的十三家碗厂当制碗工人。

1964年，美国挑衅发起“北部湾事件”，对越南北方进行海上袭击，在那千钧一发的时刻，伟大领袖毛主席呼吁援助越南。生活在越南的华人得到鼓舞，他们踊跃参加到越南革命事业中，为越南革命事业贡献力量，特别是在抗美事业中做出了特殊贡献！那时我们这些十八九岁的青年，体重够四十五公斤的男性在义务征兵中踊跃参军；每个家庭至少留一个青年在家看家门，同时在后方生产和组成民兵力量。

中国给予北越大量的物资援助，也负责其他国家援助越南物资的交通转运工作。当时苏联援助的主要是武器，即喀秋莎火箭炮。中国援助的主要有步兵武器和大米。其他如朝鲜、匈牙利、捷克、保加利亚、东德等国援助的有布类、军衣、药品等，有时也有香烟、牙膏及其他生活用品，当时不断地有国外的物资供应。

当时中国境内也建立了迎接国际援助物资的交通网络。在中国南方的几个省如广东、广西、云南等，特别是在广东的湛江港、广西的防城港、云南的个旧公路运输线组建了援助物资接收转运中心。在北越，一道道国防工程如输油管道工程、小铁路工程，都经过我居住的地方。胡志明海上运输工程得到中国政府的有力协助，其他国家和中国援助的货物集中到广东湛江港和广西的防城港、北海港，交付给中越运输组织，叫“海上胡志明小道”，从“海上胡志明小道”经公海运往南越。在中国北方能接收的援助物资，用铁路运输到云南、广东、广西，然后从西江、东江、北江用木排顺水漂往越南的红河、湄公河，在越南境内接收到组装兵器后送往战场，或通过在越南陆地的“胡志明小道”送往南越战场。如果没有中国人民武装力量的贡献，能有这样庞大的物资通过中国输送到越南吗？这是绝对不可能的。

芒街市与中国广西接壤，也是18号公路连接广宁省到越南全国的运输中转中心，沿途的广宁省汪秘火力电厂是越南北方的重要电力设施，鸿基煤炭工业区、东潮县毛溪煤炭工业区等都是越南经济大动脉。可以说，从中国接收到的全世界社会主义兄弟国家援助的军事物资，大多数都是从18号公路输送到越南各个经济区和战区的。从1964年到1970年，每当夜幕降临，18号公路两旁都有当地民兵杠抢巡逻，保卫通过的货车，当地军队负责过往车辆的安全，这是外国支援越南南方战场的军火。车上盖的布写有“不怕牺牲，为越南抗美事业成功”“排除万难完成任务”等中文。每个担任巡逻的民兵都不能问是什么车辆，从哪里来，到哪里去，这是当地政府下达的保密任务。

这些物资运到越南后，如何保存是一个大问题，因为美军侦察机会发现，然后轰炸掉。当时是这样做的：把物资包装箱外壳去掉名称，打上编号散堆在河流两旁，因为敌人很少注意到这个场所，在村屯、村道树林旁，在边远山坡上，不扎堆，这些物资包括北越防空力量和苏联援助的武器。

美国获知18号公路的重要性后，多次派机侦查这条公路沿线的桥梁、工厂、学校，然后进行轰炸。我同越南同志们、兄弟们团结一致，抵抗美帝国主义的侵略。我亲眼看见了好几场美国飞机轰炸的场面，我在现场救援同志、兄弟、战友，我也得到过他们的救援。

1966年夏天的一天，东潮万里晴空，白云朵朵，勤劳的各族人民拿着劳动成果赶圩，人来人往，热闹非凡。县武装部在圩上高点安排有防空警报站，警报刚拉响，天上就有几架飞机隆隆飞过，琴桥那边浓烟滚滚。几分钟后，广播喇叭响起县武装部命令：各党组织马上组织民兵力量到琴桥援救同胞。京族、汉族、华侨十多名民兵在党支部带领下，赶到琴桥，我也赶快到位。天呀！琴桥两岸弹坑密布，同胞的尸体堆叠，死难同胞的残肢挂在树上，河面上漂着尸体，鲜血染红了河水。县武装部、县领导组织好一百多名救援人员，在一个多小时内把伤员送到医院就医，当天有将近两百名同胞遇难。那惨无人道的残杀场面，让我今天还会在梦中惊醒，全身发抖，牙齿打战，我不是害怕，而是疼爱我的同胞，恨那凶魔。

还有一次，被美机轰炸死伤严重。我们74营正好有几百号人马在一个靠近公路的小圩上扎营，很有可能被地下敌人发现了，那天中午，各个连在吃午饭，四架美机从东潮燕子山飞过来，很准地在我营投下六颗母体石榴弹，打开后几千颗小弹在爆炸，有好几千粒圆珠撒开，石榴弹的杀伤力很大，据不完全统计，在该村打谷场有68名遇难的同胞，其中我团牺牲了三位同志。

1966年5月30日，我被征兵到越南火箭炮部队。参军的第二天晚上，我在日记中写道："故乡东潮，那香喷喷的米饭，那清清的琴江水养育新一代人，今天的离别是为了日后的团圆，是为我们的子孙在没有美国飞机隆隆轰炸声幸福欢乐地长大，今天在祖国需要时上战场杀敌。我们再见吧，在祖国统一时相会吧。"

我于1966年6月1日回到单位，上级就安排我到苏联援越的火箭炮部队当方位操纵员，也就是喀秋莎火箭炮方位操纵员。我们营有三个操纵班组进行训练，这场战斗上级指定第一班组的上阵。我是第三班组，在这场战斗中没有担任重要任务，主要是"练胆练技术"。没有战斗任务时我们就进行训练，不能开机"走空档"。按照后勤条令，分给每个兵种口粮是有等级的，火箭炮部队的指挥官和技术操作员是每月36越南盾，其他兵种18越南盾。

1966年6月，经过30天的训练，我得到长官的好评："这家伙真是个好苗子，能掌握方位操纵技术和整台兵器的战斗原理。"上级让我上阵，虽然当天不是我值班，但是我要站在旁边观看战斗的经过。当天74营从早上到傍晚5点，击落美机12架，阻挡了敌人6次进攻，这场战斗越方牺牲了几个连，但我安然无恙。对于这场在越南海防港塗山阵地打响的战斗，当天英国BBC电台有这样一段评论："美机在越南北部受到火箭军的攻击，遭遇惨痛失败，被击落了12架飞机。"因为高炮部队损失惨重，作为政治上的补偿，越南军方给予高炮部队记功9架，我单位3架，实际上12架全部是我单位击落的。到1967年5月，我成为本单位的排头兵上阵。到1976年，我总共上阵19次，亲自操作击落美机7架，发射火箭37枚。1967年5月19日，那天是胡志明主席的生日，我被光荣地接纳为越南劳动党党员，1968年12月转正。在上述的战斗中，我每次打完仗，回到师部都要总结经验。我与我所在的战斗组给这个兵种提供了很重要的战斗技术方案，不仅保护了自己，同时打击了美军。

我们这些在越南生活好几代的华人、华裔，有很多人都加入了越南劳动党，在1976年，当地党组织找我谈话，称越南中央书记处第五号文件决定，尽量不让"外籍人"留下根。

1976年我在越南当局的逼迫下退伍，虽然我是一名越南劳动党党员，但他们在强迫我退伍时，对我的称呼只是"黄同志"，没有称我为党员。我被迫回到后方后，继续完成该党的任务。当时我才 20 多岁，是重要的技术兵种战士。我要求留下来，未被批准，因为我有华人血统。当时中越关系有很大的转折，所以越方驱赶所有在军队和行政部门的华人官员离岗，这其中还有广宁省武装部队一位姓沈的副司令、当时广宁省副省长黄正，还有越南西北军区上将。越共当时认为华人不可信、不可靠，也不能用。

被驱逐退伍后，我被安排在农灌站当维修工。在农灌站的时候，我心里很难受。我的技术过硬，一旦机器坏了，我就马上去修，我不计较回报，也不怕累。有一个领导看我可怜，就拿谷子给我。中国人民支持越南人民，但当时我们很被越南人看不起，我们对越南的革命热情就慢慢消退了。

我在越南长大，也同不少华人一样在越南投入越南解放战争，为越南的民族解放事业贡献了力量，不少中国同志的骸骨留在了越南荒山野林，希望祖国创造条件招英魂回家吧！

二

1978 年，我被越南当局驱逐回国。当时一共回来了 40 多万华侨，那时中国经济特别困难，但是祖国仍然安排我们 40 多万华侨过上了安定的生活，政府给我们提供了住的、吃的。虽然当时的生活很困难，但是比起越南的要好一点。我被安置在广东省普宁华侨农场做农民。我曾想过跑去香港，但是一个人要几百块，有的要几千块，我哪里有这么多钱？1979 年，原广州军区几个领导商量邀请我参加对越自卫反击战，当时因为我家里孩子小，同时我有个小弟也当兵参加了对越自卫反击战，原广州军区领导就同意我不参加了。

1979 年我们的自卫反击战是对的，尽管我们牺牲了很多。

1991 年，我来到东兴，从事中越文字翻译工作直到现在。当时中越关系好转，东兴开始开放，我懂越南文又懂中文，所以做了翻译。我翻译过很多资料，有政治的、经济的、化学的、机械设备等，我曾为两个水泥厂的老板成功翻译了关于机械设备的资料。

我在越南华文学校读书的时候学过中文，当时是由香港来的老师教的，所以我的发音还是比较准确的。我的越南文不是在正规学校学的，但是我的越南文很好。

黄世辉[①]

从印尼回国的归侨分三批，第一批是在 1960 年 4 月从爪哇回国，第二批是在 6 月从棉兰回国。我是第三批回国的，在 1960 年 8 月从棉兰到巨港坐船回来。我当时八岁，小学三年级，我是兄弟姐妹中最大的，有两个弟弟，两个妹妹。我们是全家共七口人一起回来的。我爷爷是从老家梅县出国的，他是理发师，在印尼结了婚。后来爷爷奶奶回国了，一直在广东梅县，他们没有再回印尼，我的叔叔也一直在老家。

父母、我和大妹（摄于 1958 年）

母亲与我们四兄妹（右一是我）。均摄于印尼棉兰（摄于 1959 年）

母亲与我们五兄妹（1960 年摄于印尼棉兰）

① 访谈时间：2013 年 7 月 12 日；访谈者：陈健（桂林力创小学教师）；文字及录音整理：方陈灵（天津外国语大学 2012 级本科学生）；访谈地点：桂林华侨农场黄世辉家中。

我和两个妹妹（1961 年摄于桂林华侨农场）

1959 年印尼颁布“十号法令”，政府不允许华侨华人在县以下地区经商。在这之前，我父亲与他的堂兄弟一起合伙经营小商店，生意和生活都还不错。我父母都是在印尼出生的，我父亲后来回中国读书，读了小学之后就因为没钱而不能继续读书了。他 18 岁的时候，正好遇上国民党征兵，他很害怕会被抓去当兵，所以就又回了印尼。

我回国后，先是在湛江的农场，然后又转到桂林。我们是坐船过来的，在桂林的一家饭店住了一个月，等房子建好了之后才住进了桂林华侨农场。父母来桂林之后刚开始的工作是种菜，1961 年之后就搬去鸡关山（现在的分场）了，主要工作是做农活。

1964 年之后我们开始种柑橙、水稻、花生、芝麻等农作物，还养了牛羊。华侨农场实际上就是一个“高级的农村”，农场配有专门的技术员。刚开始回来时生活确实是很苦的，一直到改革开放以后才好起来。不过，当时国家按照城镇居民供应粮油副食品的标准给我们供应口粮，我读初中的时候每人是 28 斤，高中的时候好像是 30 斤，国家给我们粮食和工资。我父亲当时的工资是 22 元，母亲是 20 元，两人一共 42 元，一家七口人，每人平均 6 元。所以，我们的生活要比附近农村的人好很多。但生活总体上还是比较困难的，有一次家里想买白糖，想向我舅借两块钱也借不到。我舅他们只有两个小孩，我们有五个小孩，生活比他家要困难一些。我们五个兄弟姐妹都是在印尼出生的，最小的一个是领养的。当时我们家是带着奶粉回来的，那时奶粉是很稀有的。当地人对我们归侨的生活非常羡慕，因为国家给我们提供住房、工资、粮油等，这是周边农民没有的。我们虽然从事农业生产，却都属于非农户口。

我家回国之后与印尼的亲戚联系就少了，因为离得太远了。即使联系也主要是写信，但书信来往也很少。“文化大革命”之前还通过一两封信，后面就不敢写信了。一直到 1976 年“文化大革命”结束之后才有一些书信往来。

2008 年，我与母亲、小妹一起回过印尼。那里还有我的小姨，她从小被我外公送给别人养了。我小姨在那里的生活过得一般，她过去是做裁缝的，给人家提供家庭式的裁缝服务，后来很少有人做这种工作了。她老了之后不再做裁缝了，因为没有退休金，只能靠子女养活。她与我们的最大区别在于她没有退休金，公费医疗也没有。我看过当地的华文报纸，华人在那边一般都没有退休金和医疗保险。可能只有在政府部门工作的华人才有这个待遇。我在印尼的亲戚基本上都是经商的，没有在政府部门工作的。

重返印尼（2008 年 6 月摄于雅加达）

1964 年之前，我们在印尼还可以去华文学校读书，后来就不行了，一直到苏哈托总统下台后才逐步允许华文学校的开办。苏哈托上台之后就不让讲华语、开办华文学校了，一些地方就连中国方言都不能说，比如客家话。那时我们把中文叫作“国语”，使用的是繁体字。当时我们在公共场合只能说印尼语，回家才说客家话。

我们印尼的故居（2008 年 6 月摄于棉兰）

我们在等待回国的接侨船时，没有居住在印尼城市的亲戚可以投靠，于是就被集中安排在华文学校这些地方住下来。

1960 年，我们也知道中国国内的经济还比较困难。当时我们从爸爸订阅的《人民画报》、苏联的画报、电台广播等渠道得知国内的情况。

我在桂林这里上到小学三年级，等到四年级的时候我们就搬到鸡关山去读书了，五六年级又搬到石门去读，那时从家里到学校有五六公里路，路不好走，单程要一个小时，每周日晚上去，周六回家。初中时我又到桂林去读书了，但高中我就没法再读书了。我们归侨的家庭成分不算是贫下中农，我们的成分是“归侨”。后来又有三次招生的机会我都没有抓住，第一次是广西师范学院，第二次是银行系统的一个学校，第三次是 1979 年到 1980 年，广西侨办系统要培养农业会计的招生。这三次招生考试我都没有被录取。

与印尼的亲人合影（2008 年 6 月 13 日摄于棉兰）

重返印尼（2008 年 6 月摄于雅加达）

刚开始我在班里担任计分员，后来当了班长，再后来又当了队里的通讯员。1986 年，我被调到农场场部担任代理会计，那时也不需要文凭，会打算盘就行。1987 年 1 月至 8 月，我又随南宁工作组到了宁明华侨农场，工作了几个月。后来，在场部的劳资科、行政科、勤工部都工作过，勤工部的名字还是我起的。1992 年，我就成为农场的部门负责人了，正科级。1998 年我开始担任农场的工会副主席，也是农场的侨联主席，后来又当选为广西壮族自治区侨联委员，连任三届，同时在桂林市担任了三届政协委员，兼任第二届桂林市侨联副主席。我的工龄很长，16 岁就开始工作了。

与印尼亲戚的生活水平相比，大家有高有低吧。比如，印尼的表哥有房产，我们没有什么房产，他们住别墅，有两辆车，还拥有工厂。他们还请了用人，我们这里哪里请得起用人啊！1998 年，印尼排华时我表哥就经香港回内地了，他打电话来说是回国避难的。我是 2008 年去的印尼，已经过了十年，印尼排华时，我大表哥被烧的房子还在。听我的表嫂说有些华人被入室抢劫后，金银首饰被抢走了，有人被吓坏了到现在还神志不清。

印尼的华人很少参政，只担任了一些社团或联谊会这些小团体的领导而已。

我父亲没有后悔过回国。1960 年，我们一家回国时我姑姑劝我爸不要回来，她说回到中国“吃稀饭都得干咽”。不过，有些人是后悔了的，因为在国外生活是不用挑担不用拿锄头的。有些人在国外没有做过农活，所以他们是有些后悔的。

现在印尼的公共设施建设得不如中国好，包括高速公路、绿化等。

家人桂林合影

我爱人曾亚臣因越南排华，在 1978 年 5 月回国后来到了我所在的农场。她回国后，和我在同一个队里，我们就这样认识了。那时我爱人 23 岁，她曾经住在越南广宁下龙湾。她父母在东兴，她家在东兴的时候没有田地，所以就去越南了，并在那里加入了合作社，集体做工，工资很少，她在越南的生活很苦。她的哥哥也回国了。她是从云南的河口入境的，后来一直没再回过越南，今年九月打算回去一次。从越南回来的一些归侨，特别是原来住在城市的，回来后很不习惯，他们有的从北海偷渡出去，有些人到了美国、澳大利亚、欧洲。

黎永东[1]

一

我的祖上是广东顺德人，我是第十二代移民了，我于1966年11月在越南芒街出生。我们家是1978年因越南排华而回国的，那时候我十二岁。我们基本上都说粤语，我会说一点越南语。我在越南只读到了小学三年级，现在基本上已把越南语忘记了，但还是能听懂一些。在越南时，我们住在农村，类似于中国的人民公社。村子里住的基本都是华侨华人，我的曾祖父、爷爷、叔叔、妈妈是干部，我爸爸是越南的公务员，是水利工程部门的。我在越南读书时，一、二年级学的是中文，三年级就不让我们学中文了。我读到三年级时越南开始排华，我们就回国了，是从东兴口岸回来的。我们在越南的家就在东兴的对岸，小时候在越南时，一天可以来东兴一两次。

我们家在越南的生活很好，缝纫机、收音机、自行车、手表这些稀罕物品我家都有，我们自己盖有瓦房。我妈当时是公社的妇联主任，负责一些物资的分配和发放，比如给公社里家庭困难的人员，如产妇、婴儿、老人，发放牛奶，那时我家里放着很多整罐的牛奶，这种越南牛奶很出名。我妈妈还负责公社的税收工作，那个年代在越南杀一头猪也是要收税的。每天晚上我都要帮妈妈数钱数到很晚，第二天就把钱交给财政局。

二

1978年，我们一回到国内就被分配到钦州市丽光华侨农场。当时我爸爸妈妈在农场做农活，种菠萝、种甘蔗。因为在越南的时候我的家庭条件很好，而在

[1] 访谈时间：2017年8月20日、2018年4月28日；文字和录音整理：普鹏飞（暨南大学国际关系学院/华侨华人研究院2016级硕士研究生）；访谈地点：东兴市华侨联谊会办公室、黎永东家中。

华侨农场的生活比不上我们在越南时的生活水平，回到农场就有点不适应，但那时我年纪小，没什么感觉。从越南回来刚到农场的时候，政府对我们很好，所以有很多人也都不想再出去了。我的很多亲戚都去国外了，他们也想把我们一家人带出去。当时我们还买了两艘船。但是，我爸妈就是不想出去。我的一位亲戚对我爸妈说："你们不去，我就带你们的儿子去。"可是，我还是想在国内把书读好，得知我的亲戚到我家来要我跟他们一起去国外后，我甚至还跑到山上躲起来。那时候农场的教学条件很差，初中时我比较调皮，成绩也不好，后来我没考上大学。

1988 年我在农场的中学毕了业，那时算是比较少有的高中毕业生，因为当时读书的人很少。初三的时候，我们班有一部分同学就去读侨办开设的技工学校了，但我没有去，留下的二十几个人继续在农场读高中。高中毕业后，他们大都去做小学或初中老师了，只有我进入了农场的场部。当时联合国在场部投资建设了一个罐头厂，投资一千多万元，规模很大，我在那里做过一段时间的临时工。后来厂里就选我去做推销员，在全国各地到处销售罐头、糖果、饮料。全国很多地方我都去过。我做了两年推销员。我经常去参加在成都、郑州开的展销会。到 1992 年、1993 年的时候，工厂就解散了，大家都自谋出路了，我就到东兴去做生意了。

三

东兴是 1989 年开放边境贸易的，我妈知道消息后就第一个到了东兴，后来我也跟着她来了。实际上当时我还在农场里做供销员，不过我也经常跑到东兴来，时不时做点小生意。后来我妈给我介绍了很多人，叫我帮忙做生意。她年纪比较大了，主要在这里负责接洽，跟熟人打交道。如果买家让她去广州、上海等地拿货，这些地方比较远她不愿去，就由我去。

那时候我什么货都卖过，有什么生意就做什么生意，有赚钱的也有亏钱的。刚开始是拿些小东西去卖，后来慢慢跟一些老板熟悉了，就帮人家去订货，比如水产、矿业等领域的产品。那时候不流行开公司，做生意只需通过中介就可以。比如说中国的商人需要什么货，我就联系越南的商贩把货发过来，我收取中介费。我带越南商人去浙江、广州、上海等地拿货，他们订货之后我抽取一些佣金。越南很多服装都是来自中国，现在芒街有很多中国人在批发商品。刚开放边贸的时候，越南没什么工厂，像那种冰冻海鲜用的冰他们都不会做，都是从中国这边发货过去的。

我们是华侨，东兴的商人很信任我们，因为我们做事都是很实在的。国内各省份的商人来找边贸的中介人，都喜欢找我们华侨，因为他们知道我们的越南语很好，海外的社会关系比较多。我们华侨对越南的动向和各种信息都了解得比较及时。我们出国也很容易，因为我们在国外认识很多人，以我们华侨的身份很容易出去，我们在越南、缅甸、印度尼西亚都有一些人脉关系。我有很多亲戚熟人在越南，比如我爸妈的一些朋友、同事的儿女都长大了，经过介绍，大家通过聚会就认识了。虽然我的越南语说得不好，但是我能听懂。我妈的越南语水平在东兴是数一数二的，她也做过翻译。因为我妈曾在越南工作过，认识一些越南以前的领导，所以我在越南那边的人脉是比较广的。

目前我和别人合伙做饮料生意，比如说销售苹果醋、蓝莓汁、芒果汁。不过，这几年我年纪大了，具体的生意我都交给女儿去做了。

四

1995 年的时候，有人推荐我做东兴华侨联谊会的会长，我考虑之后就同意了。我为什么要搞这个华侨联谊会呢？因为我叔叔这代人年龄大了，没有精力去组织，而我这代人五十岁左右，如果我不做，再过几年到我儿子女儿那代人，他们更不会做了。虽然我当年离开越南时才十二岁，但是很多人我都认识，因为那时候我爸妈跟大家经常来往，认识了很多人，所以说由我担任会长也是很合适的。现在很多越南人跟我都互相认识。我们需要这种关系，会有助于大家合作做生意。但是我那个年代熟悉的人走了之后，大家的感情基本上就比较生疏了。

东兴市华侨联谊会是 1995 年 9 月揭牌，1996 年获批的，2016 年 2 月政府给它颁发了证书。2017 年 9 月被广西壮族自治区侨办授予全区为侨服务“侨之家”示范单位的荣誉称号。东兴是一个很特殊的侨乡，每年从越南回来的华侨，一百个人中就有八十个会回到东兴。每年春节、清明节我们华侨联谊会都会组织大家搞活动聚会。

当年海外很多人回来都是经由东兴回到各地的，然后再被分配到各个农场。有的归侨刚到农场就又马上逃去国外，那时候华侨有些人偷渡去了其他国家。我们华侨没有土地，政府就安排周边的农民每家划分一点土地给农场让华侨耕种，土地都是国家的，不是我们祖辈留下来的，我们华侨实际上是身无寸土。后来东兴口岸就开放了，我们会越南语又在越南有关系，就联系起来做点生意，所以就有很多人来到了东兴。

我对侨务事业很热心，我们华侨遇到什么问题，我都会帮助他们去解决。有一些华侨在东兴市没有户口，他们在这里租房子住。有一对夫妻在这里打工，他们的两个孩子在这里读书，小儿子七八岁了，要读书，但是他们住得比较偏，不在这个辖区，学校就不让他们的孩子报名。我们华侨联谊会了解了情况之后，发现他们确实很困难，收入很低。我就帮他们写了个证明，请学校尽量安排孩子入学。如果华侨子弟的孩子不能在这里读书，那我作为华侨联谊会的会长是有责任的，所以我站出来帮他们办了这个事情。我选择做华侨服务工作，不是脑袋一热要去做的。这里有很多从广东、桂林、南宁过来的华侨没有工作，生活上很困难，有些是靠外国的亲戚寄钱才在这里买得起一套房子的。所以我准备向侨办申请开设一个培训班，第一期招收 120 个学员，目的是培训那些没有技术的人学习一门谋生技能，课程有家政、烘焙、理发、修理。这个事情得到了政府的支持。

五

东兴是养老的好地方。现在很多外国人都会到东兴来养老，政府也很重视。东兴确实是个长寿之乡，很多地方的养老条件都没有东兴这么优越，因为这里地理位置优越，要海有海、要山有山，出国又便利；生活方面，吃的东西都很健康，要海鲜有海鲜，也有很多特产，包括从越南那边运过来的物产也比较多。东兴作为长寿之乡比其他很多地方条件更优越。以前我认识的一个法籍华人，他是浙江温州人，兄弟姐妹全部在外国。他的身体不太好，受气候的影响喉咙有点问题。后来他家人叫他不要待在法国了，所以他先是去了柬埔寨，因为他在柬埔寨有公司，但是那里的气候很恶劣，后来就有人建议他回到中国，在中国养老。他回到中国，去了武汉、桂林等很多地方，都不行。今年，他经人介绍认识了我并来到了东兴，在这里住了几个月，身体感觉舒服多了。

我在越南有很多亲戚，我的叔叔、姑姑、堂哥、堂弟、堂姐、堂姑等，他们住在越南不同的地方，比如芒街、海防、西贡（现称胡志明市），其中在西贡的比较多，我妈妈的几个兄弟姐妹都在西贡。我每年都会到越南去，主要是去看亲戚，或者是处理生意上的事。1999 年，我把户口迁到了东兴，现在我们一家都住在这儿。

黎永东（左）与访问者在东兴市华侨联谊会门前

虽然越南还是很贫穷落后，但是越南有很多资源，比如，土地、海产品、旅游等资源都很丰富。越南的官员是很腐败的，有钱的很有钱，没钱的就很穷。那里的很多农民是很穷的，社会各阶层之间贫富差距很大。不过我的越南亲戚整体来说生活条件都很好。

我现在已经习惯在国内生活了，与国外相比的话，我觉得中国也很好，我不赞成我女儿去国外生活，我对现在的生活很满意，感觉很自由、很轻松。他们在国外工作的人，把自己的身体累垮了，思路不清晰，思想都僵化了。在国外的华侨回国后跟我交谈，感觉他们的思想观念是很封闭的。他们有的每天工作结束后连去外面走一走的时间都没有，顶多在家搞一杯饮料喝一下，第二天又去工作了。天天如此重复，头脑肯定僵化。现在出国的华侨也比以前的移民容易谋生，因为他们有知识技能，不像我们那代人，从越南回国，又从国内出去，什么都没有，只能在餐馆打工。虽然赚到一些钱，但是有些人又喝酒、赌博，没有什么正经爱好，辛辛苦苦赚的钱一下就都赌光了，然后还得更加卖力地去赚钱。

李其益[①]

一

我于1956年出生于越南广宁省广和县下居农社第八村12队，那里距离东兴有几十公里，距离隆安县有三百多公里。越南的“村”相当于中国过去的“大队”，“农社”相当于我们以前的“公社”。

我的祖籍是广西博白县，我的祖先先从博白县迁到防城，住了一段时间后又移民到越南，应该是清朝末年过去的。从祖先移民到越南算起，我是第五代移民了，到1979年5月我们回国的时候，我的家族已经在越南居住了104年。

我从小讲的是客家话。我们广和县第八村12队有三百多个华人，基本上都讲客家话或粤语，村民们大多数是从广东迁来的，我们的祖先也基本上是经山东向南迁移过来的。我们村里的越南人很少，一百个人中才有两三个越南人。广和县基本上没有越南人，只有个别越南人住在附近，他们是混居在华人聚居区之中的。

1978年，广和县方圆四五十公里的华人基本上都被赶回国了。不过有少部分当兵的、在工厂工作的、与越南人结婚的，这些华人中有一部分没有回国。

当时越南排华，在城市里也有个别越南人对华人不友好。有的华人在城市当干部的，或者是知识分子，他们在1978年1—2月就先回国了。他们回国的时候对我们是有影响的。我们居住在越南与中国东兴交界的地方，他们回国时多数都经过我们那个村庄。我们看见了，就问他们是怎么回事儿，他们也没有讲清楚。多数人只是说，越南不要我们了，他们亲苏联了，苏联军队会过来把我们华人杀光。这样的传言一传十、十传百，我们就害怕了，后来也就跟着回国了。我们曾经拥有的耕牛不能卖，家具不能卖，房子也不能卖，土地是国家的也不能卖，其他物品可以拿走，也可以卖。

---

① 访谈时间：2014年8月15日；访谈者：梁茂春、陈文、蒙晓云；采访和录音整理：陈文；访谈地点：隆安浪湾华侨农场总部。

在城市里的华人中有当干部的、有当教师的、有做生意的，这些人是第一批回国的。第二批回国的就是工人，广宁省的华人工人有很多，他们也跟着回来了。第三批就轮到我们在农村的华人了。我们村的华人在回国的归侨中算是最晚的一批。

我认为越南人这样对待华人，可能是有国家层面的原因，主要是因为那个时期越南亲苏联。1975 年解放南方后，越南开始亲苏联，后来越南跟柬埔寨打了几年仗。然后越南开始对华人有意见，说我们华人古代的时候侵占了他们的土地。亲苏联后，越南人开始仇视华人，不过基本都是在越南内陆。在广和县，基本上没有越南人仇视华人的情况，因为那里华人多、越南人少。

我们大概是在 20 世纪 60 年代加入越南国籍的。据说，在我们加入越南国籍之前，越南政府曾经给华侨强加了一项罪名——反国籍法罪，因为在越华侨不愿意加入越南国籍，后来就被定为反政府罪，当时就有一部分华侨跑回中国。后来，中越两国政府经过谈判，同意一部分华侨加入越南国籍。

我们既然已经加入越南国籍，就算是越南公民了，为什么还要赶我们走呢？这可能是因为越南要统一民族、统一语言。我们所在的县有很多华人，大多数华人不会讲越南语，只有我们读过书的人才会讲。不过驱逐华人的时候，不管你会不会讲越南语，只要是华人就都要回中国。只要是中越边境五个省的华人就都要离开，南部、中部的华人可能没有被全部驱逐，因为只有北部边境地区的华人亲中国。当时中国与越南边境有摩擦，后来中国就还击了，还击时我还在越南。我们为什么晚一点才回国呢？主要是因为村里有一部分人愿意在越南居住，他们说下南洋总比留在中国好，中国人多土地少。所以，1978 年，当时村里还有一两百人没有回国。我们第八村 12 队还有三十来人没有回国，我们家还在村里种田，人数减少之后，村里变得很安静了。但是，那些离开的人家留下的土地我们也不能随便种。越南政府从中部派来一部分越南人住进华人空出的房子里，并且耕种华人留下的田地。这样，陆陆续续地就有一些越南人搬进来了。

越南人搬进来后，因为住不惯，有的人只住了一两个月，甚至十几天，就又返回原地去了。他们是从海阳、海防、水源、太平那边迁过来的。他们原先住的地方离中部近一些，比如太平省一带，都是低洼地区，且水源比较充足。越南人的生活方式与我们是不同的，他们住的房子都是用稻草盖的。他们原先居住的村庄离我们当时的村庄也比较远，有几百公里，他们在中部，我们在北部。他们每个家庭都会自制一两艘船，他们就一家人坐着这种船沿着海边北上来到我们村附近的岸边。靠岸后，再从岸边把船抬到家门口，这些船不重，两个人就可以抬起来。政府同时也用汽车将他们的家具等物品运了过来。

他们过来之后就由我来领导了。他们都很尊重我，也尊重我们华人。政府分配的安置粮食，逢年过节发的补贴，他们与我们华人都有份，是平均分配的。当时我的越南语说得很流利，与他们交流很顺畅。但是，我们村有很多华人不会讲越南语，他们都是讲粤语，只有像我们读书人才会讲越南语。在越南我从小就上学读书，虽然上课的时候大多是使用汉语的，比如历史、地理基本上都是用汉语来教的，但有越南语这门课。我也学会了用越南文写公文、写材料。

他们越南人搬进来之后就住进已经搬走的华人房子里，他们自己选择哪家就住哪家。生产劳动是集体安排的，因为土地是集体所有的，所以生产队队员们是一起出工的，由队长来安排具体工作。但是由于生产、生活习惯不同，他们并不会做华人的农活，主要是使用工具不同所以劳动生产方面不习惯，所以我们得教他们。他们的犁田工具与我们的不同，在翻地的时候，他们是向内翻，我们华人是向外翻。我们的外翻犁田方法基本可以把靠近田埂的地犁完，而他们的方法必然剩下十平方米左右的土地犁不完。我们平时一直与犁田的牛讲粤语，但他们只会讲越南语，牛听不懂他们的指令，我们就得教他们讲牛能听懂的粤语。我们教了他们一年之后，他们基本上可以自己干农活了。

除了劳动工具，他们的生活方式也与我们不同。比如说，华人吃稀饭，但他们不吃。他们说吃了稀饭肚子痛。来了一年后，他们还是不吃稀饭。

我们第八村有六个队，我们 12 队是由七村和八村的人合并而成的。整个村子里都是华人，社相当于中国的人民公社，村相当于中国的大队，12 队相当于中国的生产队，社里全部是华人，整个县里也基本都是华人，只有一部分干部、老师和在海边居住的是越南人。我们第八村的华人基本上都讲客家话，祖籍是广东的占多数。广宁省政府部门下发的文件也是使用中文，而不是越南文。县里开会以前使用粤语，后来使用越南语。政府干部到社里、村里宣传政策时讲粤语，附近的越南人也是可以听懂粤语的。社、村都有小学，相当于我们的公社办小学，最远的小学距离我们村有两公里，小孩去学校读书不算远。上课主要是用粤语讲，除了越南语这门课程外，数学、历史、地理等课程都是用粤语教的。当地小学老师大多是华人，有一部分还是从中国派过去的，同时也有越南老师教越南语。到了中学，使用的教材是越南的课本，我们用的课本与越南公立学校的课本不同，是由越南教育局专门编写的华文课本。我们学的是世界历史，没有中国历史这门课，世界历史里包括了中国历史的内容。1975 年越南南北统一后，1976 年越南政府就不允许使用粤语上课了。

我们是汉族，在越南的身份证上写的就是“汉族”。我们被赶回来时，越南的瑶族、苗族都没有被赶走。这是因为他们是少数民族，而越南政府只驱逐汉族。当时越南政府要求收回华人的身份证，但后来还是有一部分人没有交。

1978—1979 年，从越南回来的孩子基本上可以跟得上中国的小学和初中的教学进度了。1975 年越南南北统一后，越南政府就只允许用越南语上课了。不过，那时我已经不读书了。我在广和县里读了两三个月的高中，当时那里也是华人学生比较多，华人与越南人一起上课。1975 年初，越南征兵，我害怕当兵，就跑到其他地方的亲戚朋友家躲了起来。我躲在山里干了一个月的活，再回到家时就不读书了。当时的华人家庭如果有三个男孩，就要派其中两个去当兵，如果有两个男孩，就要派其中一个去当兵。其他 13 岁以上的越南男孩全部都要去当兵，都是义务兵，不过都要求体检得合格。同龄华人当兵的比例比越南人要低一点。

我在广和县高中读书，我们班有四五个越南人。初中时，我的同学全部是华人，没有越南人。大家虽然都是黄皮肤，但谁是华人谁是越南人，是很容易看得出来的。主要是因为越南人比较瘦，从走路的姿态也能看得出不同。华人与越南人通婚的比较少，有的华人家里经济比较困难，也会选择与越南人结婚。

二

我从 1977 年初开始当生产队队长，当了两年多时间。我们想继续住在越南，因为当时越南政府还没有下令驱逐我们。到了 1979 年 5 月，越南政府下令驱逐华人，对我来说只有三条路可供选择：一条路是回中国，一条路是去香港，一条路是到越南中部集中区。最后我们大多数人都选择回中国，没有人选择去中部。为什么不去香港呢？因为当时还不了解香港。中国政府只是说，去香港可以先作为难民再转到其他国家，但是船票需要自己买，得自己想办法。

我们也没有看到中国政府派人来接我们，我们是自愿回来的。我们一帮人拉着马车和牛车，是走路回来的。回来的路上还算比较安全，越南政府不允许越南人抢劫华人。越南政府还用车把我们接到海边，送我们到东兴一带，在距离东兴还有五公里的地方把我们放下来。越南政府派的车是中国的解放牌汽车，这些车都是中国援助越南时送的。我们家回国的时候，村里还有八家华人，他们是我们村里最后一批回国的。与我们住在一起的越南人也帮我们提东西、领我们的孩子一起到海边上船。临走的时候有一些越南人还哭了，因为我们教会了他们使用农具干活，他们舍不得我们走。

我们一家回到中国的第一站是东兴。在东兴住了一个多月，当时政府还没有安排好住房，所以我们只能住在农村的旧房子里，甚至是屋檐底下。在人家家里我们自己拿塑料布铺在地上，或者住在村边的野地，我们一家是在树下住了十几天。当时回国的人实在太多了，可能有八千人左右，政府一下子也安排不过来。吃饭也是自己煮，是用我们从越南带回来的米，如果没有带食物过来，政府也会提供米。回来时就有专人负责登记我们回国人员的情况，没有米做饭就去领。我们就这样在农村住了十多天，后来由政府安排到临时的住房里住下。那些临时住房也是用茅草盖的，基本上没有卫生间。

因为没有钱，我们只能买些冬瓜来做菜。我们当时为了换钱什么都卖，比如被单什么的，那时候有些东西还蛮值钱的，可以卖十几块钱。越南的好多东西都是中国支援越南的物品，但在越南卖得比中国便宜。

我们最后由政府安置到隆安。当时隆安华侨农场到东兴要人，然后由我们自己选择去哪个农场。当时好几个农场把那里的生活条件、地理位置都介绍了一下，然后由我们自己挑选，有人选择去海南，也有人去广东宝安，每个农场都有人选，每个农场都有指标。

为什么我们没有回到祖先的地方——博白县呢？因为那里山地多，田地少，博白人口很多，也是到处跑；另外，博白没有农场，所以我们不可能回到博白县。

当时我们一家人，有父母亲、两个小弟、四个小妹。当时我已经结婚并有两个小孩了，他们出生在越南。一家十几口人来到这里，一住就是三十多年。当时来到这里还是住在临时房屋里，是用沥青纸搭盖的，离隆安华侨农场总部有两公里，要翻过一座山才能到。我们在临时房住了大概两个月，后来就有自己的房子了。当时我们一家有四间房，一间房有十八平方米。父母一间，我和弟弟因为结婚了各一间，四个小妹一间，还有没结婚的弟弟就到亲戚家和年轻人一起住。

李其益正在讲述回国前后的经历（2014 年 8 月摄于浪湾华侨农场总部）

我们刚回来时，生活方面很不习惯。因为在越南时我们的房子很宽敞。越南也与中国一样是生产队搞集体生产，但允许自己搞私人田地。在越南，我们村有一千多亩土地是集体所有的，即生产队的，我们自己又开垦了两千多亩私人土地，我自己拥有的田地比生产队的还多，所以我们村的华人生活相当富裕。在越南集体生产也是计工分的，但集体田地不用天天出工，一个月只有几天是集体出工的，其他时间可以做自己的事情，可以上山砍柴，可以下海捞海鲜，也不用向队长请假。集体生产主要是种水稻和木薯，其他没有工作任务的时间，可以自由安排。所以，集体生产安排是比较少的，反而是自己安排的生产比较多。但是，一旦召集大家来做集体生产，大家都是很听话的。在越南，第一个好处是自由，第二个好处是可以到外面挣一些钱，在中国就不行了，不能到外面去挣钱。

刚回国时，有些年轻人不听话，个别人跑到外面去挣钱。比如到福建、广东，走私、贩卖手表、录音机，贩卖旧币，那是发生在 1978 年到 1982 年那几年的事。我在越南读书时，就听说有六个人从蛇口游泳游到香港，结果死了三个，所以我们就害怕了。有人成功跑到了香港后，再转到其他地方，比如英国、法国、美国等。1979—1980 年跑去香港的人有很多，我们总场起码就有一百多人跑了。1978—1979 年跑出去的人没有被遣送回来，但到 1981 年，就有人被遣送回来了。有些人到了国外，生活了两三年就可以拿到绿卡，然后再回国探亲，后来就把家人也接出去了。不过，到了国外，有人说好也有人说不好。在外面谋生辛苦，到美国、英国的人都这么说，他们说不像国内工作比较散漫。当时连家属算在内的话，估计我们总场有三百多人出去了，占了三千多归侨的十分之一。

我回国在这里生活了三十多年，现在在定洪分场当主任。这个分场现在有九百多人，其中归侨有七百多人，全部都是从越南北部地区回来的，他们回国前多数生活在越南的农村，也有生活在海边的。

1998 年时，隆安华侨农场划归地方管理，后来下放给隆安县管理。我们农场原来的干部都是通过考试聘任的国家干部，现在在隆安县里只能算作农场职工，不算干部了，退休金和养老金很少，老了以后生活条件就不好了，因为农场管理部门没有并入公务员体系，所以侨务部门也不管了。武鸣华侨农场有一部分干部可以享受干部待遇，其他干部也都是职工待遇了。我当了一辈子干部，现在也是以职工待遇退休的。整个浪湾农场的干部，只有三个农场领导转为了干部，其他干部都是以职工待遇退休的。广西有的华侨农场干部可以按干部待遇退休，有的按工人待遇退休。隆安华侨农场有十几个干部通过转干考试才被聘任为干部，现在的干部都是以工人待遇退休的，每月一千七八百元退休金。如果按照干部身份退休，我就是科级，退休金三千多元一个月。

李其益与访问者在农场家门前合影（摄于2014年8月）

我们从越南回来后，没办法去越南扫墓了。我从来都没有回过越南，我弟弟回去过。本来华人的习惯都是要扫墓的，但是没办法了。

我有三个孩子，其中两个在越南出生，一个在中国出生。现在他们一个外出打工，一个在农场，一个在隆安县城。我们家在越南的时候有一百多亩田地，有二十头牛，自己可以开荒，主要是种水稻，亩产三四百斤。参加集体做农活，越南政府给每家分配一头牛，用来做生产队的活，其他的牛都是自己买的。我们家一年在生产队可分到两吨稻谷，还有木薯。吃不完可以拿去卖，也可以酿了酒去卖，还可用来养鸡鸭、养猪。总之，在越南的生活是比较富裕的。我们还养了母猪和肉猪，母猪产猪仔，一年一头母猪产几头猪仔。我们养的猪还要交给国家，叫“义务猪”。上交了“义务猪”，就不用交粮食了。越南的生产队交公粮，规定一亩地交五十公斤，当时亩产三四百市斤，一般是一百多公斤，只用上交产量的一半左右。

现在我们家有三十多亩地，是1995年承包的。主要种香蕉，有老板来收。每亩地每年要交一百五十元管理费。如果没有自然灾害的话，一亩地一年有三千元以上的收入。不过，种植还是有风险的，比如种香蕉就有风险，卖得出去才能赚到钱。

前些年我也想回到越南去看看以前的家，但是当时听说国家干部办出国手续很难，我就没去。近十年来，干部可以去越南了，但是我也不想去了。不过我经常去东兴，因为从东兴就可以看到我们以前住的地方了。

林　红[①]

一

我是1941年在马来西亚出生的。大概是1954年6月，我离开马来西亚的家回到国内。我有五个姐姐、五个哥哥，我是兄弟姐妹中最小的一个。我二姐是马来西亚共产党员。后来就在她的带领下，我们几个姐妹都回国了。二姐是1952年、我是1954年回国的。她们回国之前念过书，我四姐、五姐在马来西亚古晋中学念书。

我们家是什么情况呢？我的二姐在新加坡南阳女中念书时，就加入了中国共产党。她从新加坡来到马来西亚的东马。她曾经带着我去发传单、搞活动，我不知道她在干什么，她只叫我在门口玩，看到有陌生人来就告诉她。

姐姐有很多马列系列的书、毛泽东选集，放在我们家隔墙夹层里，我们家是双层墙的，这些书就放在那里面。我是怎么知道的呢？姐姐们都走了以后，警察来我们家搜查，说我们家是共产党的窝点，我哥哥害怕了，就把我姐姐的那些书烧掉了，但是毛泽东选集、马列的书都在隔墙夹层里边，没有被烧掉。

我父亲也是相当爱国的。他是从福建龙海去了印尼，那时候他家里很穷，生活不下去了，于是他就到了印尼，从打工到做生意，再到后来开工厂，事业做得比较大。我们很爱国，就在当地建了华文学校，我父亲还出资修马路，所以我父亲在当地的威望比较高。

在这种影响下，我的哥哥姐姐、妈妈都挺能干的。我们从小就已经会唱《中国人民志愿军战歌》《解放区的天是晴朗的天》等这些歌曲，都是我姐姐教的。有一次我们过“六一”儿童节的时候，亲国民党的势力却要我们过4月11日国民党的儿童节，我们这些积极分子、华侨学生就罢课，还参加了领导小组，所以我们被校长开除了。妈妈对我说，算了，你回中国吧，去找你的姐姐。尽管我是

---

① 访谈时间：2013年8月23日；访谈者：陈健（桂林力创小学教师）；录音整理：方陈灵（天津外国语大学2012级本科学生）；访谈地点：林红家中。

最小的一个，又是女孩子，我妈妈也没有不舍得。

那时我不满十二岁，我妈妈叫我哥哥去办手续，办好手续后送我上船。当时行李箱都是哥哥帮我打包的，我拎着一个小水桶，就从沙捞越坐船到新加坡，又从新加坡回国。在新加坡我们就被送去集中管理了，这些华侨每天都只吃咸稀饭。

回国途中到新加坡的时候，我妈妈委托我在新加坡的一个伯父，让他想办法带我去他家住，所以我大概在新加坡待了一个月，在那里等待回中国的船。回国时我们是坐那种五层高的船，一批批回来的，当时我们要从新加坡到香港然后转到深圳，在维多利亚港坐小船到了九龙，然后再坐火车过来。那时候，我的行李差不多都丢光了，是深圳罗湖桥的解放军帮我把一部分行李找回来了，我的钥匙也丢了，是他们帮我把箱子打开了。我自己当时也不知道马来币怎么才能兑换成人民币，就把钱交给了解放军同志，他们就帮我兑换成了人民币。我就是从那时候起对解放军的印象很好。

然后，我就到了广州，但我二姐为了响应国家支援三线建设的号召已经到山东济南去了，所以我在广州没有见到她。但是她曾在华侨事务委员会工作过，所以很多人认识她，大家都知道我这个妹妹要回来了。在我回来之前，我五哥就已经回来了，但我不知道。当时他们通知我五哥来接我。我一到华侨事务委员会他们就告诉我，你还有一个哥哥在这里呢！我说我不知道，他们就带我去找我五哥，我五哥一看到我，第一句话就是：“谁叫你回来了?!”

我五哥是怎么回国的呢？他在马来西亚念书时他的校长非常喜欢他，就偷偷摸摸地把他带回国了，这个情况所有人都知道了，就我妈妈不知道。1947 年，他先是回到厦门参加共产党的地下活动，后来被国民党抓了，共产党组织把他营救出来后，将他送到了香港。他在香港待了不到一年，又返回到广州。广州解放后，他就在广州的中国人民解放军广东军政大学教书了。

二

后来我就在广州华侨补习学校学习，然后参加了统一招考。统一招考分地区、城市，在北京、上海、广州、南京等地录取学生，我被北京录取了。正好我三姐、五姐她们都在北京念书。一列专列送我们这些华侨学生到了北京。到了北京后我就被分配到了北京第四十七中学，在四十七中我开始念初二，因为我在马来西亚那边已经念过初一。念完初三，然后考上了本校的高中，中学阶段是分为初中两年、高中三年。后来我又考上了北京工业学院。大学毕业后，我就在北京

1952 年二姐林素月从马来西亚回国后成为一名解放军战士，图为身穿军服的她（摄于 1954 年）

参加工作了。

在北京四十七中的时候，因为华侨学生比较多，我担任过华侨组组长。北京工业学院也有归侨，我也是华侨组组长，所以有许多机会去人民大会堂参加国家领导人的接见活动，比如春节时国家领导人接见归侨，我就参加过好几次。我是学地质专业的，在北京市建材部、华北地质公司、103 地质队等单位都待过，经常跑野外，为祖国找矿，虽然很辛苦，但我还是比较能吃苦的。在山东的时候，我经常帮助当地工人，给他们上文化课，还被评为学雷锋助人为乐的先进标兵。

到 1966 年，我们整个机构要分家，分一部分人到东北，一部分人到西北，我被分配到了东北，1966 年 3 月就去了沈阳。在沈阳要从事非金属地质工作，我在那里是搞化验、冶炼的，然后又搞科技情报、资料管理，当时被评为中级职称，担任工程师一职。

1982 年的时候，我爱人因为工作需要，需要支援桂林的广西建材地质总队，就被调到桂林来了。我就一个人带两个孩子，还在沈阳工作。我当时也担任侨联组组长，后来成为沈阳市侨联、辽宁省侨联委员。我爱人调到桂林后，大概在 1983 年，我也想调到桂林来。但沈阳市侨联不放我走，他们想我继续留在侨联工作。我爱人说总是两地分居不是办法，我最后还是到桂林了。

1984 年，我就带着两个孩子来到了桂林，调到国家建材局广西地质总队继续从事地质工作。沈阳市侨联给我开了个介绍信，说我的活动能力比较强，建议我到侨联去报到。我把沈阳市侨联的介绍信给他们看了，他们也很欢迎我，当时就叫我进入桂林市侨联，后来成为委员、常委。在之后的一次选举中，我当选为第三届侨联副主席，五年之后又连任四届侨联副主席。后来又当了五年侨联副主席，我差不多快退休了，桂林市侨联还是比较重视我的，想让我再任一届，但我还是选择了退休。我到桂林的第二年，就加入了致公党，在致公党里工作的大部分都是归侨。我后来评上了高级职称，是桂林市政协第四届委员会委员，第六、第七届常务委员，又多次被评为桂林市侨务系统先进工作者。

后来，我们与侨联合作建设了一个华侨大厦，就是桂青路的华侨大厦，建成那年是 1988 年。因为我本身是归侨，我爱人也非常关心归侨，我们也帮助安排了很多归侨子女在华侨大厦工作，解决了一些归侨子女的工作问题。我总想，能为归侨做点事就做点事，所以好多归侨子女有什么困难都找我。因为我在侨联认识很多桂林市的领导，只要我能够帮他们我就会帮他们。

我的女儿是从暨南大学毕业的，她从重点中学毕业后就考上了暨南大学，在暨南大学经济学院商学系学习了四年，暨南大学很有名。她在学校里每年都是优秀大学生，优秀团干部，每学期都有奖学金，经济学院的老师都很喜欢她，毕业的时候她要找工作，她不愿意回桂林，我说随她自己，然后国务院侨办就录用了她，这是通过经济学院的老师介绍的，她被分配在国务院侨办驻广州办事处，在广州还分了一套房子。工作两年后，1997 年香港回归时单位就派她驻香港，她在香港工作了四年。后来她自己还想念书，就到英国去学习了。在香港的时候，她已经取得了澳大利亚维多利亚大学的 MBA 学位，然后又到英国剑桥大学去念书了。她从英国回来后就到北京工作了。

我一直是桂林闽籍海外联谊会成员，并任两届副会长，我退休后又被聘为高级顾问。现在是桂林福建商会的高级顾问。

我也想参照《我们回家》这本书，写一写我们林家的子孙后代们的故事，纪念他们的先辈，我希望得到大家的支持，就发动家人每人写一份自传或自己一生最值得回忆的故事，再附上照片，由五哥来做汇总，我愿意协助五哥完成这项工作。

林红的全家福（摄于桂林）

我们真的没有后悔回国。我大姐来看我们的时候，我正在沈阳。那时候沈阳的条件比较差，她就说："谁叫你们回来的，你要是在马来西亚，已经嫁给大富翁了。"大姐在那边又生了九个孩子，她爱人也是做生意的，做的生意很大。

我本来 2013 年要回马来西亚，但回不去了，2014 年一定要回去。世界林氏宗亲会明年在马来西亚开会，今年 12 月份在台北开。前段时间世界林氏宗亲的总代理来桂林，我们接待了他，他邀请我们 12 月去台北开会。

我去过马来西亚三次。我妈妈在 20 世纪 60 年代就去世了。我的姐姐、哥哥，侄女、侄儿一大堆。我们这个大家庭，世界各地都有家人。我儿子现在在桂林，女儿在北京。

林华凌[①]

一

我的祖籍是广东梅县，以前叫梅县，现在叫梅州了。大概是20世纪30年代，爷爷把家里的男孩子全部带到了印尼。我爸爸是在中国出生的，随爷爷到了印尼。我爸爸共有四兄弟，他是老大。由于到印尼时就已经很大了，他会讲普通话。他是到印尼以后才结婚的。我妈妈是归侨，她不太会讲普通话。

我是1946年8月6日在印尼出生的，我有四个兄弟、三个姐妹，我排第二。我们在印尼的时候家庭条件还算蛮好的，家里开了一个小商店。我们华人在印尼百分之七八十都是做生意、开商店，一般打工的比较少。印尼人没有华人那么勤快，他们不做生意。我家不住在大城市里，那个地方也不算是一个县城，而是属于县城的一个区，叫丹文，离县城有三到五公里，所在县城是勿加泗（Bekasi），到雅加达市区大概有30公里。

1948年林华凌（右二）与家人

爷爷奶奶也在印尼，奶奶不工作，爷爷开了一家金店，专门帮人家加工金首饰。我们华人在

① 访谈时间：2020年1月18日；采访和录音整理：黎力（暨南大学国际关系学院/华侨华人研究院2018级硕士研究生）；访谈地点：广西来宾市新桥小区。

那边日子一般过得都可以。那边的土质比较好，种东西不用肥料。我们跟印尼人交流很少，大多是跟华人来往。我们那个区也没有多少人，华人就只有五六家。我们家的商店只是一个小店，不用雇佣印尼人。我们家有口井，那些负责送水的人就雇了印尼人来我家打水，他们每天都要来，装在水箱里然后放在水车上运走。印尼基本上家家户户都喝井水。那时我家里还没有电灯，用的是煤油灯，有时也用汽灯，汽灯比较亮。

回国前的全家福，右四为林华凌（摄于 1950 年）

我在印尼上学上到了三年级，是在县城里读的，我们区里没有学校。我所在的学校叫中华小学，那里只有小学，没有中学。我们学校好像是中华总会办的，雅加达中华总会是国民党筹组的，中华小学是国民党办的学校，那个时候我们中国共产党在印尼还没有发展壮大起来。学校里教的是普通话，一天上六节课，早上三节，下午三节。平时我跟我哥哥骑单车去上学，从丹文骑到勿加泗大概五公里。

小时候在印尼我也经常跟印尼人玩，大家一起踢足球、打羽毛球。以前我在印尼打过羽毛球，还参加了比赛，那时候国内羽毛球很贵，哪里有钱买羽毛球，连球拍都没有。印尼那边羽毛球很便宜。

过年我们就到我爷爷家去了，我爷爷家在雅加达，我们从丹文坐车到雅加达过年。回国的时候爷爷他们都没有回来。在印尼时我家里的房子也不是很大，一百多平方米，是用木板建的，就一层。我们在那边用的是印尼盾，回来时就兑换了，好像是政府收的。那时候好像是100印尼盾兑换人民币8毛钱。现在1元人民币差不多相当于2 000印尼盾了。我们回来时比较困难，现在比较好了，我们国家人民的生活水平比印尼的好了，现在我们中国的经济规模在世界上是排第二的。

1952年林华凌（中间）与哥哥、妹妹合影

二

那时的华人如果加入了印尼籍就不用搬走了。因为我爸爸没有加入印尼籍，印尼政府就让他搬到城里。我叔叔他们本来就在市里，不用被赶走了。区里不让我们住了，让我们搬到县里面。1959年我们就搬到勿加泗了，一年后就回国了。到勿加泗后，我们就没有工作了，在那边租了房子，以前做生意存的一点钱可以维持生活。当时那边有一个中华工会，专门联系中国人的，在那边有很多报纸、画报，里面都宣传我们中国很好。

过了几个月后，准备回国的华侨就到中华工会那里集中，准备坐船回国。我们等了大概一个星期，接我们的船就到了，我们就集中到了一个接待站，那个接待站就像一个大礼堂，里面一排一排的，像现在地震灾区安置房一样。

我们坐的是苏联的船，在船上吃的也是很好的，船是客轮，大概一个星期后就到湛江了。船上的员工、船长都是苏联人。我们跟他们没有什么交流，各方面事务都是由中国政府的人员来跟他们协商的。

我叔叔他们不回国，就我爸爸回来了。爷爷奶奶也留在印尼不回来。当时回来时我们全家八个人一起回，小妹妹是在回国后出生的。

我们在湛江上岸之后，在湛江待了一天就坐车去南宁了。在南宁等待安排分配，有的人分配到武鸣，有的人分配到宁明，有的人到了来宾。我一开始不在来宾，而是在宁明华侨农场的。

可能是农场的房子还没建好，我们先在宁明县里待了大概两个月，有的人住在县兵役局，有的人住在县财政局，我们家则住在兵役局。最后宁明县蒲瓜村华侨农场的房子建好了我们就搬过去了。搬过去后我父母就开始做工了，我们就去读书，那里有一个学校。我父母做的是农活，是集体分配的。我们在那里待了差不多三年，1963 年 5 月就转到了来宾华侨农场三队。

1960 年中国还很落后，国内什么都没有，一穷二白。商店里也没有什么，白糖、手表、单车等都没有。要想买布的话要有布票，你没有布票就不卖给你；要吃粉也要有粮票，粮票一般也是没有的。

我是 1970 年在农场结的婚，我爱人也是印尼归侨。在印尼时我们都是做小生意的，不做农活，回来后都不做生意了，全都到地里做农活了，那时候国内还没有个体工商户，所以我们肯定不适应。我们的父母亲原来在印尼那边没有做过农活，到这边要拿锄头，肯定不适应。那时候我们一个月的工资也没有多少钱，有时候没钱了就卖点东西，把我们带回来的缝纫机、单车卖掉换钱，拿来维持生活。

三

我到来宾前在宁明蒲瓜华侨小学读四年级。后来六年级考试，我没考上初中，就复读了一年，第二年才考上，在来宾初中读初中。以前只有一个来宾初中和一个来宾高中，就这两个学校，高中是在另一个地方。当时初中是一个年级 10 个班，一个班 14 个人，不像现在一个班七八十个学生。因为我年龄大一点，所以我的学号是 14 号。

那时候上小学是不用交学费的，上初中也不用交，但是要交一点书本费和生活费，生活费是六块钱一个月。农村的学生要从家里带米来，交粮食。我们扣粮食是有指标的，好像是一个月扣二十多斤。因为我们是工人不是农民，工人是要扣粮的。农民是没有扣粮指标的，我们的待遇比农民的要好一些。我们还有花生油、布票，花生油是一个人每月三两左右，粮食的话像我们当时还小就一个人二十七八斤一个月。我的同学也是归侨，因为他们回来得晚一点，所以他们在印尼没有上过中文学校，他们上的是印尼文学校。

当时我们在小学上算数、语文、音乐、体育四科，到初中就加了一门英文，后来又加了物理、化学，还有政治、历史。我的英文比较差，英文和历史要考到 70 分是很难的，我都是考 60 多分。我在学校时很少读书，我是校队踢足球的，那时我们经常代表来宾县足球队去外面比赛，在整个柳州地区的足球队中我们是第一。后来我们又代表柳州地区到自治区跟别的地区比赛。那时候球队里还会有一个军代表。

1972 年来宾县足球队在梧州参赛时的合影，后排左二为林华凌

1972 年在南宁比赛时柳州地区足球队合影，后排左一为林华凌，前排正中间为球队军代表

1972 年我们在梧州打了一场比赛，那场比赛我们输了 1 个球。到南宁参加自治区的比赛时，南宁市得第一，北海得第二，我们得了第三名。那时就发了一张奖状，没有其他的奖励。我们刚开始踢球的时候都没有好的足球，那时候的足球还是用胶做的，不是皮的。球鞋就穿解放鞋，球服就是背心。我们是穿大人穿过的衣服，尺码很大。那时候我们来宾县很穷，也没有多少人，整个县好像是 6 万人。

我 1968 年初中毕业，我们来宾初中的同学两年前聚过一次会，是 50 年同学聚会，我们毕业后 50 年才第一次见面。

当时家里还有个妹妹在南宁补校读初中，“文化大革命”开始后他们就不读书了。我读初中时，还没有到毕业时间，刚读到二年级“文化大革命”就开始了，但是学校也给我们发了毕业证。读到初一的也是全部给发了毕业证就不读了。我的大妹现在在美国，我大哥在香港，他有两个女儿，2004 年他全家人都去了香港。

四

当时在农场，拿工分是按劳动力的强弱拿的，劳动能力比较强的每个月 35 斤的粮食指标，劳动能力比较弱的就是 33 斤。我们刚回国做工的时候一个月工资是 15 块钱，之后不到一年就上涨到 18 块钱。劳动力一般分为四个等级，通过工分来评选。一等劳动力是每个月 22～23 块钱，比其他等级多得几块钱。四等劳动力得很少，每个月 14～15 块钱。一等劳动力一般都做一些比较重的活，如挑泥、拉车，他们做工也比较快。我一般都是一等劳动力，我是打砖、捣泥的，我们捣泥要很快，要像机器一样快速。打砖还不到两年，1973 年我就开始开推土机了。到 1986 年我有了自己的第一部车，是天津产的铁牛 55 拖拉机，五千多块钱买的。

1986 年林华凌在农场驾驶拖拉机

我们打砖的时候是分排的，一个排有 3 个班，一个班 10 个人，一个排就是 30 个人。我们打砖的就一个排共 30 个人，我是排长。跟部队里一样，排长要负责分配工作，每天每人打砖多少都写进工作日志里面，一班挑泥，二班拉车，就像这样分配工作。因为以前没有机器运泥，都是人工挑的。我爱人也是在农场的砖厂做工，以前的砖厂很小，不像现在的砖厂那么大，是搞围窑的那种一层一层围起来烧砖的。那时候砖很便宜，两三分钱一块砖，现在是两三毛钱了，涨了十倍。以前鸡蛋和鸡肉都很便宜，鸡肉是 6 毛钱一斤，两块多就可以买一只鸡了。

五

一般经历过“文化大革命”的人工作积极性都是很高的，晚上加班没有工钱，但大家都愿意做。不发工钱但有夜宵，有时给一个馒头，有时候喝粥，但是没有工资。那时候经常开会，有时候一个星期每天晚上都在开会。当时队里有一个队长、一个指导员，现在没有指导员了，当时开会时指导员就读读报纸什么的。

“文化大革命”对我们归侨都没太大影响，当时来宾这边的人分成了两派，一个是造反派，一个是极左派。那时候红卫兵个个都参加大串联，有的去北京，有的去上海、广州，火车里满满的都是红卫兵。我们都是红卫兵，以前的学生很多都当过红卫兵。红卫兵有一个红袖章，那时候红卫兵是接受毛主席直接指示的，参加红卫兵是很光荣的事，就像拥护毛主席一样。以前大串联到处都是红卫兵。我们到广州、上海都是有接待站的，我们带着一个证明，到一个地方，拿出证明，别人就接待我们了。人们会找房子给我们住，当时住的也不是正式的房子，而是像一个礼堂，发给我们席子、棉被什么的。红卫兵存在了两三年，好像是从 1966 年开始，到 1968 年年底红卫兵就全部下乡分配工作了。我就回到了农场。

我们刚回来时自己养猪，猪一病要花钱治病，家里就超支，家里孩子病了都不超支，因为孩子病了送到医院就解决了，而猪是家里的本钱，家里的钱、谷子都投入猪身上了，猪一有病就头疼，因为找兽医很难，好像全家的希望就寄托在猪身上了。后来有文件下来，不让人养猪了，养鸡也不行，连一块自留地也不给了，否则就会被认为是搞修正主义，是资本主义苗头。1974 年后才有人重新开始养猪，我们农场的人差不多百分之百都养猪的。那时候猪也不贵，自己买一头小猪仔是三十多块钱，养六个月卖掉大概赚两百块钱，赚的钱也不多。刚开始只要养了就是资本主义，什么都是资本主义。那时候经常开会，很严格的。最后才放开让人养猪了。

六

以前的侨务政策还是挺照顾我们的，反正每天都有饭吃，但吃不饱。那时我还年轻吃饭又多，但是没有多余的饭给你，只能是家里面自己解决了，父母亲把粮食省下来给孩子，孩子吃得多了他们这个月就不够吃了。我们在印尼的时候吃饭很方便，生活方面基本上没什么问题。因为当时我们国内困难，全靠国家的补贴，粮食、白糖、油全都是凭票分配。

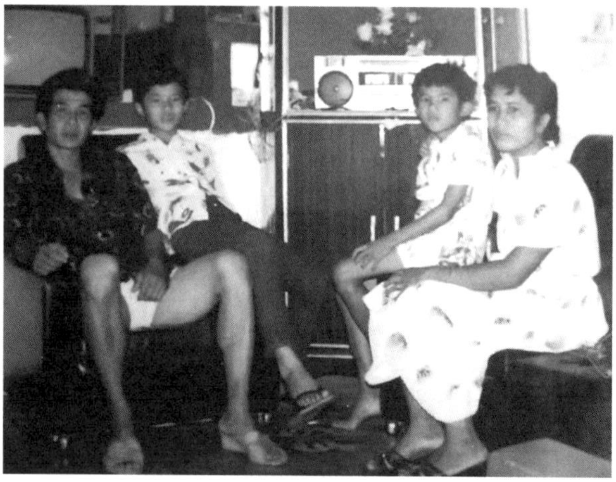
林华凌（左一）与家人在农场时

我们刚回国时住的是公家的房子，40 多平方米，有一间 10 平方米的厨房。刚开始的时候是 20 多平方米，1981 年后才有 40 多平方米的房子。1988 年我们把公家的房子买下来了，那时候劳动力有补贴，大概是补500元，40多平方米我自己出了800多块钱。2009年我房子被拆迁了，2009年12月我们就搬到了华侨安居小区，在那边住了八九年。

华侨安居小区的房子比较大，有120多平方米，我们住在那边政府不收我们的钱，只收我们的水电费而已，也不收物业费。那是安置房，不是自己的，只是过渡的。到2018年年底，我们就搬到了现在的华侨新区。这里是一个人40平方米，按人头计算。按照房子的面积来计算，政府征收我们的老房子一平方米补贴380元。而搬到这边的房子就不用补钱，但是要自己装修。380元一平方米也不够装修费用，我们装修这个房子花了8万多元。

我2006年退休，那年我60岁，退休待遇是按照工龄计算，工龄长的待遇就高。我们刚退休时是1 100块钱一个月，后来涨了工资，一年一年涨，到现在刚好3 000块。我是最低的，其他人都是3 500～3 600元。以前退休的人还有退休工资，现在退休的已经没有退休金了，交了养老保险才有养老金可以领。以前我们做工的人到医院看病都花不了多少钱的。

现在的侨务政策不像以前了。以前中国抗战的时候，我们华侨在外面支援了国内很多，有的捐钱，有的捐衣服、汽车，当时军队里的司机很多都是从国外回来支援的。以前抗战的时候毛主席就懂得动员华侨，当时国内很困难，需要华侨来支援，所以我们回国了，毛主席接我们回来他也照顾我们了，就像礼尚往来一样。而现在有的领导说："你们回来时都没有带土地回来。"我们回国后有的本地人又欺负我们，他们说："你们从海外回来又没有带土地回来，这里的土地是我们的。"以前的侨务政策就像是解决困难户问题一样会照顾你。刚解放的时候，国家把资本家、地主、富农的房子、土地全部没收，分配给农民。农场的土地是按照一个人6亩分配的，有的家里人多的分了20亩。我没有田地，因为我是搞农副业的，搞砖厂、机车、修理的都没有分到地，务农的才给分地。我父母就有地，后来他们的田地又被收上去重新分配了。有的自己开荒了的人家就会多得一点。建房子也是一样，比如以前我家房子旁边有一块空地，我就盖了一栋房子，以前私人可以随便盖，但是现在不能了。

有的人家的房子原来第一层是公家的，后来人家又在上面盖了一层，房子面积很大，200多平方米，最后补偿却很低，每平方米补偿300多块钱。后来又按户口来分房子，有户口的就分给40平方米，而有的人住在外国有国内户口照样可以分得40平方米，补偿不是按你原来的房子面积计算，而是按户口计算，出国的人也有户口，就可以分得房子。有的人住在加拿大，但在这边还分到了房子，这有点不太合理。有的人原来在这边的房子很小，但是户口上人多，所以分配的房子就比较大。

2019 年林华凌（前排中）生日时与子女合影

现在也没有新的归侨到这里来了，从越南归侨到这里以后就没有了。那时候我们农场华侨也不多，有一两千人，现在农场里印尼归侨不多了，10 个人里面只有 2 个是印尼归侨，其他大部分是越南归侨，他们是 1976 年回来的。我们很少跟越南归侨来往，我们印尼归侨之间用印尼语交流，印尼文字我们也还看得懂，他们越南归侨跟越南归侨来往，我们印尼归侨跟印尼归侨来往。

我现在有两儿一女。大儿子是 1976 年出生，现在在来宾工作。小儿子在香港，他 2001 年就去了香港。女儿现在在深圳工作。两个儿子都成家了，女儿还单身。在香港工作的小儿子还可以存一点钱，在来宾的大儿子工作收入比较少，基本上只能维持生活。他们都在农场读过高中，当时农场也有了高中，叫华侨中学，后来就搬到十一中了，就是现在的来宾第十一中学。

林华凌（右）与采访者黎力合影

当时我们全家回国后，我叔叔他们还留在印尼，我叔叔后来也没有联系过我们，他们情况怎么样我们也不知道了。我也没去过老家梅县，但我哥哥、弟弟去过。我们在印尼时还有很多华侨朋友，但后来也没有再联系了。回国后我再也没有回过印尼，跟那边的亲戚也没联系了。现在不好意思回去，到那边怕麻烦人家，所以很多年没有回去。

林惠江[①]

我1949年出生于泰国，今年68岁了，是泰国的第三代移民，1951年回到广东揭阳。我爸有四兄弟，他在家里排行老二，他们算是第二代移民。听我爸讲，当时家乡这边人多地少，所以有到南洋谋生的潮流。先是我大伯去了泰国，然后我爸跟着过去了，我爸去之后，我三叔也跟着过去了，后来就把爷爷奶奶接了过去，最后全家就在那边定居了。一直到1951年，我们老家揭阳解放后分田地，我们才从泰国回来了。我奶奶的娘家，有一个我的舅公，他没有成家，家里就把我过继给了他，所以我们这一家在泰国的都姓柯，回到老家这边就有两个姓，一个姓柯，一个姓林。我小叔当年留在家里，看家拜祖，因为潮汕人的传统是不能一家人都出去的。

我们的家族，比如叔公叔婆、姑姑他们全部都在泰国。现在我能联系上的就是我三叔家，我三婶今年93岁了，因工作需要我也经常去泰国看他们。这两年网络比较发达，就由我牵头组建了一个家族微信群，群的名字叫“拉巴拷”，“拉巴拷”是泰国一条街道的名字，就是现在我三婶住的地方。我就是群主，他们称我为“会长”，本来应该是我大哥当这个会长的，但是他不会用微信，所以就由我来当会长，那他就是名誉会长，同辈里比我小的还有两个人，他们就是副会长。我建这个群时，规定大家要把自己所在的地名也写上备注，比如我是“锡场林惠江”。另外，这边跟泰国的语言不通怎么办呢？我们就在微信上输入中文，然后点翻译就变成了泰文，输入泰文点翻译就变成中文，我带着儿子去泰国拜祖的时候就用这种方式进行沟通，基本上没有问题。

现在我在国外的这几个兄弟都很渴望我们祖国变得更好，希望祖国强大，因为祖国就是他们的后盾。过去我们这些华人在曼谷或者在海外是很没有地位的。我是1990年再次到泰国的，因为之前我在政府部门工作，不能随便出国。

---

① 访谈时间：2017年8月19日；采访和录音整理：普鹏飞（暨南大学国际关系学院/华侨华人研究院2016级硕士研究生）；访谈地点：林惠江家中。林惠江，汉族，1949年出生于泰国，1951年回到广东揭阳。1968—1979年，在解放军41军高炮教导队任副大队长；1979—1991年，在柳州开关厂、龙城电扇厂任销售厂长；1991—2003年，在柳州外事办对外友好服务处任外联部主任；2003—2013年，在广西东兴万通、凭祥、广西万通任总经理助理；2013年至今，任泰通矿业有限公司董事长、东兴东海大酒店名誉董事长、广西信德贸易有限公司总经理。

1990年我当了厂长，属于企业员工，而且也跟泰国亲人联系上了，过去就比较方便了。后来从1995年一直到2000年以后，我每年都会去看望我三婶，有时候是因公事，有时候是因私事，所以我去泰国比较频繁。最近已有三四年没有去，一直到2016年12月22日，我带了我儿子一起去，当时也是为了去泰国开辟市场，我带着我儿子去认识这些亲戚，去认祖。现在那边家人的情况非常好。我爸在泰国那边有两个兄弟，因为大伯没有儿子，就联系不上他了。我三叔有四个儿子、一个女儿，女儿现在在曼谷法院当副院长，一个儿子现在在曼谷一个警察局当副局长。每当我去泰国的时候，就有一个人把大家召集起来，在兄弟里面我比他们大，他们就为我接风，我很高兴。他们也都为有一个在中国当商会会长的伯伯感到很自豪，因为他们知道能够在中国当一个商会的会长，必须德高望重，也要有一定的经济实力才行。商会的会长有一些硬性要求，第一，创办的企业必须在当地连续5年交税，第二是筹备人必须有2 000万元以上的固定资产。

但是我这个会长有所不同，我是在东兴的一段特殊时期里，为了把在东兴的潮汕人组织起来而建立潮汕商会并担任会长的。那是特殊时期、特殊环境，为什么这么说？因为东兴是一个比较敏感的地方，当时潮汕人在东兴经营产业大多没有固定的厂房，大型企业也很少，所以就很不稳定，都是“打一枪”换一个地方，所以找一个不稳定的人当会长就很麻烦。后来他们就组织了一个潮汕商会，每人发一根棍子，一言不合就到政府门前去静坐。政府看到没有正规注册的组织就抓人，一看到抓人会长就跑了，秘书长也跑了。这样一直持续了两三年，整个组织就瘫痪了。后来有人就说：“林生啊，你是这里有头有脸的人，你就把大家组织起来吧。”我就是在这种情况下教他们怎么做的。可是后来他们又要拉大旗，在报纸上登广告开筹备会。开筹备会是必须有红头文件批准的，不然五个人以上聚众就要被抓，当时还有类似记录在案没有销案的。所以，2013年我就经过法定程序把报告递给政府，政府批准了我们开筹备会。当时我看到报纸上说潮汕商人要在10号开会，我5号就向政府打申请报告并请求有关部门在10号之前批准，结果8号就批了，这样我就挽救了潮汕商会。后来他们就不敢随便开会了，大家就叫我来当会长，于是，我就组织他们走正规的道路。商会成立之后，商人之间共享资源，这样就把“桥”搭起来了。

潮汕人在潮汕本地的有6 000多万人，分布在国内其他地区的有7 000多万人，分布在各个国家的有8 000多万人①。我是属于第二类潮汕人。一直以

① 编者注：此处口述内容似不准确，资料显示，截至2017年底中国有潮汕人2 500多万，迁居海外的潮汕人有2 000多万；有人说海外潮汕人有1 000万。

来潮汕人的力量都比较强大，泰国、越南、柬埔寨的潮汕人力量也很强大。就拿泰国来讲，泰国的盘谷银行就是潮汕人开的，柬埔寨金边也有盘谷银行分支机构。越南胡志明市的一郡、五郡、十郡、八郡都有人讲潮汕话。越南有一个荣市，那里的人基本上都讲潮汕话，南部靠近胡志明市的十三个省也基本讲潮汕话。柬埔寨的金边，城区最中心的比如毛泽东大道、斯大林大道附近居住的人都讲潮汕话。我记得之前我带着一个考察团出行，团员是在民间做生意的，从柬埔寨马德望省到泰国波比，团长太太说，我就不信到这里来你的语言还讲得通。等到了饭店点菜的时候，她说英语人家听不懂，也不会讲。后来我进去以后就用潮汕话自言自语，因为我认为这里肯定有我们潮汕人，结果里面两个厨师就出来说："哎呀，你是自己人呐！"我就跟他们点菜。还有一次在金边，当时是李鹏总理要带着中国72个旅游局局长去考察，商会就让我带着一个团打头阵，因为我们做生意的商人对这些地方比较熟悉，就先去摸个底，看看宾馆的安全、周围的环境等，要提前十多天到那里清场。当地有一个中国司机跟我讲他是西门外的，那是一个很小的地方，但是我听说过，他很惊讶我怎么会知道，就一定要带我见他叔叔，去了发现原来我们就是隔壁村的。这说明我们潮汕人分布在很多地方的大街小巷，语言无论到哪都能讲得通。

1951年我们刚回国的时候家里很穷，我小学没毕业就到田里劳动了。当时因为成绩好，我没考试就给我发了一个初中录取通知书，但是我都没有钱去读。后来就在生产队当记工员，原来我的工分是6分，我当记工员就补给我5分，这样我就有11分了，这样过了一年后家里情况就好转了。我一直干了三年，到了18岁，我就当生产队的会计，当会计工分就补得更多了，我年纪也大一点了就出去干活，推独轮车、拉甘蔗，别人拉200斤，我就拉400斤，那时候挣的工分很多，所以在家里的时候我就入团了。后来到了部队，1968—1979年在四十一军，在部队时我很勤奋，第二年就当了副班长，第三年当了几个月班长之后就当上了排长，当了六个月排长后我又当上了副连长，当了副连长之后又到军队的教导大队，我前后当了八年的副连长。1979年我转业到了柳州，到开关厂当代理部长，一待又是八年。再后来，我去下面的一个电扇厂当销售厂长。1991年我又被调到柳州外事办当外联部主任，一直干到2003年。由于一次偶然的机会我就下海从商了。我做什么都走在最前面，像敢死队，就像我现在搞互联网，号召别人用微信、支付宝，都是为下一步计划打基础的。最近我的工作就是搞侨批馆建设，以侨搭桥，用侨批文化吸引更多人到东兴来旅游或者投资，来促进东兴经济的发展，所以这个工作也得到各级领导的认可和支持，我没有半点私心杂念。

我在越南做生意十年，走遍越南，对越南的各个地方都非常熟悉。每一段路有多长、桥梁多宽、承重多少，我都很清楚。比如我现在在东兴，离陆地口岸最近的就是越南的芒街，我们两边的通信非常方便，我们可以用越南的手机号，越南可以用我们的手机号，这里的信号交叉覆盖，所以在这里交易是最方便的了。东兴往南 90 公里的地方叫梦洋，煤矿资源十分丰富，再往南 45 公里的地方叫宫门，是 1945 年日本战败之前在越南投资建设的洗煤厂，从宫门过去 27 公里就是下龙湾，从东兴到下龙湾将近 180 公里都没有高速公路。下龙湾往南的 87 公里处则是海防，它是越南第三大港口，像广东的汕头一样。往西北 102 公里是河内。从河内往北 174 公里是谅山，谅山再往北 34 公里是友谊关，友谊关往北 17 公里是凭祥。从友谊关到谅山有三个关口。再往西北去就是龙州、水口关，往西到德天瀑布，再到靖西，然后是那坡，这是广西的情况。从海防往南到清化，再到荣市，接下来是顺化，也就是“三八线”，再下面是西贡，也就是胡志明市。西贡下面有 13 个省，从西贡往西 67 公里，就接近柬埔寨了，叫西宁，再往西 190 公里，到金边，金边往北是万象，万象西南方向是曼谷。这些路段我全部都开车走过，哪个地方产出什么我都清楚，比如和平省有金矿，和平的金矿是每吨含量 14 克的，一般的矿含金量有 2 克就可以开采了，而它是 14 克，所以是富矿。太原省有铁矿，高平省也有铁矿，高平的露天铁矿储量 70 多亿吨，下龙湾这边宫门、芒街都产煤炭，沿海地区产钛矿。但是现在越南主要出口大米，生猪也比较多，还有水果，原来我们中国用苹果兑换它的香蕉，用梨兑换它的芒果，他们用西瓜兑换我们的哈密瓜，一样兑一样。所以凭我掌握的这些信息，对东南亚国家交通、矿产资源等情况的熟悉，我尽可能发挥我的价值。记得 2010 年的时候我开辟了一条从泰国百步运水果到深圳的路线，之前他们是从泰国湾用船运到深圳，耗时 8 天，而我开辟的这条路线：百步—万象—荣市—河内—友谊关—深圳，两天就到。我还帮助开辟了一条高速水路，减少运输成本。从泰国出发，沿着越南 12 海里以内建一条浮桥，越南规定 2 000 吨以内互市的船只走内水，泰国跟越南沟通，泰国出船帮越南拉货，越南不用出运费，但是让泰国走越南的内水，马上就达成协议。所以我就是尽量做好事，尽量为人民造福，尽量把资源贡献出来。

最后，我讲一点我知道的关于其他华侨的事情。当年因国外排华回来的人，第一没有本钱，没办法做生意，他们靠帮人家做翻译挣钱，有些人到现在都还老老实实在做翻译，有些翻译头脑灵活一点，把赚到的钱拿来当本钱，就做起生意来，但大部分人思想都比较淳朴，比较本分，光想到做翻译这一条出路。当然也有比较进步的华侨，格局比较大，比如我们这里的何兴维，组织大家共同捐助建立了一所华文学校。还有我组织大家一起建立运营这个侨批馆。为什么我们能够号召大家？因为我们讲诚信、有威望。我们学习老一辈华侨、前辈诚实守信的品格，他们当年背着这么多侨批，背着这么多钱，宁可饿到昏倒爬着回来，都不去动用别人一分钱。我们应该把大家号召起来，学习我们的老华侨，学习我们侨批局的送批员，他们是怎样勤勤恳恳，怎样冒死突破敌人的封锁线把侨批送到千千万万侨眷手中，我们要学习这种精神。所以我一定要把侨批馆搞好，这样我才能问心无愧。

林惠江会长（中）及其儿子林峰（左一）与访谈者普鹏飞在东兴侨批馆旧址门前合影

我一生也碰到很多困难，当我个人碰到困难的时候，我就想到我的战友，想到我的那些守边疆的已经牺牲、埋在土里的战友。我一拿出他们的照片来看，就什么私心杂念都没有了，根本不会有什么我的工资比别人低之类的想法。我举一个例子，我返聘到凭祥上班，本来我就腰痛，但是要开车过去，有400多公里山路，一路上很颠簸，有一次我的腰痛得不行，但是等到了那边，我去了一趟烈士陵园腰痛就好了。我的战友就埋在那里，当年我的团长、副团长、副政委、连队的兵，还有跟我一起从军的一个村的战友，他们都在这里，其中一个战友给我托梦，要我去看他，到今年为止我找了30多年终于找到了，我经常来这里看望他们。我时时刻刻把他们作为我的精神支柱。

林振才[①]

一

我的祖先是福建漳州人。我曾去过福建，我还有几个堂姐弟在那里，但我没有家谱。我祖父那一代开始移民印尼，到我这一代是第三代人在印尼了。祖母是当地的华人，她算是第二代移民。我外婆也是当地华人，姓林，她的祖先也是福建人，她也是第二代移民。我们的家族里都没有与印尼当地人通婚的，都是与华人通婚。

我母亲姓陈，1927 年出生，她会讲一些中文，也认识印尼文。我们两个家族算是已经被当地同化，都不会讲中文了，只会讲印尼语，穿着也印尼化了，我们穿纱笼。1960 年 8 月我回国前，家人一直居住在印尼泗水市，我父亲是公务员，我母亲是家庭主妇。

我外婆和母亲（1937—1938 年摄于印尼泗水）

1960 年 8 月，父亲带着我们一家人一起回国了。当时我奶奶、外公外婆不同意我父亲回国。我父亲 1917 年出生于印尼泗水，他回国前是印尼公务员，曾在荷兰学校工作，熟悉荷兰语、英语、印尼语，就是不怎么会讲中文。他还曾是业余新闻记者，平时订阅美国、苏联、罗马尼亚的报纸，中国大陆的画报和中国台湾的报纸，了解中国解放后的情况，并受到了当时国内高涨的民族主义情绪的影响。后来还受到我的影响，也信仰了基督教。当时印尼出台排华政策，要求华人改用印尼人的姓名才能继续做公务员。

① 访谈时间：2007 年 7 月第一次访问，2014 年 8 月 3 日第二次访问；访谈者：梁茂春、陈文；访谈地点：广西武鸣华侨农场。

印尼政府给了我爸爸四个关于去向的选择：留在印尼、去中国大陆、去中国台湾、去巴西，家里人劝我父亲，要么留在印尼不做公务员，要么去巴西，但我爸爸最后还是选择回到中国大陆。

我爸爸在回中国前是公务员，一个人工作来养活一家人，当时我家有 6 个孩子，我妈妈和我奶奶加上一个用人。当时爷爷已经过世了。用人是一个印尼当地女人。我外公有 4 个孩子，两男两女。除了我母亲回中国外，其他人都留在了印尼。1995 年我去印尼找过他们，但没有找到，现在彻底失去联系了。我爷爷有 9 个孩子，除了我父亲外，没有一个人回中国，都留在了印尼。

我爸爸读书时拍的集体照，前排右一为爸爸，中间为他的老师，前排左一为大姑儿子（表哥），左二为小叔，右二为爸爸的同学。我爸爸读的是荷兰学校。在他的同学中，只有我爸爸一人回中国了

我们回国后，刚开始与印尼的亲人有一些书信来往，但是“文化大革命”时期就没有联系了。改革开放后，我们继续书信来往，现在联系都很方便了。我们往来的书信，用的全是印尼文，有的是打印的，有的是手写的，很工整。我有一封堂姐的信，内容是印尼文，落款是手写的中文名。他们已经“印尼化”了，不会写中文、不会讲中文了，因为他们读的就是印尼学校，不在中文学校读书。照片都是我爸爸保存的，后来，爸爸出事就由我来保存了。

我爸爸在印尼读的是荷兰学校，用印尼语上课。在他的同学中，只有爸爸一个人回了中国。当时我爸爸还想把奶奶带回来，但奶奶坚决不回。

我爸爸（后排右一）与羽毛球爱好者合影，照片中所有人均为华侨

小舅结婚时摄于印尼泗水某饭店，时间是 1958 年或 1959 年，当时我十三四岁

我爸爸不听家人的劝告，执意要回中国。本来我们一家人是坐 6 月的船回中国的，但由于我爸爸与家人意见不一致，就拖了一个月。我们于 1960 年 8 月 3 日坐苏联船（中国政府租用苏联船只到印尼接华侨）从印尼启程，8 月 11 日到达广东湛江，两天后就到了广西南宁了。到了南宁，我们被安排住在和平酒店。在南宁住了两个星期就到了武鸣团结农场了。

到了农场，我们就住在平房里。我爸爸原先在印尼是做公务员的，到团结农场后要做农活，很不习惯。3个月之后，我爸爸就提出申请想要回印尼，但是没有被批准，因为当时中国与印尼签署了不承认双重国籍的协定，回中国的印尼华侨已经放弃了印尼国籍，是中国国籍了，回不去了。

这可能是父亲的最后一张照片，摄于印尼，回国后没有照过相

二

1960年6月第一批回国的华侨公务员全部被安排在南宁。而1960年8月回国的公务员都下放到农村或安排在农场。当时与我们一批回来的有7户归侨家庭，其户主都曾担任过印尼公务员，回国后被安排在农场。当时我爸爸决意不拿农场的工资，一心想着离开农场。本来我们是第一批回国的，只是家人意见不合，就延迟了一个月回来。第一批归侨回国后，宣传工作做得很好，影响了第二批打算回国的华侨的决定，以为回国后各方面都会很好。

我回国后，与大妹到南宁华侨补习学校补习中文，因为在印尼我上的是基督教学校，妹妹上的是印尼学校，都是用印尼语上课，不会中文。回来后，要上学必须先学中文，同学、老师都是归侨。我们学了一年中文后，在南宁华侨补习学校上了三年初中，接着上了三年高中，共读了六年书。毕业后，我先下到农场，在生产队参加农业劳动，当时我还做过生产队小组长。一年后调到农场初中任教。

从右至左分别为我、大妹、大弟、二妹，摄于印尼泗水。大妹在团结农场，任团结华侨小学教师；二妹在南宁华侨服装厂，二妹夫是印尼归侨，与我们一家同船回国

我爸爸于1937年“卢沟桥事变”那天出生，1960年8月回了中国。1967年6月19日，我爸爸出了事。我大妹是我爸爸的心肝宝贝，与我在同一所学校，同一个年级上学。事发的头一天晚上，我爸爸发现我大弟从学校骑单车回了家。第二天早上，我爸爸就偷偷带着我二弟骑单车去南宁看

我大妹。当时的路都是小路，从团结农场到武鸣县城是 20 多公里，从武鸣县城到南宁有 50 多公里，一共有 70 多公里沙子路。当年的沙子路，爸爸骑单车起码要花一天的时间才能到达南宁，非常辛苦，但他一心想见到女儿。到高峰农场路段，他要下一个很陡的坡，由于车速较快、路面不平，我二弟因打瞌睡被震落车下。爸爸扭头往后看，因刹车不灵，摔到路边的排水沟里，造成脑震荡，当时就不省人事了。后来，一个解放军战士把爸爸送到南宁医院救治，但是爸爸已经变成植物人了。在南宁的医院住了六个月后，转回武鸣县住院，住了三个月零九天就走了，死时两个膝盖是弯曲的，无法平躺在棺材里，脚顶到盖子了。后来他被埋在团结农场，离我们家不远。当时外公外婆、奶奶都反对爸爸回国，可爸爸执意要回来，命运却成了这样。

20 世纪 70 年代初摄于华侨农场团结分场，右起分别为二弟、小弟、三妹

爸爸去世时，没有通知印尼的家人，因为当时无法与印尼的家人取得联系。直到十多年后，即改革开放后，可以通信了，才将这一消息告诉那边的家人。我姑姑（后定居香港）曾来看过我们，去了爸爸墓上，要求我们好好修整一下爸爸的墓地。我就按照她的要求，修整了爸爸的墓地。

姑姑定居香港后，想接我去香港定居，但是我没有去，因为爸爸走了，我作为长子要对母亲和几个弟妹负责，长子如父。

我们四兄弟摄于武鸣华侨农场团结分场家门口（20 世纪 80 年代初）。左起是二弟、小弟、我、大弟

我于 1945 年 1 月 21 日出生，1960 年 8 月跟随爸爸回到中国，回国时我十五岁。在印尼时，我刚开始是上荷兰人开的学校，后来自己主张转到基督教学校读书，信仰基督教，学习英语和印尼语，熟悉这两种语言。回国前我也不认识中文。回国后在南宁华侨补习学校学了一年中文，后来又读了初中和高中，共六年。高中毕业后，我被分配到广西国营武鸣华侨农场团结分场。起初我在生产队务农，后来在团结分场中学任教，教英文、数学、物理等科目，1969—1990 年一直任教师，直到 1991 年被抽调到投资区当翻译，曾做过团结农场的侨联主席、工会主席和行政办主任。后来又回到农场，但已经不能再当教师了，我 60 岁退休。目前单身一人，未婚，曾为大弟养育一女儿。

我转到了基督学校以后才告诉家人，所以我爸爸要去看一下学校，看了以后，他觉得基督学校很好，就也信仰了基督教，他是受我影响的。

回到中国后，因为生活困难，又不能回印尼，爸爸就天天读《圣经》，寻找心灵的安慰。这里没有多少人信仰基督教，“文化大革命”时期，基督徒不敢公开信仰。

高中毕业后，我本想去宾阳农场插队。但我爸爸去世后，长子如父，我就留在团结分场了。因为我有高中文凭，所以被抽去当教师。1991 年又被抽去里建投资区当翻译。我曾当过团结分场的侨联主席，与侨委会干部关系比较好。当时侨联主席身体不太好，想退休，我就想回到分场当侨务干部。但是，我回来后不仅当不成教师，也当不成侨务干部了，没有干部指标，所以我成普通老百姓了。我 2005 年退休，现在退休金比较低，比他们后来退休的要低不少。

我大叔一家（1995 年摄于印尼）

我去过好几次印尼，1995 年第一次去。后来还去过几次，2007 年 7 月，我刚刚从印尼回来。那次是去找我大叔，找到了，但没有找到小叔。我家兄妹中只有我一人去过印尼，我弟弟妹妹他们不怎么会讲印尼语了，毕竟当时回国时他们还小。我大叔也是公务员，他们没回中国，在印尼一直当公务员到退休。他的儿子没取中国姓名，取了印尼姓名。

我母亲 2009 年去世，去世前与二妹住在南宁，一直没有回过印尼。我 1995 年第一次去印尼寻亲，见到了堂哥堂姐他们，但是没有找到我外公外婆，不知他们后来去哪了。那时，我表舅还没退休，他后来因为有肾病，到广州来做肾移植手术。1996 年我母亲到广州、深圳去看过他，我母亲与表舅、表舅母还有我在广州留有一张合影。后来，表舅又到北京做手术，他爱喝咖啡，医生说不能喝了，但他不听。后来他去世了，表舅母一家就搬到万隆了。

前年我去印尼，大表姐想让我住下来，在我回国前一天，她在饭店为我送行，临别前忍不住拥抱了我。服务员说，她这么老了还嫁一个这么年轻的。我解释说我是她表弟，从中国来的，明天就要回中国了，表姐舍不得我，所以拥抱了我。我不想留在印尼，因为我在国内有退休金，而在印尼没有收入，没有退休金，生活也不会好的。再加上国内有我最亲的人，我不能离开他们。

左一是母亲，右一是我，中间为大表舅与舅母（1996 年摄于广州）

我与侄孙在一起（摄于 2014 年 8 月）

我的大弟重男轻女，按照国家政策，当时归侨可以生二胎。我大弟有两个孩子，一男一女，但他还想再生一个男孩。结果生出来的是女孩，他们就不给她吃奶水，我看着孩子可怜就抱过来当作自己的女儿一样养育，现在这孩子与我很亲。她想过继给我做女儿，但我不想，因为别人会问：这是你父亲，那你母亲呢？这样对孩子成长不好，所以她还是叫我大伯。我还帮助过弟弟的一个孩子，供她读书。我是长子，因为父亲走得早，所以我要担当起一家之长的责任，要帮助弟弟们养育孩子，侄孙们都与我比较亲近。

我们在国内讲印尼语的机会不多，但要看与谁交流，有时与归侨也会讲印尼语，农场这里有二十多位印尼老婆，她们当时跟着中国老公回到中国，她们的普通话不好，与她们交流就要讲印尼语。我母亲还能看懂印尼文书信，但我的弟弟妹妹就不怎么看得懂了。印尼亲戚来信，都是要读给他们听的。我与印尼亲戚通信都是写印尼文，在印尼的舅母还懂一些中文（其信是用印尼文写的，落款是中文）。

我们这里的印尼归侨还保留了在印尼时的一些生活习惯，例如吃印尼食品、喝咖啡等，也会用咖啡来招待客人。家里也打扫得很干净，进家门都要换鞋。

马拔芳[①]

一

我的祖籍是广西容县。我不知道究竟是我爷爷还是我爸爸先移民到马来西亚的，但他们都离开中国出去了。我爷爷在海上过世，就葬在海里了，爷爷的面我都没有见过。听老人说，他们是通过“卖猪仔”出去的，当时的路费都是别人给的，先到那边打工还清路费后，才能再去找新工作。

据说，刚来到马来西亚时我父母种过豆，也进过公司从事农业生产。后来又到一个叫作“和兴胶园”的橡胶园里割橡胶。这个橡胶园实际上就是位于山区里的一家公司，有六七栋房子，远离城市，我们就住在里面。房子是公司建的，比较简陋，以木条为墙、铁皮为顶。割橡胶的时候大家就住在里面，我们一共有一百多个中国人，全是广西人，主要是20世纪二三十年代通过“卖猪仔”出去的，是一帮人一起去的。我爸爸在中国娶了我妈妈，没见过面就订婚了，是别人介绍的，然后我妈妈就坐船跟着去马来西亚了。我妈妈也是容县人，家在农村，家里就她一个人出去，没有其他家人到过马来西亚。

1941年我在马来西亚出生，七八岁时开始读书。当时就在和兴橡胶园里读书，上课的地方也不是什么正式的学校，就是有一个上了年纪的男老师在那里教中文而已。那时，马来西亚的华人只在华人（开办）的学校读书，本地人只在本地人的学校读书，是分开的。我们在学校读的书主要是有关孔子的，华人老师用中文上课。当时我们那个地方没有多少学生，所以一个老师教两个年级。

那时马来西亚在政治上分为两派：马来西亚政府一派，马来西亚共产党（马共）一派。我们橡胶园的华人都不敢参加马共，因为我们是出来找生计的，不想参与这些活动，认为有饭吃就行了，在别人国家这样搞也不对。后来，马来西亚政府也允许马共投诚，所以马共的人都从山区里出来了，不搞了。

马共的帽子上有五角星，他们穿黄衣服，住在山里不出来，在外面没有地方

① 访谈时间：2014年8月1日；采访和录音整理：梁茂春、陈文；访谈地点：马拔芳家中。

住，也不与我们一起住。他们发动我们帮他们找钱、给他们捐钱，要求我们帮忙买东西，因为他们不能上街。好像橡胶园里就有好几个中国人帮助过马共。有一个下雨天，我们没办法割橡胶，橡胶园里的一些华人上街去了，但都被抓了。我父亲曾帮助马共外出购买东西，结果被马来西亚政府抓了，关了一两年。家里有人被抓并不会导致全家人被赶回国，但是后来要回国时我父亲一定要全家跟着他一起回，他不想自己单独回国而把我们留在那边。

我们小时候住在山里面，后来有了马来西亚共产党，我们就搬到了公路边，住在马来西亚本地人附近。我们很少与马来人接触，大家表面上都很友好，没有什么矛盾。他们也很简单，不像华人要挣很多钱、积攒很多东西。他们去做工一般只做个三五天，赚的钱够吃了就不做了，吃完了再做。马来人、印尼人都是这样，不像华人会积攒很多东西、会把钱存起来，他们没有存钱的意识。总之，我们和他们基本上互不往来。

二

在 1952 年左右，马来西亚政府不允许华侨做工，要我们回中国。当时国家派船接我们回来，我爸爸要一家人一起回来，于是我们全家都回国了。我们回国时，我爸爸是 40 岁左右。

我家有两男四女，老大是姐姐，我排第二，加上后面三个妹妹，我们几个全都是在马来西亚出生的。我们家最小的是弟弟，他是回中国后才出生的。

回到中国后我们的生活非常困难。当时考虑到我们家乡的田地已经分配完了，所以政府计划安排我们一家到徐闻去，但我父亲不愿意去，他说那个地方气候不好，人容易生病。政府就让我们留在广州一个月，考虑是回老家还是听从国家安排去徐闻，最后我父母决定回老家。

就这样，我们回到了老家——容县。当时中华人民共和国刚成立不久，在搞土改、分田地。我们回到老家时，田地已经分完了。我们分不到土地，生活就很困难。幸亏后面的 1953 年、1954 年国家建高级社、人民公社，土地大家一起种，劳动计工分，工分多收入就多。当时我家的劳动力少，只有父母两人，所以虽然有地可种了，但在生活上还是比较困难。

我在老家容县一直住到 1958 年，那年侨办派人到我们老家那边招归侨做工，把我招到武鸣华侨农场。他们可能是考虑到我家人口比较多，生活上困难。当时我什么都不懂，也不知道武鸣在哪里，但一想到有饭吃，就想出去。我的家人仍留在老家，只有我一个人过来。父母过世后，现在只有我弟弟还在老家那里。

1963 年的时候搞四清运动，我曾打算四清运动结束后就让家里的人都迁到武鸣这里来，但是很快“文化大革命”又开始了，就办不成了。

我还不满 18 岁就到武鸣了，那时真的很穷。刚到这里时，连棉被、蚊帐都没有，从家里拿一套衣服就过来了。那时是冬天，要与其他人一起合铺睡觉。回想起来，当时虽然很辛苦，但是大家很团结，都会互相帮助。

1958 年武鸣华侨农场只有这里的团结分场。团结分场是武鸣华侨农场所有分场中最早建设的，比宁武、武帽分场都早，正安农场比团结分场建得早，但它是农垦农场，不算华侨农场，后来才合并的。如按 1962 年在里建成立的华侨农场来算，我们这里就不算是建场，只能算是基础场，其前身是团结分场，以印尼华侨回来时为准。但在农场，归侨是与本地人一起居住、共同生产的，当时为了拿到土地，农场就吸引本地人过来，让他们与归侨享受同样的待遇。

如今在团结分场仍随处可见 20 世纪 60 年代曾大量种植的香枫茅

我们在农场主要从事农业生产。刚来的时候我们先种了木薯，然后又试着搞化妆品的香料，例如丁香、留兰香、玫瑰花，后来种不成功，就不再搞了。接下来主要种植香枫茅，这也是用来做香料的，样子像草一样。香枫茅到现在还有，不过数量很少，现在主要被用来煮咖喱。再后来，种植这些作物也失败了，就改种柑橙、剑麻，实际上种剑麻也不成功。

当时每个队都种水稻，因为国家没有那么多粮食供应，所以要自己种稻谷，才能解决吃饭问题。我们当时每个劳动力每月有 16 元的工资，比周边农民的经济状况好一些。1958 年，我刚到这里不久就遇上“大跃进”，搞“大锅饭”，吃饭不要钱，一个月给每人 7 至 9 元的零用钱。

刚到农场时，我是年纪最小的，其他人都已经二三十岁了，他们现在基本上也都过世了。以前的侨办主任李汉威说我们是“一百零八个好汉建农场”，现在这一百零八个好汉剩下的已经不到二十个了。

我爱人是侨眷，她爸爸是马来西亚归侨，他今年已经 101 岁了。现在她的兄弟还在马来西亚。当时我们农场归侨与周边农民通婚的情况是有一些，但不多，主要是因为他们担心结婚之后可能要调到别的地方，所以他们的父母就不同意。

不过，也有几个归侨与农民结了婚，但大部分情况是归侨内部结婚。改革开放以后，农民看到我们的生活比较好，就有人愿意嫁过来，大龄归侨找对象就容易一些了。不然的话，光是归侨不够配对呀。

在三年困难时期，华侨农场也一样困难。那时还没来得及开垦水田，本地水稻产量很低，每亩只产二三百、三四百斤，不够吃，要靠锣圩乡供应。那个年代没有大米，只供应黄豆、玉米、红薯。后来农场开垦了水田，自己种水稻，粮食问题就逐渐解决了。

最困难的时候，武鸣县锣圩乡的农村也很困难，因为当时搞“大炼钢铁”，大砍树木来烧炭、炼铁，家里田地的粮食都收不上来，过了一两年，就没有粮食吃了。后来“大炼钢铁”结束了，田地得以恢复，他们的生活就慢慢好起来了。

20 世纪 70 年代团结分场场部的一些建筑物至今依然存在

我和我爱人是 1961 年结婚的，也就是说来到这里两三年就结婚了。当时两人都在团结分场，结婚时双方的父母都没有过来。那时结婚连衣服都没有，还向别人借了一件衣服来照结婚照。我爱人的老家在岑溪县，与我老家容县只隔了两座大山。我们讲的都是白话，容县的白话和梧州的白话相差不远，在马来西亚也是讲白话的。

我俩一直待在这里，从未离开过。本来有几次我们想要调走，但最终都没调成，也就一直在这里生活了。我们住的地方基本上没变，就在这一片。原来我在一队，搞杀虫、农药工作。1973 年以后，我到了农机队开拖拉机，开了十三年；后来又回到生产队种水果，种了十多年。水果主要是批发给云南的老板。

1958 年我刚到时，这里种的是香枫茅，是用来蒸油的，种出来的香枫茅都卖给供销社。那时的供销社是代表国家收购的，什么东西都由供销社收购，国家规定收购价格，不像现在价格自己定，想卖多少钱就卖多少。在那个年代，我们不能按照自己的想法去做，要按政策做事，现在就自由多了。那时候，做生意被看作“投机倒把”。

大概是在1963年四清运动开始时，要给人定阶级成分。那时我是四清运动的一个小组长，对此比较清楚。农场的归侨一般都被定为小商贩，但他们回到这里的时候好像都没有什么钱。运动中也有批斗会，一般是讲一些怪话的人被批斗。

1962年里建华侨农场成立总场时，团结分场是华侨人数最多的。里建把本地人也规划进来了。后来，农场里逐步建了一些厂，如淀粉厂、糖厂等，就由各个分场调一些人员过去。不过，当时团结分场的归侨、侨眷是最多的。到20世纪70年代，越南发生排华运动，此后就有越南归侨被安置进来了。

越南排华时，越南归侨主要安排在正安分场、武帽分场、宁武分场，团结分场只有一两户越南归侨，是跟着过来的。马来西亚归侨人数不多，是建场时从容县、北流等侨乡招工过来的，比较分散一些。

越南归侨刚回来时不习惯，不够安定，都想着出去。印尼归侨和越南归侨各方面都得到国家的照顾，比我们马来西亚归侨的情况要好一些。20世纪60年代时，我们吃玉米、红薯、黄豆，印尼归侨吃白米。他们有钱就可以随便吃，而我们需要用粮票购买粮食。越南归侨刚回国时生活不习惯，想法总会是有一点的。农场的归侨中，越南归侨比较勇敢，他们敢偷渡。印尼归侨比较怕死，较多跑不出去的、挨抓的；越南归侨跑出去的比较多。我们也一样，刚从马来西亚回到家乡时也不习惯，我妈妈整天骂来骂去，骂爸爸为什么要带我们回到这里（容县）。当然最重要的是没有土地，生活困难。在马来西亚割橡胶，父母两人养育六个孩子还是比较轻松的。后来他们也很想重返马来西亚，但没办法回去了。

当时马来西亚归侨也有想去香港定居的，但要香港那边有人承认你是亲戚才行，否则也没办法去。自从我们一家从马来西亚回来后，就再没有回去过。马来西亚的堂妹叫我们过去，但去那边也要花不少钱呐。

三

现在在农场场部做领导的大都是本地人，归侨较少。我们这里有一些归侨被请去做领导，但他们不愿意做，说不懂如何做领导、领导难做。因为我们这里比较复杂，有归侨的、本地人、外来人，人员构成很复杂，领导确实是难做，收入又不高。曾经有个技术员做了两三年厂长，赚了一点钱，结果后来经营失败，负了很多债。农场企业有时会经营不善，企业领导也换来换去。

马拔芳夫妇在团结分场的家门前

我们农场也与周边的农村一样搞承包。但本地人的土地多，收益也就比我们的多。我们农场土地不多，一个人有五亩地，后来出生的就没有土地了。承包土地要交管理费，但周边农村的农民不用交，因为我们这里是有管理人员的，而农村没有管理人员。不过，我们退休后是有退休金的，退休金没有等级，2001 年左右，我们刚刚列入国家养老保险。开始有 200 元，后来慢慢增加，现在有 1 000多元，我一个月有 1 800 元的退休金，我爱人有 1 700 元，现在退休的还多一点，有 2 400 ~ 2 500 元这样。现在国家经济发展了，生活水平提高了，每年都提工资。

里建的企业在开发区，是东盟投资区的。以前有糖厂、农具厂、味精厂、罐头厂，但不知什么原因，全都亏损倒闭了。现在东盟开发区的企业，大都是从外面引进的。

1958 年，我们这里叫作武鸣华侨农场，后来成立总场了，才改称团结分场。当时最老的房子都拆完了，我们从白天干到晚上把场部建了起来。武鸣县的老百姓提供了不少建场所需要的东西，如桌子、凳子、水缸、瓦砖等，这些都被用来安置印尼归侨。

印尼归侨刚到这里时，也有极少数人住过猪圈，主要是因为来不及建造安置房，当时政府要我们搞牛栏等，反正什么快就做什么，保证印尼归侨有地方住，有的房子是用泥巴来糊墙的。第一批印尼归侨到这里时，有的不肯下车，闹着要去南宁住，说等我们把房子建好之后他们再过来。后来只好拉他们去南宁住，等这里房子搞好了再拉回来。以前南宁有一个华侨服务社，在南宁市建政路，他们就暂住在那里。

另外，这些归侨在印尼都没做农活，是做生意、做小买卖的。所以他们到了这里之后不会做农活。马来西亚归侨大多是割橡胶的，而印尼归侨在印尼是小商小贩，不会做农活，回到这里后很不适应。我曾带他们去做过工，带他们去割香枫茅。当时去做工才有工资，如果不去就没有。那些年纪大的是愿意去锄草的，反正能有几块钱。但有些年轻的归侨就不习惯干农活，会闹一点情绪，也有人闹着要离开这里，但后来慢慢就习惯了。越南归侨胆子大，印尼归侨没有这么大胆。有两个越南归侨跑到了美国、澳大利亚。

在团结分场场部的小卖部门前，一些上了年纪的归侨正在打牌、聊天。不少归侨及侨眷已迁至南宁华侨投资区、武鸣华侨农场总部所在地——里建定居

我和我爱人有四个儿女，三女一男。原先侨办搞工厂，三个女儿都去柳州的工厂上班，后来有两个女儿结婚后离开了柳州，一个去了南宁，一个去了香港。去香港的这个女儿是结婚迁移去的，她与一个印尼归侨结了婚。大女儿现在还在柳州。最小的儿子，大专毕业后也到柳州工作了。

因为我们全家都回了国，与马来西亚的亲戚也就不怎么通信了。容县老家也不是经常回去，两三年才回一次，一般都是过年过节的时候回去的。那时候，我的钱也很紧张，工资要给父母。父母年纪大，兄弟姐妹又多，他们在农村很困难，要寄钱给他们买生活必需品。

在马来西亚的伯父曾回来看望过我们。他们现在生活也不错了，我爱人的两个伯父是开酒店的，她的爸爸原先也在马来西亚，中华人民共和国成立后也回来了。现在马来西亚还有我们的堂弟、堂妹。我们家族很大，差不多有一个村，一个屋下面有七八个门，出去的人不少。现在算起来，在马来西亚的有三分之一，留在家乡的有三分之一，到中国其他地方工作的有三分之一。

印尼归侨喜欢聚在一起跳印尼舞，有时我们也跟着他们一起跳。我们马来西亚归侨人少，没有人跳马来西亚舞。不过现在很多人搬去里建了，我们也要搬了。第一批搬迁的政策是以房换房，换房的大小是按照人口和现在的住所面积算的。我的房子有 110 平方米，归侨和侨眷可以照顾 20 平方米，两个人一共有 40 平方米，到那里就可以得到 100 平方米。第一批是搬到“华侨城”去了。现在我们这批还不知道要到哪个地方，尚未落实。

我也想搬去里建，我在这里干了几十年也没什么出息，觉得那边热闹一点。这里多数人都愿意去，在这里要种地，但年轻人不愿意种地，而且这里的交通也不方便，要到锣圩才能见到街道和商店。这里的房子便宜，780 元一平方米，但里建的房子就值钱了，现在 3 000 多元一平方米。在里建，买东西方便，交通也方便，还有这里没有的大商场。

梅思就①

我们家从我爷爷那一代移民到越南，到我这一代算是第三代了。我们祖居广西东兴，当时意识里没有太多国界的概念，因为中越之间就只隔着一条小河。我爷爷从东兴到越南去，成家立业后又回到东兴来。我爸爸也是在东兴出生的，如果在世的话，今年就 99 岁了。而我是在越南广宁先安出生的，先安离东兴大概 90 公里。

梅思就小学时期的师生合影

我在越南出生，在越南长大，回国之前一直都在学校读书，从小学、初中再到医专，毕业之后就回国了。当时我基本融入了越南的生活，都是读越南文的书，但早年读小学、初中时还可以读些华文。1965 年，南越轰炸北越，那个时候我们也受到影响，被疏散了。在疏散的这段时间我也在读书。我爸妈都

① 访谈时间：2017 年 8 月 25 日；采访和录音整理：普鹏飞（暨南大学国际关系学院/华侨华人研究院 2016 级硕士研究生）；访谈地点：梅思就家中。

是建筑工人，当时他们能接到的活也不多。我家有七个兄弟姐妹，我是老五，过得很苦，我们吃的主食是大米加番薯、木薯还有其他东西，不光是白米饭，有时候也饿肚子。

1978 年越南当局排华，当时我没有遭受到直接的驱逐，但是整个社会充满了动荡，我们华人就陆陆续续回国了。后来听说有人拿枪、拿棍来驱赶华侨华人，但是当时我们没有看到这种情况，只是感觉整个社会有一种运动的态势。回国之后，东兴有个收容所，当时叫接待所，我们在那住了十天八天，然后国家统一安排我们去农林场，说是按自己的意愿，但是当时回国的人太多了，一来可能也顾及不了每个人的意愿，二来我们确实也不知道该去哪里，所以几乎都是国家安排的。当时接待所的登记簿登记了几页，里面有上千条，写好了哪个人该去哪个农场。农场的人过来接收，我们就跟着坐车去了。我们一家人去了广东英德的英红华侨茶场，是国营的农场。

我们刚到农场的时候，爸妈的年龄都已经比较大了，他们做了一年的农活，就是摘茶、种茶。我因为曾经在越南读过医专，有证件证明，所以我得到了优待，可以到医院里上班，不用做农工。农场很大，比一个县还大，当时我们把总场叫做“师部”，医院也很大，我们医院有 140 个床位，而当时的县人民医院的床位才有 100 个左右。

当时我们的生活水平跟在越南时相差不大，能吃饱，大米比在越南时多，但农场的生活环境总是比城市里的差。我们在越南时住的是县城，刚来到农场时，不会做农活，所以还是有点不适应。还有，刚到农场时，我们跟周围的人也都不认识，因为在越南我们同一个县城的人不是一起回来的，是分批陆陆续续回来的，农场接收人是按照登记簿里的登记的次序接收过去的，大家都分散了。但是在战争中，人的适应能力很强。我觉得我的适应能力也很强，就算在山洞里也能生活下去。

刚安置的时候就有个别人跑出去了，当时叫作“外逃”，就是跑到香港、澳门这两个地方的收容所，以第三国家接收难民的形式去了美洲、欧洲、大洋洲等地。因为人应该都是向往好的生活环境的，而且华侨血液里面可能也有那种漂洋过海的精神。一开始很多人都走了，但这样走是不合法的，国家不允许，我们不想跑到香港、澳门再当一次难民，所以当时走的人都叫“外逃”，但是也不怎么抓，政府有一定干涉，仅仅是拦回来再送回农场，继续过正常的生活。我家里有几个兄弟姐妹都出去了，我是错过了“外逃”的时机，因为那时候我刚好在部队。

1979 年初对越自卫反击战开始的时候我就应征入伍了。因为当时需要越南语翻译，我就在部队里当越南语翻译，六个月之后就退伍了。我属于后勤部门，是广州几个特种大队里的一个，所以没有上过战场。

退伍之后我还是回到医院上班。到了1980年初，就有知青回去原地，叫作“回城”。当时我的心态就受到影响了，总认为这里是农场，想往城市跑。1987年，我就申请调动，最后调到了广西北海华侨医院，还是做医生，因为做其他的我也不懂。我在那里做到了1994年。当时很多单位经济情况不好，开始寻求转型，只允许部分人停薪留职，实际上20世纪90年代初就有这个政策了。当时我是国家干部，但是单位允许自谋职业，于是1994年我就离开医院出来“下海”了。

从单位出来之后，我就去了东兴，并且留了下来。因为我们家跟东兴还有点渊源，所以我就过来自谋职业了。一开始没那么容易，因为我既没有本钱，也没有经商的知识，不懂做买卖。当时最开始是帮人家翻译一些生意上的文件、合同，好的时候一天能挣一两百元。当时懂得越南语很吃香，只要达到能够做笔译的水平，讨生活还是很容易的。我做了几年不固定的翻译，就是接临时翻译的活，没活接的时候就做一些小买卖。一开始我卖人造花，就是室内用的那种塑料花草。我从1994年开始做这些买卖，一直做到2000年左右，这过程中碰到什么生意好做就做什么，但几乎都是日用品生意。塑料花最早是在广州找货，后来慢慢就直接找厂家了，东莞有，南海、鹤山也有，都是广东的，甚至汕头那边我也去过。我们的客户都是越南人，越南人比较会装点自己的生活环境。在越南时我们华侨都有这样一种认识：越南人可以吃得不好但是住的地方一定得干净，环境一定得漂亮；而我们华人主要注重吃。越南人几乎家家户户都喜欢花草，早年我刚过来的时候做这个生意的不多，就那么几家，所以我的生意还挺好的。我没有在越南开店，总觉得在芒街开店还是很被动，因为离开了中国，安全等方面存在顾虑，毕竟我已经离开那里十几年了，中间还经历了战争和国家关系的变化。另外我们总感觉越南的政策，包括外来投资政策多变。当然，也有很多人过去了，但是想再回来就没那么容易了，这就很被动了，所以我一开始就在东兴做生意，没有去越南那边。

我在医院上了十七年班，后来是停薪留职出来的，到2010年时，单位还通知我们回去上班。老实说，在我生意做得最好的时候，我是不想回去的，当时一个季度的收入就等于在医院一两年的工资了，谁还愿意回去？所以我也就没有回去。后来《北海日报》通报说，要在规定时间之内回到单位报到，否则就要被当作自动离职处理。因为这个还涉及我的社保、退休之类的事情，所以大概是2012年或是2013年我就回去了。当我回到单位问起这件事情时，他们回答说因为我当时没有及时响应他们的号召，所以卫生局做了自动离职处理。我问：那就什么都没有了？他们说：是啊，什么都没有了。当时我们也不知道怎么办，我就到东兴的人力资源部门去买了社保。现在再过一个月我就能办退休手续了。当时停薪留职的时候还要交几千块钱给单位，但是我交了三年左右就不用交了。

2013 年的时候，我开始跟儿子一起做红木生意，算是带他一起做吧。生意开头还可以，后来就淡下来了。我们从越南进半成品，然后拉到东兴加工。东兴有很多木材加工厂，大都属于大公司，我们自己是不可能养得起加工厂的，所幸东兴也有很多小型的加工厂，我们就指定给几家加工厂加工。人造花的生意，到现在还有在做，但也兼做其他日用品生意。人造花的客户大多都是老关系了，现在只是简单补一些货，供货方也都是老熟人了。日用品生意的范围很广，电器、装饰品、吊灯甚至鞋底都有涉及。经过几十年的努力，现在我们的生活算是小康了。

现在我在越南没有亲戚了，但是同学、乡亲还有，我跟越南故乡的那些人关系都还挺好的，与他们都还有联系。我们家族先辈的墓地还都在那边，越南开放之后允许两国之间的来往，从 1989 年到现在，我们每年都回越南，主要是清明节那几天。

现在我觉得越南也慢慢发展起来了。我们华侨走了之后，越南没收了很多房屋。我们住的那个县城，整个镇里面 90% 都是华侨，它有个别名叫新街，其实那是我们华侨开拓的，原来那个地方叫老街，很小。1949 年以前有些华侨在越南其他地方做生意，是一些先安人，后来他们在那里买房子、租地，就形成了几条街。我曾看过相片，知道那里很久以前还是泥路。我们住的那个县城也有好几百年的历史了，那里都有我们华侨的记忆啊。但是我们走的时候，房屋是不能卖的，没人跟你买，政策也不允许，何况当时决定回国的时间也很短，没有时间给你卖房屋。我家是一栋临街的两层楼的房子，宽 4 米多，长 40 多米，很长很长。我家在华侨中算是生活过得去的家庭了，但是走的时候只能背着包袱将能拿的东西拿走。在我们走之前不久，越南有个新旧币兑换的政策，借此收去了很多钱。其实我们家里也没有多少钱，因为那时是战争时期嘛，没有哪一家有很多钱。我们华侨走了之后，政府开始卖房。1989 年越南开放之后，我们回去看原来的房屋，已经被别人维修过、住进去了，人家也知道我们是旧房主。因为我们当时有很多人一起回去，所以那些住户也允许我们进房子里去看，但是他们也跟我们说明了，这个房子是他们从政府手中买的，是他们的了，不属于我们了。人嘛，都有点怀旧，很多人一回去都想去看看原先属于自己的房子。

我觉得新街的治安还可以，但是生活水平还是跟东兴差挺大的，假如我们是十的话，他们只能达到二或者三。我越南的故乡虽然也是个县城，但它不是重点开发的地方。芒街在越南应该算是生活水平很高的大城市了。最初回去时，我们还有点担心自卫反击战之后留下的影响，但是回去以后慢慢觉得越南的乡亲好像对那场战争没什么印象，也没人提起它了。

我现在是先安校友会会长，校友会今年刚换届，我做了三届会长，从第一届到第三届。我们是一个以怀旧、团结、互助为主的联谊会，很自由，没有什么束缚。我们三年聚一次会，海内外凡是曾经在华文学校读过书的都可以参加。我们最早是校友会，后来就发展成了校友暨乡亲联谊会，原来住在先安的华侨都可以参加，没什么条件限制，也没什么职责要求，只要你有热情，回来聚会就是了。我们就是吃吃饭，聊聊天，回忆回忆过去，主要是联络感情。2017 年是第四届，我强调必须得换届了，但现在我还是常务副会长，什么事还得我操办。其实也没有多辛苦，我就是觉得长期做会长不合适吧。东兴的环境很适合我们举办活动，政府的政策很支持我们，尽可能给我们创造条件。我们聚会的费用都是自己出的，有多有少，不限额，费用上面完全没有问题。每次举办的时候跟侨办、侨联报告一下聚会的时间、地点，他们会帮我们解决治安问题。另外每年清明时节，很多海内外的华侨都经过东兴到越南故乡去扫墓或者旅游，所以选择东兴作为我们举办活动的地点很适合。

在侨务政策方面，我觉得东兴做得很好了。我们已经不会因为自己是归侨就要求政府给予什么优惠政策了，政府还是有组织地慰问老人、归侨、侨眷困难户。我们刚回到东兴的时候就有单位接待了，当时他们叫接待所，我记得接济物资是一个人一天一斤米、五毛钱，还不错。然后政府安置我们去农场，虽然没有完全遵照我们的意愿，但是安排的时候还是征询了我们的意见，只是我们当时不知道去哪里好。最后我们去的都是有住的、有吃的、有活干的地方，我想都算比较好的安置了。我们一到农场，十八岁以上的都是国家编制里面的职工，不是临时工，这就等于有了安置，有工作做，有饭吃了。我们在农场算是非农户口，不是农业户口，等于城镇户口。更早的时候，小孩每年读书好像还有点慰问品，我不是很记得了。这个优惠政策是很好的了。

我的兄弟姐妹已陆陆续续离开农场了。比如我的大哥，1985 年他就离开了农场，因为防城港先开放，他就过去做了个体户。他们离开农场之后生活都比在农场时要好，生活环境好了，物质也丰富了。他们后来也都买了房子，有了社保，我觉得比在农场好多了。现在我们有机会回农场看一看时，都会觉得农场太苦了，改变不大，还是很落后。不过现在体制已经改革了，那里应该不再是国营农场了，变成地方管理了，比如说当时我们那个总场，现在叫英红镇，属于市管了。

梅思就（左）与采访者（右）在家里合影

至于我怎么看待归侨的身份。我总觉得安置我们的地方是好的，政策是好的。当然，作为归侨，我们有个便利条件就是熟悉越南，懂得越南的语言，当然也熟悉越南的人情世故。我二十一岁离开越南，在离开越南之前的那些同学、乡亲、好朋友与我之间的感情肯定还是存在的，在互信方面肯定会比国内好一点，当然这个也是需要在做生意的时候边做边建立的。真正的感情不一定能在生意场上派上用场，但是起码便利了很多，朋友多了，肯定方便很多。但是，在商业里面仅有这个还是不够的，你一定得熟悉商品的来源才行。总之，我没有因为自己是归侨而觉得比较特殊。

潘自权[1]

一

我爷爷应该是20世纪30年代的时候移民到越南的，到我这一代已经是第三代了。那时候日本侵略中国，爷爷觉得越南那边可能会稳定一点，就跑了过去。当时我们住在防城港，处于中国与越南的边界，跑过去也很方便。

跑过去以后我们居住在越南八者县的一个镇上，属于城镇居民。那时候越南与我们回来时的中国差不多，也是凭票购买物品，有粮票、布票、肉票等。城镇居民和农民在税收上有一点区别：城镇居民交税，农民交农产品，交完以后政府就按人头分配米票、布票等。1978年我回来的时候，布票一般是每人四米，如果是干部就是五米。如果有钱的话，也可以买别人的布票。

我是20世纪50年代出生的。越南1975年才统一，当时的生活是很困难的，因为一直在打仗嘛。按照政府的分配，我们一个月应该拿13公斤米，但因为没有那么多米供应，通常会用其他东西替代，如只拿到5公斤米，剩下的8公斤是木薯之类的杂粮，所以生活还是很困难。大概1974年我去读书的时候，生活很辛苦，根本没有米吃。那时候的人很笨，不像北方人那样把面粉做成馒头、包子之类的，而是直接把面团蒸熟来吃，既难闻又难吃。不过后来大家也会做面条了，我们就把机器抬回来，手工加工，做成面条，这样就好吃一点。

我在越南读完小学、中学后就去读了师范，之后就去教书，教了两年书后才回到中国。我在越南都是用越南文学习的。上小学的时候还是要交学费的，好像一学期2～3越南盾，之后就全部都是政府支付了，自己不用交钱。我读师范的时候政府每个月还补贴17越南盾钱，并且学校包吃住。17越南盾负担当时生活用品之类的已经足够了。我后来出来教书的时候一个月工资是54越南盾钱。我们毕业的时候是由政府安排工作的，比如我家在八者，政府就可能安排我回

---

① 访谈时间：2018年5月26日；采访和录音整理：普鹏飞（暨南大学国际关系学院/华侨华人研究院2016级硕士研究生）；访谈地点：潘自权家中。

八者。

我们当时跟越南人的交流很多，因为我们读的都是越南文。当时越南的华侨都是聚居在一起的，比如这一个村庄里全部都是华侨，另一个村庄里则全部都是越南人。一般来说华侨会聚居在一个地方，像我们所在的八者县，镇上百分之八十的人口都是华侨。当时越南有一个政策，就是将河内、海防、南定这三个地方设为华侨城，这里的华侨是不用去参军的，其他地方的华侨都要去参军。我就不属于华侨了，跟越南人一样，都要参军。

1978 年排华的时候，我弟弟他们先回来，他们四月份回来，我十二月份回来。当时我是不想回来的，我知道中国的生活是很艰难的，因为在越南读书时，我曾经返回过东兴，所以了解中国的情况。但后来不走不行了，因为很多人都走了，剩下很少的人不走也不好了。当时我们走的时候还没有被驱赶，后来打仗以后，听人说有人驱赶华人。1978 年 6 月之后学校放假，我们老师去学习一个月，到 9 月 2 号开学，开学以后我还去教书，基本上教完了一个学期。当时镇上差不多百分之八十的华侨都走了以后我才走的，从峒中那边回国，回到防城的时候，已经是大年三十晚上了。

在回来的路上也有越南兵检查。当时是什么情况呢？我们一帮人，坐三辆中国汽车，他们就吆喝："过去了，过去了，你们快一点！有什么不能拿的不要拿！"他们的态度也不是很强硬，只是劝说：不能拿太多，拿不了那么多之类的。

我当时是从峒中回来的，因为凭祥太远了，听说芒街也封城了，准备打仗了。越南的边防兵朝我们嚷嚷："没有路，不要乱走啊！"我们也知道当时的中越边境地区设了很多陷阱，埋了一些地雷。虽然我能跟越南人交流，但很多华侨是不会说越南话的，特别是农村的，因为他们没有读过书，那些越南边防兵说的话他们听不懂。

二

从峒中过来以后就到了大寺，当时国家安排我们住在招待所，有自己做饭的地方。然后就开始慢慢把我们归侨安置到不同的地方。当时我有家人在柳州武宣华侨农场，我把情况告诉了负责安置的工作人员后就被安置到那里了。现在那里属于来宾市管辖了。

到了农场后，我被安排到生产队，主要是做农田、种甘蔗，一个月的工资有 30.5 元。我当时在农场里感到不适应，因为我十七岁就在越南教书了，教了两年才回来的。当时我觉得回到中国，这辈子就完了，在越南念的全部是越南书，回到中国就没用了。刚到农场的时候，我报名做老师，农场也是这么说："怎么样，你去教书喽?"可是我当时不会说中国话（普通话），怎么教书啊？所以我感觉这辈子要完了！当时很多人"逃港"，但是逃港是要很多钱的，我一个月才30多元，而逃港起码要200元。200元只是上船费，去码头还需要路费，我做一年还攒不到那个钱呀。后来大家凑钱一起去，当时因为钱不够，我就让我弟和我妹先去，自己就留下来了，因为当时我已经结婚了。

他们到香港之后，被困在那里13个月。虽然当时香港接收难民，但他们逃过去之后发现，港英当局认为中国内地实际上已经安置他们了，就又把他们赶回中国内地。不过如果港英当局经过调查，认为你在中国内地没有得到安置，也会安排你去其他国家。现在德国、英国等国的很多华侨就是当时逃港成功的。而没有逃港成功的，就回到中国内地继续发展了。在刚回国的时候，因为有一部分人逃掉了，大家就蜂拥过去。结果因为逃出去的人太多了，所以港英当局就把那些已经被中国内地安置的人又赶回来。逃港的人都很讨厌香港人的，因为那些港英军警很凶，可能难民太多了吧，据说港英军警曾打过他们。反正一谈到港英军警，被遣送回来的人就恨得牙痒痒的。可是香港人也不喜欢他们呀，香港那个地方生活好，香港人当然不希望有人抢占他们的资源了。

20世纪80年代潘自权的全家福

我回来之后就待在农场里，一直到1997年过来东兴，因为当时东兴开放了，中越两边可以做贸易了。我1993年的时候来过一次，住了好几个月，然后又回去了。当时考虑到孩子还小，没办法照顾他们，那时候读书也很麻烦，因为户口在外地，没办法在东兴读书。那时候我弟弟妹妹已经到这里来了，在这里租房子住，去防城买些衣服什么的拿过去卖。早上拿过去，很快就卖完了，赚个两三百块钱。那时候生意很好做的，什么都可以卖。等到1998年，我的家人就都过来东兴了，因为那时候大女儿读完初中，小儿子也小学毕业了。现在我只对一件事感到遗憾，就是大女儿本来是能读高中的，但是我没能让她读。因为那时候过来这里读书要花很多钱，所以她只读完了初中。我是1997年先过来的，因为要打一下基础嘛。当时家里人还是有一些担心的，因为待在农场好歹可以维持生计，可以读书，各方面虽然穷，但是还可以维持下去，可是跑过来这边的话，你什么东西都没有，要租房子，又要找学校读书。

20世纪90年代的时候，农场里很多归侨都出来了，不少人到东兴来，方便到越南那边开摊位做生意。后来农场开始搞土地承包，由于担心在这里找不到生计，以后回去还没有土地了，所以好多人又跑回了农场，参与承包土地。现在他们后悔啊，可是当时他们很怕。我们不怕，觉得出来就出来了，我跟我爱人说：怕什么！我开摩托车出去搭客，挣到几块钱，买两斤米，就有饭吃嘛，饿不死，不怕！

那时候在东兴比较自由，两块钱就可以坐船到越南那边去了。当时就是看越南芒街有什么需求，比如说衣服好卖的话，就去南宁找，然后进货过来卖。当时就借点钱当本钱进货来卖，卖完了就又马上去进货。当时的生意好做，各种零碎的货都有，什么东西好卖就去进货来卖。其实，我一开始也不知道什么生意好做，主要是先看别人做，然后我帮他们进货，比如衣服，他们进不了的我就帮他们进，一件衣服他们给我五毛、八毛的利润。慢慢地我就了解市场了，知道什么东西可以卖，什么生意好做。我们去越南那边跟越南人沟通，什么好卖，该进什么货。总而言之，我来到东兴，一开始是帮人家背货、提货，做了好多年，后来就开始做翻译了，带越南客户去广州、上海那边进货。

我带越南人来中国这边进货，越南人事先就跟我商量：你带我去广州进货，我一天给你多少工钱和费用。商量好了以后我就带他去了。越南人一开始给我八个点的佣金，比如他过来买一万块的东西，我就收八百块。他过来进货的各种费用全部由我承包，包括运输费等，全部都在那八个点里面。现在只有五个点，没有当时那么多了。七八年前，我一年里差不多有六个月都在越南那边，那边有我的客户，我就在他家里吃住。其实我也算是帮他打工，比如说他一年拿上千万的货，给我八个点或者五个点，那就有几十万了。不过，有时候他并没有按照那个百分比给我钱，甚至货款也没有给够，也就是要从厂家赊货。这时我就是担保人，其实这样风险很大，我的好多朋友都因此拿不回来钱，所幸我没有遇到什么事。我们必须相信越南商家，不相信的话生意就很难做，相互信任、有良好关系的商家我们就可以帮他们担保。但据我所知，也有好多人拿不回来钱了，越南的客户一破产他们就跟着完蛋了。如果仓库被火烧了，货也没了，他就只能写一张欠条，等以后慢慢还了。大部分越南人是讲信用的，也有一些骗子，不过中国也有骗子啊，这在中国、越南都是一样的。我有一个在河内的客户，还有二三十万的欠款没有给我，他转给我也好，不转也罢，我都不跟他算了，我跟他有二十年的伙伴关系了，也很相信他。当年我们刚到东兴时，都是两手空空，靠着和他做生意白手起家，现在我们赊一点点钱给他，也就不计较那么多了。

现在有很多越南本地的华人做生意也很厉害。胡志明市就有很多华人，其中有一个郡基本都是华人。排华的时候，北方的华侨基本上都回国了，但是南方的华侨很多回不来，或者有一些去了其他国家的。现在那边本地的华人做生意的也很多，会跟中国这边抢客户。比如说，我本来跟某个河内或者胡志明市的客户已经建立关系三四年了，这个客户给我八个点，而他们就说只拿七个点就行，想从我这里抢夺客户。这些越南华人以前对中国不了解，所以还没那么多生意往来，后来随着对中国的了解不断加深，经常过来中国这边，慢慢地也就熟悉了市场。因为他们在越南认识的人更多，关系更广，人脉更好，做起生意来更有优势。他们也是华人，普通话、粤语都会讲，广东这边的人也认识很多，因为他们在中国这边做了几年，也都很熟悉了，所以他们干起这行来也是风生水起。

我主要是跟越南人做生意，在其他国家都没有客户，因为他们的文字、语言我都不懂。我在越南学的是越南文，当时去到农场就觉得这辈子要完了，可是后来到了东兴后发现学的东西没有白费。所以我现在就经常讲：无论你学到什么，都不是多余的，总有一天你可以用上，并不一定是学了就马上能用到。

潘自权（右）与采访者（左）在潘家合影

以前我们农场里有很多人，现在差不多走了一半了，到东兴、北海，甚至出国的，到什么地方的都有。农场现在人少了，每人能承包到的土地就多一点，而且农场现在有补贴新建了房子，他们的生活都变好了。我们当时回来的人现在基本都退休了，无论是后来出来的还是留在农场的。

现在我很满足了，我两手空空来到东兴，当时有弟弟妹妹们照顾，所以我也不用租房子，先住他们的房子。现在我有房子、车子了，人也退休了。

现在东兴有很多侨团，因为我们都老了，回中国也快四十年了，有时间也有心思办活动、叙旧了。以前做生意很忙，没有时间。我们的八者县同乡联谊会是2012年创办的，第一届有62个人参加，今年是第四届，有200多人参加。现在通信很方便，我们通过微信重新联系上了很多人。我们这个侨团主要是叙旧，以前大家在越南从小玩到大，一起读书，一起长大。回到中国以后，大家在哪里的都有。过了几十年，现在都退休了，于是组建一个平台，给大家创造叙旧的机会。另外，谁有困难，我也会在群里发动大家捐助，以表爱心，钱多的就捐多一点，钱少的就捐少一点。去年有一个老乡的儿子得了非常严重的病，我就在那个微信群发动大家捐款，结果捐了好几万块呢！我们在东兴办了这样的社团，本地的居民都说：我们华侨很团结啊！

邱小兵[①]

我是1950年4月出生的，祖籍广东梅州。家里以前在万隆做小生意，开了家普通的杂货店。我父亲1916年出生，后来跟着爷爷到了印尼。我懂事的时候爷爷已经不在世了，所以不清楚爷爷是出于什么原因到印尼的。母亲大概是抗日战争时期跟着“水客”到的印尼，所谓“水客”就是过去来往于侨居地和侨乡之间运送钱、物或人的一种职业。

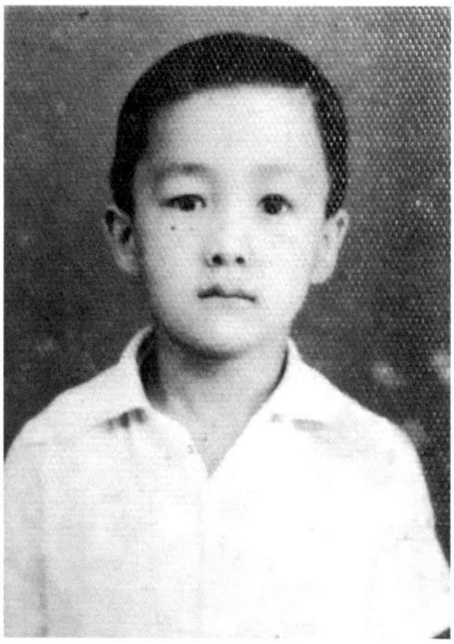

6岁的邱小兵（摄于1956年）

我小时候在万隆一所华文学校——新华小学读书，当地还有一所新华中学。在学校里老师用普通话给我们上课，学的科目和中国的差不多：数学、语文、音乐、体育，上到三四年级就开始学印尼文。我是四年级才开始学印尼文的，可以拼简单一点的词语，有三四个字母合在一起的就拼不了了。一般我们印尼的华侨子弟如果读华文学校就是从四年级开始学印尼文，如果读印尼文学校就是从一年级开始学印尼文。当时印尼的华文学校分成两派：一派是亲国民党的，一派是亲共产党的。我读的那所新华小学是亲共产党的，亲国民党的学校是中华中学、中华小学。我四年级读到一半时就回到中国了，在来宾华侨小学读五年级。在华侨小学上学时，我们不用交学费。后来我在来宾一中读中学，那时要交书本费。

印尼的华文学校都是私人学校，但有的是华社组织支持办的，有华侨总工会、总商会这些组织办的学校，小学、初中、高中都有，但没有大学。排华运动爆发后，印尼就没有华文学校了，下一代华人就不会讲普通话了，我们算是（20世纪60年代）最后一批上过华文学校的。后来我姐姐的孩子不会讲普通话，只会讲英文和印尼文。但比较奇怪的是，现在印尼很多华人虽然不会讲普通话，但还会讲家乡话，讲客家话

① 访谈时间：2020年1月17日、1月19日；采访和录音整理：黎力（暨南大学国际关系学院/华侨华人研究院2018级硕士研究生）；访谈地点：来宾新桥小区。邱小兵系化名。

或者福建话的都很多，出去买东西都可以用家乡话跟他们交流。

我们这些老华侨在那边都是做生意的多，也有少部分在矿区工作的，后者主要居住在村里面。以前我们华侨在印尼一般都是小商小贩，很少做大生意的。打工是养不了这么多孩子的，生意再差都比打工好些。现在就不好说了，以前做工的一个月只有十几二十块钱，做生意起码也有上百块。就当时来说，在印尼的生活比在国内要好些，我在那边都没有穿过破烂的衣服，没有吃过稀饭。但时代在变，三十年河东，三十年河西。

记得小时候，在印尼那边一到中国国庆节时，华侨家家户户的门前都会挂五星红旗。此外，一些大的节假日也会挂五星红旗。我家在飞机场那边的路旁，要是有什么外国元首来了，路两边的房子都要挂旗，华侨会挂中国国旗和印尼国旗两面旗，印尼人只挂印尼国旗。

我们在印尼时也过春节，华侨过春节的时候也和中国一样发红包、走亲戚等。华侨总工会组织一些活动，比如唱歌、跳舞。我哥哥姐姐他们会经常去华侨总工会排练，但具体情况我记不清了，当时我还小，他们没带我去观看。农历正月十五，印尼华侨也会举行舞龙舞狮、抬关公等活动。印尼本身也有新年，还有独立日，每到印尼的节日，我们华侨就放假。印尼人过年要“一个礼拜不吃饭”，指的是有阳光的时候不能吃饭，没有阳光的时候是可以吃的，就是在早上天还没亮的时候吃，或者天黑以后吃，白天不能吃，也不能喝水。这和他们的宗教信仰有关，他们信伊斯兰教。在印尼，信教是自由的，也有的人信佛教或者基督教。我们华侨跟国内一样，会拜神、信关公。

印尼同中国友好时，华人过自己的传统节日印尼政府是不会反对的，但印尼同中国不友好的时候，他们就反对华人过中国的传统节日。印尼刚独立后是苏加诺统治，后来苏哈托推翻了苏加诺，在印尼统治了几十年，排华、封闭华文学校的事是他做的。不过你去过印尼就懂他们为什么会这么做了，这是人家的国土啊，但公路两边的房子、商店都是华人的。他们排华，总的来说就是嫉妒中国人，因为那里的生意、工厂都是华人在做。而且华侨注重节省、积累财富，印尼人又不如华人勤快，做一个礼拜就要休息了。他们是一个礼拜发一次工资，一到礼拜六发完工资他们就不做工了，就在那边喝酒跳舞、跟朋友玩、看电影等。一个礼拜的钱花完了，就去做下个礼拜的工作。华侨和印尼老百姓都是好的，主要是那帮政客煽风点火，挑起印尼当地人排华。

邱小兵大姐、大姐夫在印尼的婚礼照片

1961年印尼排华期间，我10岁，父母带着我们兄弟姐妹一起回来，我家有9个兄弟姐妹，四男五女。当时我们家在市区，没有遭遇到真正的排华。但是，当时我们听说个别华侨家庭被驱赶了便感到有些害怕，就报名回国了。当时只要想回中国就可以报名回来，刚好接侨的船有空位，就给我们了。我们家应该算是主动回来的，当时真正被动回国的并没有多少家。

1961年6月，也就是回国前一天，我上午还去学校上学，下午就被通知要打包东西走了。有几位朋友没有通知就安排走了，后来我再也没有见过他们，也没有他们的消息。打包好东西，第二天早上我们就走了，先是在万隆亲戚家住了一晚，但是东西已经先运走了。我们在印尼的房子等财物就委托印尼的亲戚帮忙处理了。第三天我们就去了雅加达，在雅加达待了两三天就上船了。中国政府派船到印尼接我们，我们坐的是“光华轮”，中国第一艘万吨级邮轮。“光华轮”是用别国的旧船改造的，接我们时是它第一次被使用，第二次就是在印尼排华时用来接侨。“光华轮”是邮轮，里面有许多套间，房间很干净，就像现在的小宾馆，在船上吃的也好，只是船开得慢，中途还要去补给，以前的船不够大，蔬菜保鲜不可能像现在这么久。由于是远洋航行，在船上很多人挺不住吐了，但我没有吐。

回来时，由华侨总工会统一指挥和安排：上哪一条船，在哪里集中，几点钟过去，吃饭问题怎么解决，这些都有人安排。华侨总工会是和中国有联系的。我们回来时用大木箱装行李，大木箱像桌子一样大，又像一个人那么高，自行车、锅头什么的都装了进去，猪肉也带了很多回来，我们把肉风腊起来，吃了一两年，当时舍不得吃，时不时才切一点。

邱小兵大姐一家全家福

船在海上航行了几天后，到广东湛江登陆。我们上岸后，政府就把我们集中在大礼堂、旅社和招待所这些地方。我们在那待了一个礼拜，之后就被送到南宁。我们在南宁停顿了几天，在那等待各个华侨农场来接我们。政府把我们分配到各个华侨农场，有的去百色华侨农场，有的去来宾华侨农场，有的留在南宁，我们一家被分配到了来宾华侨农场。

在印尼时，我们小孩没有身份证明，因为要满十八周岁才有。我们回来登记时，名字、年龄什么的都可以随便改。你报什么他就填什么，根本没有底案，没有出生日期，后来我们国内的身份证信息就按这个来登记。因为当时很混乱，有很多人不会讲中文，就根据印尼语，甚至是福建话的发音报上去了。年龄报的也是大概的，很多家长不记得小孩的年龄，登记的工作人员就用肉眼估计孩子的年龄："嗯，差不多10岁"，就这样填上去了。如果是语言不通的情况就只能靠猜了，所以甚至有的弟弟登记出来比哥哥大四岁。当时如果一个生产队里来了二三十个新人需要登记，就会挑出一位普通话比较好的归侨帮助翻译一下。越南回来的归侨也是这样，哪位会讲粤语的就去翻译一下。我们以前在印尼是没有身份证、户口本的，出门就只有一张证明。

到来宾华侨农场后，我们家被分配在农场三队，后来去了七队。我们住的是牛栏改造成的房子，空间很大，像戏厅一样。当时用木板将它隔出一间一间来，一家一间，我们住的房间只有十来平方米。来宾华侨农场的前身是来宾劳改农场，也叫"孤儿劳改农场"。当年回来时是国家最困难的时期，一个月才发2两花生油，还是发霉的。虽然很苦，但政府已经很照顾我们了，我们对当年政府的安置工作还是挺满意的。像我一样的小孩一餐有3两米饭吃，比我大一点的有4两，饭是在农场饭堂吃的。市场上什么都没有，有钱也没处买。这些我们都可以理解，三年自然灾害，加上苏联逼债，国家当时很困难。

在困难时期，我们的裤脚都是一节一节接的，因为当时没钱买布，一个人只有三尺布。我读书上课是在牛栏改造的教室，到1963年农场才建了小学，是广东建筑队来做的。建了小学后就好一点了，那时候有了煤渣地板，就是用煤渣和石灰混在一起做成的。学校礼堂也是那时建的，那个礼堂用了二三十年。我儿子后来也是在农场小学读小学，初中、高中分别在来宾二中、来宾四中读。后来在中国地质大学本科毕业，现在在广州的网易公司工作了。

刚到农场时，归侨的小孩只要不读书的，基本上都要参加劳动，有些人在印尼读的是印尼文，没有学过中文，回来跟不上，年龄也大了，不好意思跟年龄小的从头学起，就去做工了。我哥他们在南宁读了两年高中，上过初中的都在南宁读，那个学校叫广西华侨补校，在西乡塘，不是正规学校，生活上华侨补校有政策照顾，有补贴，宿舍环境等都比来宾这边的学校好，当时来宾华侨农场的学校是破破烂烂的。

当年爸爸的兄弟姐妹中只有他回国了，其他人都留在了印尼。我的大姐也没有回来，因为她已经在那里工作了。大姐是在中国出生的，后来随父母到了印尼。大姐原来在印尼的华文学校当中文教师，后来印尼政府禁止华文教育，大姐只能回到家里当家庭主妇，大姐夫在当地的中国的银行工作。大姐现在已经 83 岁了，但身体很健康。她的大儿子从美国留学回来后现在在印尼当医生，她的几个儿子都是留学生，至少都是本科生，现在都在印尼工作。我跟他们沟通不是很流畅，因为他们不会讲普通话，只会讲印尼语和英语。

现在我的其他兄弟姐妹都退休了，我大哥在广西华侨补校读完高中后就下乡了，回到我们这个农场。后来出了政策，知识青年可以回城，他就回城到广西华侨补校当老师了，现在他已经八十多岁了。我有三个姐姐，二姐在柳州工作，三姐原来在来宾锌平厂做会计。

我上初中的时候经历了“文化大革命”，但我们侨生没有参加斗争。当时家里很困难，我们只顾着去做工挣钱补贴家用，家里的工资一个月才十多块，我去挑煤每天可以拿两毛五分钱。

邱小兵父母合照（摄于 1976 年）

我开始是在农场做农工，后来开手扶拖拉机、重型拖拉机、推土机什么的。最后发展到手扶拖拉机、重型拖拉机、推土机、机车，我都有驾驶证和修理证。我退休前基本都做这些，开始是开车，后来是修车。我在农场时就开了维修站，后来在来宾还开过汽车修理厂。这些基本都是年轻时自学的，没有人教过。

1995 年邱小兵在来宾华侨农场

百分之九十的归侨在农场里都是当农工的，我母亲在农场当农工，一直做到 67 岁。原来是没有退休政策的，后来有退休政策的时候她已经 67 岁了。现在女性是 55 岁退休，要是没有退休政策的话她还要继续做下去，只要你还能做。当时有的 80 岁都还在做。退休政策是改革开放以后才有的。父亲也一直在农场工作，到我退休的时候还没有公休工龄，农场发不起工资。在搞个体化之前我们的工资是 12 元。农场生产的农产品是无法带来收益的，钱全部是靠侨办拨下来的。只有减亏，没有利润。比如今年是亏 100 万元，明年减亏，亏 80 万元、90 万元，总之从来没有利润。一亩谷种是 30 斤，种出来的谷子才 200 多到 300 斤，怎么会有利润？当年农场主要种稻谷、木薯、红薯，到 20 世纪 80 年代才开始种果树。可以经营个体企业以后，如果你还留在农场那边做工的话，农场也会发一些工资，大概是 150 元。

在农场时，每天的工作时间看工种而定，工种好的话多做一点也可以，工种不好的就只做 8 个小时。有时晚上要加班，但没有加班费。农忙时节，收谷子、打谷子、插秧这些工作是没有加班费的。天气再冷，我们打赤脚，下到水里面拔秧田，一拔就是一天，都是没有补助的啊。我们的收入就靠工资，开始是 15 元一个月，1970 年提到 18 元。我们的父辈更少，开始是 13 元一个月，15 元没领多久，18 元领了 3 年零 8 个月。后来我就调到车队了，在车队工资高一点，最低工资是 30 元零 5 毛。到我退休的时候可以领 42 元，因为我的工资比人家高一级。我们的工资是按月发的，迟到要扣工资，不做工也要扣工资，病假期间工资只有 60%，按天计算。当然，还要看单位怎么样，有些单位迟到也不扣工资，有些单位就扣。那时候单位之间的不同，就像工厂之间的不同一样。

农场早上用烂铁敲钟出工。下班的时候就不用敲了，因为大家都分散在地里干活，有时候隔两三公里，根本听不见。一个生产队差不多有一千亩地，大家干活时不是全部集中在同一个地方，是比较分散的。

2019 年邱小兵参加广西印尼归侨联谊会

我爱人原来当过老师，后来学校老师多了，她就被下放到电子厂做工，后来又下岗没有工作，接着就办内退（内部退养）了。内退是还没有到退休年龄而办理退休手续，其实是内部批准你退休，但社保所还没有同意你退休，等于暂时被下放到二线养着。内退领的工资比退休少一点，等到年龄了就可以退休。当时，有的人是内退，有的人是病退，有的人是下岗，有的人是分流。

政府给归侨每人分配 40 平方米的安置房和 300 元补助，农村也有。我们的地不值钱啊，人家农村的地就值钱。我们华侨农场由自治区管理的时候还可以，现在已经下放给来宾县管了，属于地方管理，没有什么特殊的优惠、照顾了。以前先是中央管理，后来转到自治区管理，再转到柳州地区管理，最后转到来宾管理，一层一层下放。中央管理时当然有特殊优惠，那时我们一天有 4 两米吃，人家农村连 1 两米的补助都没有。现在少数民族学生高考可以加分，我们归侨子女也按少数民族的加分政策加分，去年我朋友的一个孩子考大学也加分了。

来自不同国家的归侨在享受的政策方面基本上是没有什么区别的，有区别的是他们各自组织联合会：印尼归侨组织印尼归侨联合会，印度归侨组织印度归侨联合会。我们的印尼归侨联合会会议在南宁举行，每年举行一次。

2018 年邱小兵夫妇在雅加达姐姐家门前合影

回国后直到 2018 年 7 月我才返回过印尼一次。原来和印尼的亲戚一直用信件联系，在比较困难的时期就一年才联系一次，后来条件好了，也有了电话，就经常联系了。我姐回过三次国，堂姐也回过，最近一次是在三年前。大姐第一次回来是 20 世纪 70 年代末 80 年代初，具体哪一年记不清了。她买了一台 16 寸彩电回来，当时彩电在农场算是很先进的。以前我姐要坐飞机到香港再转机到内地，当时内地还没有航线直达印尼。

邱小兵（右）与采访者（左）合影

回国后，我和当年印尼的朋友就没有联系了，后来回去也找不到他们了，很多地方已经被改造了。小时候我记得印尼人都是穿裙子的，现在回去看他们都穿牛仔裤了。还有我小时候很少有人盖住脑袋的，现在很多了，而且以前只有大人才盖头，现在伊斯兰教家庭的印尼女孩六七岁就开始盖头了。

现在的印尼人很热情、诚实，问路或者让他们找出租车他们都会帮忙，不会骗人。他们很喜欢收小费，一堵车就会有很多人过来要小费，或是帮忙擦玻璃，或是拜两下，或是推销东西，或是给一瓶水。有时他们会帮忙指挥倒车，或是拦住其他车方便你倒车。虽然不是交警，但他们也会用口哨、交通指挥棒帮忙维持秩序。通常我们会给他们一张纸币，收到时他们也不会看面额是多少，直接放进口袋里，多一点少一点无所谓。

苏成耀[①]

一

我在马来西亚出生，半岁后由母亲抱着回到祖籍地福建龙岩，十一岁又跟着母亲和哥哥重新下了南洋。1956 年我只身归国，在广州华侨补校学习了半年多后，被分配到桂林学习和工作了几十年。21 世纪初，因儿女赴美留学并在那边就业与成家了，我和老伴退休后为图天伦之乐又持绿卡移居美国“重新做了几年华侨”。不过，我们的户籍一直在桂林。2018 年，我们终于又回到广西“落叶归根”了。

资料显示，我的家族福建龙岩苏氏最先向海外发展的是清朝乾隆年间（1780 年前后）的十九世族亲。族谱记述龙岩东城较有名望的苏家前辈背井离乡下南洋的时间，则多在 20 世纪初。我的二伯父于 1926 年跟族人去马来亚谋生，数年之后回乡领二伯母时，就把我的父亲与五叔也一起带了出去。当年，从两广到南洋的前辈多数是务农、割橡胶，或者当锡矿工；福建人则多数是做生意的，我的父亲和五叔就分别在乡亲经营的杂货店当伙计。五叔 1936 年回乡后本想在家侍奉父母不走了，不料“七七事变”引发百姓不安，他只好如其记述的那样“为父逐促再渡南洋避祸”，走的时候就将童养媳出身的我母亲带去跟父亲团聚。

1939 年 9 月，我出生在当时属于英国殖民地的马来亚霹雳州永梧的一个华侨店员家庭。次年，在故乡龙岩的祖父因受日本飞机轰炸惊吓病故。母亲为了照料年迈的祖母，毅然带着年仅半岁多的我和比我大 14 个月的哥哥回到了福建老家。不料，1941 年底日本军国主义者发动了太平洋战争，家乡多数侨眷家庭赖以为生的侨汇中断了，而母亲早已跟娘家没有联系，也得不到其他亲友的接济，我们的日子越来越难过。为了尽可能避免家中老小挨饿受冻，母亲在变卖物品之后，先是跟邻居们扛着扁担到山里的煤窑和石灰窑做挑工，然而她

① 本文由马来西亚归侨苏成耀自撰。

体弱力气小，收入微薄，难以度日。一段时间后，她就和五叔母一起去外县制烟厂当卷烟女工。我和哥哥的童年十分困苦，多以红薯、芋头果腹，遇有滴入粗盐水的大米稀粥下肚时，就会连声喊“好吃”，惹得在旁的老人禁不住掉泪。后来听说，在日寇铁蹄的蹂躏下，南洋二伯的商店被抢劫，二伯还被打，受了重伤。不得已之下，由父亲与五叔送他及其家小逃往当时属于海峡殖民地的槟城的一个小乡镇避难。后来，五叔见不得日寇入侵和胡作非为，激愤忧郁过度，患病早逝。二伯和父亲则继续在槟城乡亲的商铺做工谋生，直到第二次世界大战结束之后，才找机会返回霹雳州，分别跟人合伙重开杂货店做生意。

苏成耀（左）幼年时和胞兄（后）、母亲（中）、祖母（右）在老家的合影

祖母过世后，母亲被长期跟父亲分离、独挑生活重担的日子吓怕了，很想快一点重渡南洋实现家庭团聚。然而，尽管哥哥和我都有马来亚的出生证，但是在父亲为我们母子申办入境手续时才发现，我的出生证由于是由接生婆帮忙去警察局登记的，大概因方言口音问题，被误填写为 Soo Sing Kim（按粤语可译为苏成金），跟我在祖国使用的名字不一样，经过一番周折之后我才获准取得当时也隶属于马来亚联合邦的新加坡的入境证。1951 年立夏那天，母亲带着我和哥哥，我们母子三人告别了龙岩，先雇了一辆独轮车拉着行李走路到大埔，再乘小船和坐班车到潮州和汕头。记得在汕头等轮船的时候，还几次遇见台湾来的飞机空袭。大约过了半个月之后，我们才坐上轮船离开汕头，经过多日颠簸，轮船终于停靠在新加坡外海，我们先被驳船送到一个小岛进行三天防疫隔离，没发现问题后才被允许在新加坡正式登岸。

父亲接到阔别十年多的我们母子后，全家人重返马来亚联合邦霹雳州的永梧，一起过了三年团聚的日子。哥哥和我开始在当地的一间华文小学学英文，第二年我们就转去和丰（小镇）的兴中中学读书，哥哥仍读初中，我重读高小。过了两年，由于当地在紧急法令下实施宵禁的影响，父亲与三位同乡合伙经营的食杂商店撑不住四个家庭的生活开支，终于清算收盘了。我只好辍学，跟着父母搬家到靠近威省的一个小地方，租了一间带阁楼的店铺，既作商铺又作居所。我还隔三岔五骑自行车去高渊市买一些日用食杂品回来贩卖，赚点批零差价，补贴家用，以维持生活。可是，当时父母的身体都不好，小店入不敷出，没过几个月就倒闭了。于是，父亲到太平镇伯父的商店做帮工，我则去一个叫作瓜拉古楼的小渔港，在亲戚开的零售兼批发杂货店当学徒。哥哥无心拿初中毕业文凭，也辍了学，他认为在小地方不可能有发展前途，便远去新加坡进了一家乡亲开办的印刷公司做工。我们哥俩均未成年就已步上了独立谋生之路。

那一年我刚 14 岁，每天从早上七点卸下店铺门板起，一直干到晚上九点收拾好摆放在门口的货物并关锁好店铺，冲凉后还要为东家记账。我日复一日跟前来买东西的华人、马来人、印度人顾客打交道，也为居民较集中的椰林山芭小零售商开购货清单，然后用自行车为他们送货上门。尽管每天可以自由支配的时间很少，我还是坚持看报，还陆续读了高尔基的《母亲》《童年》《我的大学》三部曲以及其他苏联作家写的《勇敢》《钢铁是怎样炼成的》等中国出版的书籍。

由于在马来西亚的生活很单调，而且劳累过度，我经常感觉肚子痛（后来在广州人民医院确诊为患有十二指肠溃疡），身体一直不大好。这使我很怀念曾经有过的活跃日子：在福建读小学高年级时，我曾担任学生会主席和少年儿童队的总队长（即少年先锋队的大队长），还参加龙岩县城街头与乡间演出活报剧和参加抗美援朝募捐等不少活动。同时，跟我一起干活的伙计曾参加马来西亚抗日组织，我们很谈得来，或许是受到阅读进步书报和收听中国对海外广播的影响，我逐步认识到人生的价值是什么：个人要为国家的富强，以及为众人的日子过得更好而奋斗，自己的人生才能活得有意义。在印尼万隆召开的第一次亚非会议，周恩来总理代表中华人民共和国发出的庄严洪亮的声音，让东南亚华侨受到很大的鼓舞，我要回祖国参加社会主义建设和为人民服务的心思日益强烈，并形成了不可动摇的决心。至于归国以后的日子怎么过，对于生活和工作等具体问题，当时我真的没有考虑过。

二

经过我多次跟父母谈话和通过书信与哥哥进行思想交流，在哥哥表示愿意全部承担照顾双亲晚年生活的责任，让我安心回“唐山”为国出力之后，双亲终于同意我只身离开他们回国了。于是，我辞掉了在瓜拉古楼的工作，到太平镇新港与父母度过了一段不长的相聚时光。当时母亲在照常管家务、管看仅三岁的小妹的同时，连日为我赶织毛衣的情景，至今还经常涌现在我的脑海里。

1956 年 10 月初苏成耀在新加坡的街头

1956 年 10 月初的一天晚上，我告别了双亲和小妹，从太平镇乘坐火车经吉隆坡中转，次日傍晚到了新加坡。在等候船期的几天里，哥哥除了带我逛街拍照留影外，还参照当时“香客”回“唐山”的经验，忙着陪我去商店买手表、照相机、自行车及缝纫机，以便享受搭轮船限量免税的优惠待遇，然后可以把东西卖给国家的华侨物资收购站，赚点合法的差价，存入银行以备日后使用。在离开新加坡之前，我还按规定去移民厅办理接受问话和申请出境许可证。新加坡移民厅的官员除了依规逐条核对个人的基本情况和询问为什么去中国外，还反复说中国很穷，去“唐山”没有饭吃，要经常吃红薯等，在极力劝阻无效后，即厉声提出警告：离开马来亚去中国，你个人原有的一切身份证件，将全部被收回或作废，以后永远不准重新进入马来亚！我当然将他的话全部置于脑后，不加理会。

1956 年 10 月离开新加坡前苏成耀（右）兄弟俩同逛虎豹别墅

10 月 16 日，哥哥送我到码头，我坐船家手摇的小驳船转登泊于海峡的“福生轮”，只身离开了原来的英属殖民地。

1956 年 10 月下旬准备登上目的地为黄埔港的客货混装小轮船归国

我所乘坐的“福生轮”，是一艘载重仅三千吨的客货混装船。在距香港约300海里时，我们遭遇名为“珍妮”的飓风。巨浪把轮船抛上浪尖，又让它沉下两边为高高浪峰的海壑，险象丛生。船上一百多名乘客和水手，绝大多数被颠簸得反复呕吐，痛苦不堪。然而，我与沙捞越一位中学生（梁君）却照常在船上走动，看见从船底大舱登船面甲板的扶梯上有人在插香求神保佑，还议论一番：迷信是没用的。大风大浪过去之后，船员说：附近有的船在飓风的袭击中沉没了，我们这一船人还算命大，逃脱了厄运。伤痕累累、十分狼狈的“福生轮”不得不在香港维修，停航期间，港英当局不准我们登陆，疲惫不堪的百名乘客只能待在铁壳船内又被困了几天。10月28日，“福生轮”才启航离开香港，于下午缓缓进入距离不远的广东黄埔港。当我们看见高挂五星红旗的中国舰艇正向我们乘坐的轮船驶来的时候，我和同船的十多名沙捞越侨生不约而同地齐立在甲板上，高声唱起早已熟悉的歌曲：“五星红旗迎风飘扬，胜利歌声多么响亮，歌唱我们亲爱的祖国，从今走向繁荣富强……”多人同时热泪盈眶。

三

广东省有关部门人员登船对我们这批归国华侨表示欢迎，然后为我们逐一填写相关登记表。接待我的同志问明我的情况后说：你虽然停学几年了，但年纪不大，还是跟同船回国的侨生一起到华侨补校读书吧！这样，我也就跟着到了位于石牌的广州归国华侨学生中等补习学校接待处报名，经过考试被编进初二（五）班，有幸重新捧起课本，奠定了自己后来继续进修的基础。

之后，在各级学校的学习和工作中，我逐渐形成了辩证唯物主义的世界观与人生观，掌握了相关的文化知识。基于所受的教育和认识到自己的学历浅、没有什么特别本事，在随后几十年里，凡遇到“十字路口”，需要填写“个人志愿”的时候，我多是写上“服从组织分配”，接受派遣，愉快地走上新的征途。因为我认为，只有国家和人民需要的事，组织上才会安排人去做，而且总要有人去做嘛。

20 世纪 50 年代的广州归国华侨学生中等补习学校（广州石牌）

1957 年初二（五）班六个男同学在补校办公楼前的留影，后排右二为苏成耀

1957 年 7 月，通过广州华侨补校的统一考试，我被分配到广西桂林市读初三。8 月中旬，我们华侨补校 100 多名同学集体乘坐火车经衡阳到桂林，是当地有关部门记载中到桂林升学的侨生人数最多的一批。当时，桂林还没有公交车，教育局领导设法借了一辆大车半夜到荒凉冷清的火车站迎接我们。9 月，计划插班初中的 50 多人（其中多数是读初三的）被分配到了桂林一中。学校为了培养优良班集体和良好的学风，决定把原来已经编好的三个初三班打散，从各班抽出 11 名学生与 20 多名归侨同学一起，增设了一个初三新班（原来那三个班也留有少数新老归侨学生）。我被分到新设的初三 34 班。后来，曾任初三 34 班班主任

的蓝校长撰文说："桂林一中的侨生，都是热爱社会主义祖国的侨胞后人。他们热爱祖国、热爱党、热爱学校，入校后都能较快地积极融合到集体的学习生活中，争做德、智、体、美、劳全面发展的好学生。尽管他们来自不同国家，原先所受到的教育和掌握各学科的知识参差不齐，但是他们求知心切，都有勤读奋发、刻苦学习和追求上进的拼搏精神。"

1957 年初二（五）班全体同学在班主任温老师的带领下去校外参观

1958 年初中毕业时，我较早得到了免考报送直升高中的通知，并被安排去了驻地解放军营房参加军训，不料回校后却被改为分配去桂林速师班（附设在桂林民族师范学校内）。更令我想不到的是，据去桂林市人民医院医士班报到的同学说：该处的新生名录中也有我的姓名。这是因为当时国家正处在"大跃进"时期，教育事业也要大发展，几个不同的教育机构都持有那一届符合升校资格的毕业生名单，就从中挑选学生。桂林速师班，也称为桂林师范专科速成班，教育局原定的学制为两年，分成语文、数学两个专科，计划是让入选的学生读两年专设课程后出任初中教师。

开班时我被推选为班长，因学习和劳动的表现较好，后来被选为"五好"

1959 年下半年苏成耀在桂林市四会路小学任教师

20 世纪 60 年代的桂林，苏成耀背后为伏波山、漓江及解放桥

学生、共青团桂林市第五次代表大会的代表，并出席桂林市先进集体、红旗手大会。1959 年夏，教育局突然决定要我们速师班提前毕业，分配到本地的几所小学去，新的教学年度一开始就上岗工作。我被分配到桂林市四会路小学，教语文课兼任四年级一个班的班主任。十周年国庆时，我受邀参加桂林市委和政府举办的庆祝会与宴会，成为桂林市各界庆祝新中国成立十周年大会的观礼嘉宾。我刚当上小学教师不到半年，教育局决定在桂林师范学校开设中学教师培训班（以下简称师训班），组织上又把我调了过去，称为调干生。1960 年初至 7 月，我在师训班理化科学习了半年，其间参加过国务院每日关注的青狮潭水库防洪抢险，被评为先进工作者。中学师训班结束后，我考虑自己的学历浅，立即出任初中教师可能误人子弟，提出还想读书的申请，幸运地获准插入桂林师范专科学校化学科毕业班继续学习。

四

1961 年大专毕业时，我被留在桂林师范专科学校工作。可是刚上班不久，桂林专员公署文教局教学仪器供应站急需干部，我受调过去当管理员。为加强工作的计划性和管理，我跑遍了桂林地区管辖的 40 间中学。当时交通不便，我曾一日步行百里。过了两年，广西壮族自治区教育厅决定建立桂林教学仪器供应分社，将原来由柳州、河池、梧州和桂林等八个地市教育局各自为所辖中小学提供教学仪器与化学实验药品的工作，归集统一由桂林分社负责。我被上级指定为分社的负责人，筹建办公楼及仓库，直接跟用地、设计与建筑部门打交道。我后来还受国家教育部委托，为新设立在桂林的越南学校提供设备四处奔波。我干了五年教学仪器供应工作，其间为了尽快将决定停办的广西师院化学试剂厂仓库的化学试剂处理掉，从拟订分配方案、开单到装箱发运给广西几百所中学，在较长一段时间内日夜忙碌，以致我不到25岁就患上了肺结核病，入住平桂矿务局疗养院治疗了几个月。

1966年6月1日，我正以共青团桂林市委授予的少先队校外辅导员身份，带领着桂林行署大院的一群孩子在西山公园搞活动，突然听见中央人民广播电台播出《我的第一张大字报》。不久，“文化大革命”的浪潮就席卷了全国，也改变了我的生活。尽管我坚持不搞“武斗”，却因曾写过在地区直属机关有一定影响的大字报及曾被推举为一个群众组织的总部领导成员，还有个人无法摆脱的“海外关系”，被列入“内控名单”。

苏成耀参与引进外资创建和经营过的桂林桂湖饭店，该饭店与重建的逍遥楼被桂林市人民政府评定为“桂林市历史建筑”

中共十一届三中全会回顾了中华人民共和国成立以来经济建设的经验教训，国家进入了改革开放新阶段，海外关系被正名为“好东西”和“独特的机遇”。在当地处理“文化大革命”遗留问题的进程中，原来塞在我档案里的有不实之词的材料也清理销毁了，原单位那个"'文革'领导小组"的成员也与不少曾胡作非为者一样受到了应有的处理。1979 年我终于被批准成为中国共产党党员。1984 年我奉调到桂林地区行政公署侨务办公室，全力投入落实侨务政策和引进外资、技术、人才等各项工作，筹建了桂林地区归国华侨与侨眷联合会，先后被任命为桂林地区侨办副主任、主任，被选为桂林地区侨联副主席、主席。1985 年，桂林地区党政领导决定引进外资筹建旅游饭店，我又努力参与其事。为便于与外商合作和协调各方关系，组织上任命我兼桂林桂湖饭店董事，1986 年调任桂林地区旅游公司法人代表，促成了引资超过一千万美元的桂林地区当时最大的中外合资经营项目。1989 年组织上决定将我调离侨务部门的正处级职位，委派到中外合资经营的桂林桂湖饭店担任常务董事兼财务总监、副总经理。我就这样在自己没有意识到的情况下被"推下了海"。同年，我获选为第四届全国归侨侨眷代表大会代表，到北京全国政协礼堂及人民大会堂参加会议。

自 1985 年起至 2009 年，我参与创建并经营桂林桂湖饭店，从引进外资、选址、委托设计与建筑公司和选购酒店设施设备到开始搞基建都参与其中，同时还直接跟外商洽谈管理合同、招聘员工，硬件软件一起抓。饭店投入运营后，除董事会事务外，我主要协助总经理工作并分管财务、工程、保安和员工餐厅等部门，干了 20 多年企业管理工作，于 1995 年取得"高级经济师"职称资格。在我的任期内，桂林桂湖饭店从三星级升格为四星级，曾多次获得桂林市外商投资企业先进单位、世界金钥匙酒店联盟"钻石奖"和"金钥匙优秀品质奖"以及"广西十佳星级饭店"等荣誉称号。后来，因桂湖饭店"主体建筑糅合现代艺术与古典民族风格，与著名的独秀峰、叠彩山、伏波山相映成趣"，桂林市人民政府于 2018 年 4 月 13 日将其评定为"桂林市历史建筑"。在桂林市旅游饭店协会和外商投资企业协会内，我常建言献策，并敢于坚持原则，多次直面主管部门官员，为本企业及行业的合法权益讲话，抵制某些不良作风，被广西壮族自治区外商投资管理办公室聘为广西投资环境监督员和桂林市旅游饭店协会顾问，为桂林旅游事业做了应有的贡献。然而，桂湖饭店创办时自有资金所占比例小，大量资金是靠借贷来的，又受制于金融与经营大环境的变化，所背利息包袱很重。目睹当地同类企业不得不关闭或易主的现状，桂湖饭店董事会为了改善本企业的财务状况，提升持续经营能力，谋求更大的发展，经过为期数年的多次协商，终于跟中国东方资产管理公司所辖的东方酒店集团签署了桂林桂湖饭店改制重组协议。在跟主要伙伴一起完成此项解决企业困境的举措之后，我于 2009 年 5 月正式退休，工龄只差几十天就满五十年，而且是一个再过数月即将进入古稀之年的老人了。

苏成耀（左）代表桂湖饭店在世界金钥匙酒店联盟年会上领奖

回顾归国以后的日子，尽管有时风和日丽，有时疾风骤雨；个人的路途也时见平坦，时遇坎坷，但我的信念与抱负始终没有变：在学校读书时，努力刻苦学习；走上工作岗位后，不论在机关还是企事业单位，坚持干一行爱一行，认真做好本职工作。同时，我还热心参加社会活动，通过社团的桥梁纽带功能，发挥其海内外联谊、引进资金、捐资助学、维护个人与企业的合法权益等作用；也发表过不少关于侨务和旅游等方面的文章。因此，我曾多次被评为广西壮族自治区侨界先进个人、优秀侨务工作者，地、市级先进人物和桂林市优秀社会科学工作者。我也曾被选任为广西壮族自治区侨联常委，广西及桂林旅游学会理事、常务理事，桂林市对外交流协会顾问、桂林华侨华人研究会副理事长、桂林闽籍海外联谊会副理事长等职务。

五

我的女儿和儿子分别于1995年和2000年赴美留学深造，并先后在太平洋彼岸就业与安家。为图天伦之乐，2000年起我和老伴多次到美国探亲及旅游。后来女儿为我们申办了美国绿卡（长期居住证），2011年我们在美国东部的宾夕法尼亚州费城北郊办理了宾州的居民身份证和福利卡、医疗保险黄卡等。隔年，儿子和媳妇从波士顿搬迁到纽约市，我们也入住纽约曼哈顿第七大道的一处公寓。由于美国除联邦宪法与法律外，各个州还有各自的宪法和法律，我们就照章申办纽约州的相应证件。2014 年儿子和媳妇转到旧金山和硅谷工作，因此 2015 年我们又移居美国西海岸加利福尼亚州圣荷西市，再次申办了加利福尼亚州的居住证，以及满 65 岁无收入的持绿卡老人使用的医疗保险白卡（在美国缴够赋税标准者则用红蓝卡）、优待 65 岁以上老人的半价乘车卡，曾享受过美国的部分福利。在三个不同的州居住过后，我们感觉最明显的是各州的税率与老人的福利待遇不一样：买东西或在餐馆、饮食点消费，除了需按价付款外还得支付消费税，加州为 8.75%，美东低约两个百分点。州与州之间的医保范围与个人负担花费也不同。

苏成耀夫妇 2012 年在美国宾夕法尼亚州费城北郊的住宅前

从 2000 年首次到新泽西州算起，至 2018 年 9 月离开夏威夷，我们前后 28 次飞越太平洋上空，在美国本土东西部的多个州居住过。我们平日还乘坐公交车去四处闲逛，也几次进入人们提醒的所谓“烂区”，观察当地“脏乱差”的情况，亲历了美国部分真实情况以及华侨华人的日常生活，得以比一般单纯到大洋彼岸观光旅游者看到更多美国社会的实际情况。我们在美国累计住过五年多。美国公众遵守秩序，遇事不急不躁，绝大多数人较有理性，还有不论在哪个州，其公交车司机照章为乘客耐心服务的敬业举止，这些都是我印象最好和最深刻的地方。可以评说的事很多，短时间内是讲不完的。近一个世纪、特别是第二次世界大战结束后，美国以美元建立的金融帝国经济基础好、军事力量强、科技先进，以及推崇“普世价值”，长期称霸世界，他们（包括 20 世纪 90 年代前后移民到美国的部分华人“精英”）骨子里的那种优越感和伪善，却令人很不舒服。联邦与许多州政府均在实行赤字财政制度，美国的公共债务不断增高，已接近其 GDP 的 11%。因两党轮替执政，选举前后发生朝令夕改的事，真使人啼笑皆非。我们体验过的医保制度，弊病不少，很浪费资源；看病的程序烦琐得很，每次先电话预约，到诊所登记后，由家庭医生初诊后再预约转往专科医院检查或诊疗，而且诊所与专科医院分别在不同的地方，费时、费神且不方便。费城的一家有五六位博士医生的诊所，每次挂号后还需等当值人员去查找纸质医疗档案，再一一查体温、量血压。另外，在美国看病贵得出奇，全美护士协会公布的资料显示，医院的收费为总成本的十倍。2015 年初，我的大孙子刚满两个月，因发烧连夜送往大医院急诊部，当值人员认为患者太小，建议转去儿童专科医院。从星期六凌晨 3 点入院观察起，仅服用少量药水，至星期一上午出院结算，诊疗和住院费总共 15 000 多美元，医保公司承担 5 000 多美元，个人自付部分超过 10 000 美元；此外还收到一张救护车费通知，大医院与专科医院的距离仅 3 英里，2 400 多美元完全由个人负担。

2018 年，我们经过对中美两国各个方面进行多年的比较之后，最终决定离开美国回到了自己深爱的古老又生气勃勃的祖国，自由自在地过着适合自己的惬意生活，颐养天年。

苏成耀 2014 年回望马来西亚霹雳州故地，特意在早先归国经过的铁路桥边留影

六

中国在伟大的中国共产党的领导下，经过近七十年来海内外同胞的努力奋斗，现代化建设取得了举世瞩目的成就，并在中国特色社会主义道路上迈着越来

越快的步伐走向繁荣富强。中国发出的声音在世界上越来越响亮，我们所期待的国家发展、社会进步、人民幸福的愿景正在实现。

归侨、侨眷和海外侨胞的命运始终是跟祖国的兴衰荣辱紧密联系在一起的；赤子的征途，一直伴随着祖国变革的风雨洗礼和历史变迁。我们跨越了几个时代，经历过许多没有预想到的事件，有过欢乐愉快，也有过痛苦郁闷，感受深刻。改革开放的历史变革，进一步打开了往来世界的国门，也打开了赤子们的心扉。

2019年3月华侨补校初二（五）班部分同学在广州聚会，有数位是从香港、深圳专程到穗相聚的，后排右二为苏成耀

将近耄耋之年，回顾自己走过的人生道路，我确信是由于六十多年前自觉重新投身祖国怀抱的抉择改变了自己的命运。即使在“文化大革命”时期，我因被歧视与失去自由曾产生过一些怨气，但始终没有后悔过。我欣赏俗语“车到山前必有路”和陆游的诗句“柳暗花明又一村”，坚持乐观向上、坦诚求实的人生态度，幸运地获得各种“机遇”。后来受惠于祖国的改革开放政策，我得以凭借个人爱好与本来割不断的海外关系以及工作之便，让自己的步履踏上全国大部分省、市、自治区，畅游观赏了祖国的大好河山，还去过不少海外城市与名胜景区，从而了解各地的风土人情，增长了许多见闻，充实了人生的阅历。许多事情和经历是我从未预想，甚至连做梦也梦不到的。

2014 年 6 月苏成耀夫妇到新加坡、马来西亚探亲，两人背后敞着窗户的二楼就是他的出生地点。他说，七十多年过去了，那个地方基本上还是老样子

总之，我觉得自己的人生比起为谋生而背井离乡的上一代好很多很多，也较一直留在外国、六十岁上下就辞世的兄长幸运得多！我比他们健康长寿，老年生活得到国家的有力保障；有一个勤劳、从事教育事业的终身伴侣，家庭和睦快乐；子女学有所成，分别在知名大公司任职，运用所学的知识与技能为社会做贡献。我与老伴虽然属于“空巢”之列，然而子女曾多次从国外回到桂林探望我们，我们也经常利用现代化交通工具的便利前往他们的居住地，与他们团聚、含饴弄孙，照样其乐融融。现在，儿子媳妇一家已经归国，并且进入位于深圳的大型企业工作。从桂林乘坐高铁三个多小时就到深圳了，两地往返很方便，我们的内心就更高兴了。身为一介凡夫俗子，自己没有什么感到悔恨或羞耻的事。进入晚年之后，我时不时还会油然而生出一股自豪之情：自己回国的路走对了！

苏妙英[1]

2019年是中华人民共和国成立70华诞之年，华夏大地欢歌同庆，歌曲《我和我的祖国》《歌唱祖国》成为70华诞庆典活动的主旋律。9月27日，我作为老年大学摄影协会会员和摄影志愿者参加了“广西离退休干部庆祝中华人民共和国成立70周年暨自治区第七届‘多彩金秋’文化活动启动仪式”快闪活动，当我手举五星红旗，和大家一起唱响“我和我的祖国，一刻也不能分割……我的祖国和我，像海和浪花一朵，浪是海的赤子，海是那浪的依托……”“五星红旗迎风飘扬，胜利歌声多么响亮，歌唱我们亲爱的祖国，从今走向繁荣富强……”时，禁不住热泪盈眶，祖国，对于我这个老归侨而言，不仅仅是母亲温暖的怀抱，更是一座随时可以避风、停靠的坚实港湾，是筑梦、圆梦的美好家园。

一、童年的记忆

我们一家原侨居于印度尼西亚，父亲于二十世纪二三十年代在战乱和灾荒中背井离乡，从广东潮汕下南洋，据老一辈（父亲的朋友）说，父亲刚到印尼时，借居在朋友家。最初是在占碑省的尼帕潘让区靠摇小舢板兜售诸如毛巾、拖鞋、糖饼之类的小商品谋生。凭着潮汕人的勤劳和灵活的经商头脑，经过若干年的奋斗积攒，父亲在尼帕潘让小镇上拥有了自己的店铺。那是一间木板房结构的临街店铺，售卖的商品从针线、纽扣到油盐酱醋、糖果饼干、汽水饮料乃至锅碗瓢盆、衣服、布匹等。店铺后面是居家住房，与店铺连通。1953年初我在这里出生，但不幸的是在我刚学走路时，母亲就因难产去世了。父亲既当爹又当妈，细心地照顾着我们兄弟姐妹五人。父亲是潮汕人，家中保留潮汕人的生活习惯，如早餐喜欢吃粥，配上咸鱼和从家乡寄来的菜脯（萝卜干在潮汕称菜脯）。父亲会

① 本文为苏妙英应约于2020年6月撰写的文稿，题目是《赤子初心　筑梦祖国》。苏妙英，女，祖籍广东潮汕，1953年出生于印尼，1960年11月归国。1983年毕业于华侨大学中文系。曾在柳城华侨农场务农及任教；1986年调入自治区侨联工作至2009年4月退休，退休后继续返聘任《八桂侨刊》执行主编至2016年请辞。现为广西华侨历史学会顾问、广西侨乡文化研究中心特约研究员、广西侨联特邀信息员、华侨大学广西校友会秘书长、广西老年大学摄影学会会员、广西老年大学摄影志愿者。

做不少家乡美食，如鱼丸、菜头粿（萝卜糕）等。父亲知道我不喜欢天天早上吃粥，就会变着花样做落汤钱（类似汤团、糯米糍的潮汕小吃）、拔丝芋头、红龟粿等给我们换口味。在家中我排行最小，哥哥姐姐对我这个小妹妹怜爱有加，我就在充满父爱和兄姐之爱的家中度过我那快乐无忧的童年生活。

尼帕潘让位于苏门答腊岛南部城市占碑的东海岸，是个沿出海口的小镇，有一二十户唐人（当地对华侨华人的称呼）人家，仅有一所华侨学校——印华学校，姐姐和二哥在印华学校读小学，大哥则在印尼学校读书。我未到上学年龄，就跟父亲在店里。父亲一人打理店铺的生意，因人缘好，又允许赊账，街坊四邻都喜欢来我们店买东西，碰到印尼土著居民购物时，爸爸只能用夹着潮汕话的蹩脚印尼语和他们对话，只有等大哥放学后到店里帮忙，才有人能自如地用印尼语和当地土著交流。

2006 年 7 月，苏妙英和二姐回到了出生地尼帕潘让。图为尼帕潘让的入口，据老一辈人说，苏妙英父亲当年刚到南洋时，就是在这座桥下边的江河靠摇小舢板兜售小商品谋生的

我们家店铺马路对面是一座用亚答树叶（Atap）盖的类似高脚屋的晒棚，每当捕鱼的船只归来时，爸爸就会带我到晒棚去看有什么鱼，看到有我喜欢吃的鲳鱼就会买回来做给我们吃，有时候看到有鲎这类海洋生物，爸爸就会要来给我养着玩。因我未到上学年龄，不能像哥哥姐姐那样去学校上课，从五六岁始，父亲就要求我每天在描红本上练习写毛笔字。父亲说，不好好读书识字，就会成文盲，什么也看不懂，容易受骗，长大没有出息。他希望我们读书识字、学习中华文化，长大以后能立足社会、有出息。哥哥姐姐放学回来后，也会教我读课文，使得没进过学校的我能识不少字，街坊邻居都夸我聪明，父亲感到很欣慰。

二、踏浪归来

未下南洋前，父亲曾在家乡的私塾读过书。下南洋后，虽客居异邦，但他仍心系故乡，时时关心家乡的局势。尤其中华人民共和国成立后，父亲更是经常收听中国的广播，买《人民日报》华文报纸阅读，关注来自唐山（中国）的信息和印尼的局势。

1959 年末，印尼政府颁布“十号法令”，禁止华侨在印尼县级以下地区经商，各地乡镇封闭华侨学校、华侨商店，驱赶华侨。父亲只好卖掉经营多年的房子和店铺，钉了一个大木箱，把用的、穿的、吃的都装进木箱，带着我们兄弟姐妹搬迁到占碑市。其时，大姐因已出嫁就没随我们搬迁。

初到占碑，父亲得到潮汕同乡郑俊柏的关照，俊柏叔将其在丹戎槟榔空置的房子借给我们一家人住。

在丹戎槟榔居住期间，辍学的大哥不得已出去打工，二姐在家做家务，父亲一直在为申请回唐山的事奔波。

几个月后，父亲接到通知，让我们一家搬到南安公会会所集中，等待祖国派接侨船来。

离开丹戎槟榔，我们一家在南安公会会所住下，我和二哥获得进华小一年级读书的机会，大哥给渔行的老板打工，二姐没机会再进学校，就和父亲一起义务在会馆帮忙做些洗菜、搞卫生等杂事。

南安公会是一栋三层高的楼房，起初只有我们一家人住。几个月后，一批来自占碑各地的难侨四五十人也住进了南安公会，会馆一下热闹起来。

大概过了一个月，我们就接到准备登船归国的消息，大家都忙着收拾行李。记得当时父亲准备了两个皮箱和一个藤条编织的提箱用来装随身衣物与用品，加上原先钉好的大木箱，就是我们此行回国的全部家当。在离开占碑准备回国前，大姐和大姐夫来到占碑为我们送行，我们一家人特地到照相馆照了一张全家福。大概是 1960 年 11 月初，我们占碑的第一批难侨到达巨港侨中接待站，等待祖国的接侨船。

在离开占碑准备回国前，苏妙英一家人一起到相馆拍了一张全家福（后排左起：二姐、大姐、大姐夫、大哥，其时大姐已身怀六甲）

1960 年 11 月，我们一家人和 170 多位来自占碑、邦加、勿里洞、巨港各埠的难侨一起，有幸成为被新中国首次海外大撤侨接回的归难侨群体，我跟随父亲兄姐从巨港码头顺利登上了中国政府租借的“俄罗斯”号苏联客轮，其时轮船甲板上侨友们面朝大海热泪盈眶，高呼“祖国万岁”，高唱《歌唱祖国》《海外孤儿有了娘》，向站在码头上的亲友们挥别，码头上的亲友们也高唱着《社会主义好》等歌曲为我们送行，尽管那时我才七八岁，但那激动人心的歌声、催人泪下的场景至今让我难以忘怀……

这次归国据说经过了七天七夜的海上颠簸才到达广东湛江港口，下了船，我们随即被接到广西南宁，安排在朝阳旅店住下。其时是 1960 年的冬天，我们这批从热带印尼回来的归难侨，穿着短袖衣服和裙子，一到南宁立刻被刺骨的寒风冻得哆嗦，广西接待和安置归国华侨委员会的工作人员了解情况后，立即和领队（当时为了便于管理，各地区的归难侨都有领队）给大家发放卫生衣、卫生裤、棉衣等御寒衣物，开始有一些爱美、追求时尚的归侨青少年觉得棉衣不好看不愿穿，但最后禁不住寒冷乖乖穿上了。初到南宁时，我们住在旅馆里，一切生活起居有人服务，感觉“唐山”很好。其时年幼的我对一切感到新奇。我们在饭厅吃饭，饭厅的饭是用瓦饭盅蒸的，我当时问父亲：“为什么唐山人吃饭用这种瓦陶盅不用碗？为什么我们吃剩的肉和骨头有人捡来吃?”父亲也很疑惑，他说：“报纸上报道，在新中国路不拾遗，夜不闭户。”可为什么有人像乞丐一样捡东西吃？这些疑问直到后来我上学了才得到解答，20 世纪 60 年代初正值国家经历三年自然灾害的经济困难时期，由此可见当时国家和政府对归侨的照顾。

三、初入农场

刚回国的归难侨们并不知道，南宁只是暂时接待之地，回国后每个人都要面临安置问题。

根据国家提出的“集中为主，分散为辅”的安置方针，在南宁住了两个多星期后，在政府与接待安置归国华侨委员会安排下，我们来自占碑、巨港、邦加、勿里洞各埠的第二批印尼归难侨 140 多户六七百人被分配安置到柳城华侨农场第二生产队。

据年长的老归侨回忆，我们是坐烧煤火车来到高田村车站的。下车后由来接我们的大卡车把我们拉到农场二队。华侨农场是在特殊的历史背景下，为了紧急安置我们这些归难侨而建的，所以当大家来到二队时，映入眼帘的是土坯瓦房。房子门前高低不平，还长着茅草，好多房子的窗子还没来得及安装玻璃而临时用纸糊着。整个二队就处在开门见山的偏僻之地。此情此景，让原来以为是安排在南宁住、没有思想准备的归难侨，产生很大的心理落差。

广西作为安置印尼归侨的主要地区，当时建了六个华侨农场，柳城华侨农场便是其中之一。

那时的柳城华侨农场是由国营东泉农场改建的，仅有两个生产队（也分别称为“一村”“二村”），一队（一村）在此之前几个月已安排了从爪哇等地回来的归侨，而我们这批 1960 年底回来的归难侨则安置在二队（二村）。整个二队约有三排十几栋东西纵横、南北朝向的住房，东西两头是两所公厕，另在北面较中心处是一栋兼做礼堂的食堂。住宅区每栋有十套房屋，每套房屋不足四十平方米，隔成前后两间房安排两家人住，没有厨房、没有厕所，按每户人口数安排。我们一家五口人被安排在二排一栋一间不到 20 平方米的土坯屋子里，也没有电灯和自来水。屋里只有一张上下铺架单人床和一张大床，还有一张桌子、一张长条凳。为了妥善保障归难侨的基本生活需求，农场配发了棉被、煤油灯等生活必需品。

左图是苏妙英归国时一家人居住的旧居（摄于2008年）；右图是实施“侨居工程”后，苏妙英大哥利用侨务部门补贴归侨危旧房改造工程的15 000元对旧居进行翻修后的居所

到农场的第一年是归难侨接受锻炼、适应环境的过渡时期，因为无论是劳动方面还是生活习惯方面，归难侨都将经受脱胎换骨般的考验。为了使归难侨尽快地融入和适应农场的生活，在解决了居住问题后，农场就发放锄头、镰刀、扁担、簸箕等生产劳动工具，组织青壮年归侨从事垦荒耕种的生产劳动。大哥和父亲每天早上7点多就出工，到地里种植木薯、红薯、花生、玉米等旱地作物。大哥在侨居国印尼从未种过地，更没拿过锄头，起初很不适应，但仍咬牙坚持了下来，让自己成为自食其力的劳动者，成为当时农场生产建设的强劳动力。

当时国家面临严重的自然灾害和经济困难，不过仍对归难侨实施“适当照顾”政策，竭尽全力妥善保障归难侨的基本生活需求，尤其在食品配给方面对归难侨实行倾斜，优惠供应粮油、肉及糖等其他副食品。参加生产劳动的成年人每月每人口粮定量为30斤，未成年人和没工作的老弱者口粮相对少一些，但每月也有20多斤的定量，另有食用油、砂糖等副食品，每人每月定量也在五两左右。由于大部分的归侨在原侨居国的生活水平相对高于当时国内的水平，且没有从事过重体力劳动，回来以后马上要干劳动强度较大的农活，而每天只能吃食堂定量的饭和没有油水的青菜，饥饿感时时袭来。当时的农场二队没有市场，仅有一间不到20平方米的小商店，商品全是凭票供应。记得那时爸爸带我（因爸爸不会讲普通话，所以带我当翻译）拿着从海外带回来的一罐黄油去二队旁边的高吕村，想和村民兑换一些鸡蛋和蔬菜等，村民不知黄油为何物，不肯换。最后只好用手中仅有的一点零钱买了一些青菜回来。

解决饥饿感和改善生活成为归侨当时急需解决的问题，于是不少归侨在自己的房前屋后搭建猪舍、鸡圈，养猪、养鸡。还在本队通往高吕村之间的空地上开荒种菜和种玉米、芋头、红薯、花生等农作物；父亲和大哥也利用收工后的时间开垦了几分荒地，“潮汕老农”出生的父亲带着大哥精耕细作，在垦荒的自留地种植出的蔬菜、瓜豆和芋头、红薯、花生等长势喜人，自留地不仅解决了家中厨房“菜篮子”问题，还成为我童年时代寻找欢乐的百草园。那时候，归侨通过种养殖副业改善了生活，逐渐过渡，最终适应了农场艰苦的生活与工作环境。

四、长在红旗下

从1960年4月接受安置第一批印尼归侨开始，到后来我们最后一批印尼归侨到达，农场为了让适龄少年儿童及时入学，在第一、第二生产队各设小学一所，分别简称“一小”和“二小”。一小有1～6年级，学生数约200来人；二小仅有1～4年级，学生数约100多人。两校合称“柳城华侨农场完小”。

我就读的二小在二队的西南角，用两栋房子作为1～4年级的教室和老师办公室，五、六年级的学生要到五六公里外的一小走读。二姐读的是五年级，所以每天早晨五六点就要起床准备带去学校的午餐，然后和同学一起步行一个多小时的山路去到学校（一小），无论酷暑寒冬，二姐风雨无阻，从不迟到与旷课，直到1963年毕业，被安排在木薯加工厂工作。

我和二哥就在二小读一年级，1961年“六一”儿童节，我作为首批少先队员光荣地戴上了红领巾。当我唱着中国少年先锋队队歌《我们是共产主义接班人》“我们是共产主义接班人，继承革命先辈的光荣传统，爱祖国，爱人民，鲜艳的红领巾飘扬在前胸……向着胜利勇敢前进”，心中充满对未来的向往。从小学一年级开始，我们每周在家中都按父亲的要求认真临摹描红本写毛笔。三年级后，父亲要求我们要会读报，代笔给家乡亲人写信。在学校课堂上我专心听课、积极回答老师的提问，课后认真完成作业，深得老师们的喜爱。

1963年春，学校卢校长从一小赶过来给我们全体师生传达毛主席关于“向雷锋同志学习”的题词，介绍雷锋同志生前的事迹，号召师生向雷锋学习。在雷锋精神的感召下，我们三、四年级的学生每周六下午利用课外活动时间，组织开展爱国卫生活动，在整个二队进行大扫除，将二队每排每栋之间的通道、房前屋后打扫干净。雷锋成了那个时期我们少年儿童心中的“偶像”，雷锋同志忠于党、忠于祖国坚定的政治立场，刻苦学习、钻研理论的“钉子”精神，助人为乐、做好事不留名以及勤俭节约、艰苦奋斗的优良作风激励着我奋发向上，我严格要求自己“要好好学习，努力向上，争取做毛主席的好学生”，从一年级到六年级整个小学学习的过程中，我的学习成绩一直名列前茅，每学年都被评为“三好学生”和“优秀少先队员”，获得的奖状贴满了家里一面墙壁。

小学时代的我，天真活泼，爱好文体活动，每年农场场办小学举办的体育活动和“六一”儿童节文艺会演，我都获选拔参加：三、四年级的时候参加了踢毽子、跳绳比赛，还获前二、三名的成绩。记得上五年级的时候，二小开设了五年级，我们二小的同学很幸运地可以不用到一小走读了，反而是一小的同学要来二小这里走读上五年级。学生人数增加了，老师人数也跟着增加了，我们的课外活动也活跃起来了。记得为了参加“六一”的演出，老师让我参演小话剧《拾金不昧》，我在剧中扮演一位路边捡到钱包并将其交还失主的少先队员，表演要求穿白上衣、红裤子。因没有红裤子，我很为难，二姐知道后，用自己节省的布票买布帮我缝了一条红裤子，让我顺利地参加了演出。最后节目获得了校领导和老师们的好评。

我所在的小学虽然是农场场办小学，但那时的师资水平还是不错的，大多老师在侨居国有华小任教经历，部分国内分配来的老师也是师范学校毕业的。我印象比较深的有三、四年级的班主任刘振芳老师，回国前他曾是印尼邦加华小的老师，还是邦加华侨会馆侨团主席，他上课风趣，会拉手风琴，还弹得一手好吉他，让我们的课外活动充满乐趣。数学老师李炳光也有华小任教经历，其虽腿脚不便，但他上的算术课很受欢迎。我五、六年级的班主任是郑湘育，他也是早期的归侨，毕业于北京师范学校，20 世纪 60 年代初期来到我们农场小学任教，他一口标准的普通话吸引了同学们上课的兴趣。记得上《金色的鱼钩》这篇课文时，他声情并茂的讲述给班上许多同学留下了深刻的记忆。

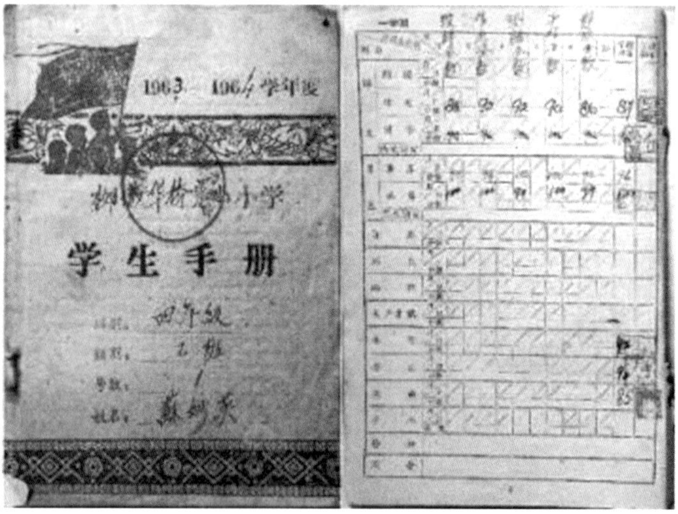

苏妙英四年级时的《学生手册》

在学校和老师的培养下，从一年级起至六年级，我在班里担任过学习委员、文体委员、班长和少先队委、中队长、大队委等，并从这些工作中提升了自己的组织能力和团队精神。

1966 年 7 月我小学毕业，参加柳城县初中统考，我和我们班六个同学被柳城县第五中学——东泉五中录取，未考上的其他同学就在农场的农业中学半工半读。东泉五中创建于 1956 年，是全日制中学，从初一到初三共有七个班，那时除了学校周边村镇的学生外，学校为我们路远的学生都安排了住宿。从农场二队到东泉五中有十来公里的路程，要从村道沿着铁路步行两个多小时。农场二队到东泉五中就读的学生有七八人，每周六下午上完课，大家就相约步行回家，到周日下午四五点便带上晚餐返校，而所带的晚餐经常未到学校就会在途中被打开来分享，品尝各自从家中带来的饭菜，那种开心不亚于现在的郊游野餐。

1969 年 7 月中旬，初中毕业时宣传队合影（后排右一为苏妙英）

东泉五中的师资水平相对比较不错，在那里的三年初中生活，实际真正读书的时间也就一年多。刚到校的那年，学习氛围浓厚，虽然那时外省已初现“文化大革命”动向，但我们学校没有受到多大影响。1967 年停课“闹革命”，不少高年级的同学都徒步去外地串联了，我年纪小，又是女生，父兄不放心我去串联，就让我休学在家，闲暇时间看看书、做做家务，也学习编织毛衣、剪裁缝补衣服等手工活。1968 年底回校复课“闹革命”，上课的内容主要是学习毛主席著作经典篇章“老三篇”：《为人民服务》《纪念白求恩》《愚公移山》。

有时我们会到周边农村参加劳动，与贫下中农一起忆苦思甜。学校还成立了毛泽东思想文艺宣传队，学校领导提名任我为文艺宣传队队长，负责宣传队节目的编导排练和演出，我们白天上课，下午活动课时间排练，周六或周日到周边村庄或工厂演出。农忙时节，我们也要和同学们一起下乡参加为期一周左右的支农劳动。

复课的日子过得很快，转眼到了1969年7月，我们结束了初中三年的学业，毕业了。

五、青春的迷茫

中学毕业后，我和农场的同学成了回场知青，回到各自的生产队参加生产劳动。那个时期，农场已经从两个生产队扩建到五个生产队，外加邻村大队并入共有六个生产队。我自然回到我家所在的第二生产队劳动，其时二队约有三分之一的归侨住户因农场扩建的需要，已迁到新建的三队，二队住房拥挤状况得到了缓解，我家从原来不到20平方米的半套房扩成约40平方米、南北通透的一套房。为解决家庭人口多、住宿拥挤问题，二队领导在我家前面一栋腾出了几间房子作为青年宿舍、文娱活动室和阅览室。我和来自南宁华侨补校、柳城完中的回场知青刘观优姐妹及本队知青菊花、秀蒂合住一间宿舍。我们白天各自参加队里的劳动，晚上才回宿舍休息，一般在睡觉前大家会聊聊天，我和观优更喜欢看书。

二队回场知青、部分插青和本场青年加起来有50多人，被分配在各个生产作业组。“文化大革命”期间，二队改称“第二连队”，简称“二连”，我们宿舍五人都分在二连一排，观优任排长，我任班长。每天早上出工钟声一敲响，各生产组要按班排集中排队，一起朗读一段毛主席语录，跳一段“忠字舞”，之后再去出工。尽管当时环境比较艰苦，但在计划经济时代，和周边农村相比，作为国营农场职工，每月有一份工资，我们似乎也很知足。农场生活单调艰苦，没有什么娱乐活动，但年轻人总会找乐趣。晚上不开会时，爱运动的年轻人就去灯光球场打篮球，或者几个志趣相投的年轻朋友聚在一起，拉手风琴、弹吉他、吹口琴、唱歌；遇上农场放映队来放露天电影，就会早早地从家中扛板凳到生产队灯光球场上占位，然后几个朋友坐在一起开心地看电影，回到宿舍后仍会津津有味地谈论电影的情节。

归侨的命运始终与祖国的命运息息相关，那个时期，什么事都可能发生。记得一天早上，我从宿舍回到家里，发现家里来了四五个人在抄家，其中有一位还是我的小学同学。家中物件被翻得一片狼藉，从海外带回的一本商务印书馆出版的彩印的《世界地图》（这本地图是我从小就喜欢翻阅、非常珍爱的书）被视为“里通外国”的“特嫌”证据被搜走，还有大哥巧手制作给我的木质笔盒等物件也一起被搜走，年迈的父亲坐在床边叹气，用潮汕话自语：“这是为什么？”追崇孙中山“华侨乃革命之母”之说，怀着满腔热情回国的父亲，面对眼前这一幕是多么地困惑和不理解！在那个年代那种情景下，我心里明白，我连只能“敢怒不敢言”的资格都没有，只能眼睁睁任其乱翻，那时在四队工作的二姐夫也被扣上“特嫌分子”的帽子在牛棚劳动。从 1968 年到 70 年代初，看到我的大哥、姐夫，我的老师刘振芳、郑湘育、陈汉权，北京“插青”尤志成（其父是著名爱国侨领、全国侨联副主席尤扬祖）、陈青山等一批热爱祖国的归侨被扣上“里通外国”特嫌、反革命分子、坏分子等帽子，被批斗，被监督劳动，正值青春年华的我心中有说不出的迷茫、困惑和苦闷，但仍默默地相信“祖国母亲一定不知道她的孩子被人错怪”，相信“历史会证明一切”。抱着这种信念，我全身心投入生产劳动，白天和大家一起到地里收玉米、花生，或到大田给茶树挖沟施肥、杀虫，或上山割“鲁基”（芒萁）、扦插育茶苗，或大战“红五月”抢摘茶叶；晚上在灯光球场加班切木薯片或红薯藤等（切木薯片和红薯藤，晒干做猪和牛的饲料），大清早还要起来参加民兵跑步训练一小时，再回家吃早餐、出工。那时的我似乎不懂累，又或许是累可以让我忘记心中的困惑与苦闷吧。

那时二队有个归侨青年病了，需要输血，我们队里几个青年人立即报名献血。我和智丹、黄生与患者血型相符，但县医院认为我不满 18 岁，不符合献血条件，不让我参加献血。后来在我的坚持下，医院才允许我献血，但不得超过 200 毫升。那时的我们应该算是最早的无偿献血志愿者之一了。献完血，我们三人立即从县城搭车赶回农场，时值夏季抢摘茶叶的农忙时节，种茶人深知：长势喜人的茶芽如不及时采摘，开叶了等级就会变次。所以，当车子一驶进茶园路段，我们就要求下车，奔赴各自班组负责的茶地，加入采茶队伍。

没满 18 岁的我，在亲人遭受不白之冤的处境下，没有一句怨言，苦活、累活带头干，甚至晕倒在工地也不回家休息，汗水和行动证明了我对祖国、对党的忠心与热爱，我得到了领导的认可和大家的赞扬，团组织主动找我入团，团支书观优做我的入团介绍人，在“五四”青年节到来之际，我光荣地成为共青团组织的一员。1973 年，我被推荐参加高校入学考试，我和刘观优、侯一兵、李永福等很幸运地分别被柳州地区师专（现广西科技师范学院，下文简称地师）、广西医学院（现广西医科大学）、桂林医专（桂林医学院）、广西师范学院（现广西师范大学）录取，成为当时的工农兵学员，开启了读书学习的新征程。

六、学海筑梦

告别茶园，进入校园，我重新开启读书学习征程。当时能被推荐上大学的98%的学员都是根正苗红的贫下中农、工人阶级子女。我庆幸有“海外关系”的自己能获得这样的学习机会，所以我告诫自己，进学校读书是我一直以来的梦想，千万要珍惜这来之不易的机会。从中学毕业后，我经历了四年的工作再回到学校读书，刚开始上课时，一节课45分钟里，我的思想时不时会溜号，不能完全集中精神地听老师讲课。有一次上课，老师向我提问相关的历史问题，思想正在开小差的我一时不知所措，老师看出我的窘态，并没有批评和责怪，而是就所提到的相关问题继续讲解下去。我内心非常自责，暗中发誓，从今往后，上课绝不允许思想溜号或打瞌睡，并买了清凉油用来涂搽提神，警醒自己。

柳州地师73级的柳城学员合影（前排左一为苏妙英）

地师是培养中学教师的学校，我们73级中文班的同学共有38人，都是经柳州地区各县推荐考试选拔入校的工农兵学员。在学习上，大多数同学都有较高的热情，只是后来受“白卷英雄”影响，个别同学在学习认识上出现了偏差，不去上课不读书，考试时当着监考老师的面翻书抄答案。当时“读书无用论”思潮影响了学校的教学秩序，一些关心我的老师告诫说：“小苏，别随波逐流，掌握知识是将来国家发展的需要。”其中，赵老师允许我到他的宿舍兼书室那里阅读他的藏书，乐老师、赖老师如兄姐般地给予我关心。我深知，我们班的同学都是根正苗红的“红五类”子女，唯独我一人有在当时比较敏感的“海外关系”，因此我要求自己要“敏于事，慎于言”，把握机会好好看书学习，否则不学无术，将来走上讲台就会误人子弟。

1975 年上半年是我在学校的最后一个学期，我们班被分成几个实习教学组，分别安排到象州、武宣、融安、柳江、来宾等县进行教学实习与接受贫下中农再教育。

在象州的两周时间里，通过与贫下中农“三同”和到中学教学，我顺利地完成了毕业实习任务，实习期间写的调查报告也深得老师好评，并代表该教学实习组在学校总结会上作汇报。

根据“哪来哪去”的原则，毕业后我返回农场，被安排在农场中学任教。

1976 年是我国历史上极不平凡一年，周恩来、朱德、毛泽东三位党和国家主要领导人相继逝世，河北唐山发生 7 级以上大地震，“四人帮”被粉碎。这一年也是我刻骨铭心的一年，1 月 15 日，在追悼周总理的低沉哀乐声中，积劳成疾的父亲带着太多的未解永远地离开了我们，我沉浸在极度悲伤中，不知自己是怎么度过的……父亲平凡的一生给我留下了仁爱、善良和勤劳的养分，滋润着我的成长，让我在以后的人生中，学会如何做人和做事。

1977 年末，国家恢复高考，让在迷茫中求索的青年霎时看到了希望和曙光，我仅复习一个月就匆匆上阵，放榜时虽然我和本校的两位男老师都入围分数线，但或许是填报志愿时没把握好，最后我们都没收到录取通知书。俗话说，机会是留给有准备的人的，20 世纪 80 年代初我终于有幸跨入高校门槛，成为华侨大学中文专业学生。

华侨大学中文班是恢复高考后为提高华侨农林场中学师资水平特别开设的，同学中不少是来自教学一线的教学骨干，部分同学接受过高校的函授课教学，文化底子扎实，水平已相当高（不亚于本科毕业水平）。同学们非常珍惜进入大学再深造的机会，尊师重道，班上的学习氛围特别好。大家如饥似渴地看书学习，我更不敢懈怠，每天不是在教室就是在图书馆，除了读完老师要求阅读的书目，自己还有选择地扩大阅读面，晚饭后和同学散步也要拿一本书，背诵其中经典的篇章或诗文。

华侨大学中文班的女同学在校园的合影（后排左一为苏妙英）

也许是因为我学习不错，又是归侨，老师对我很关照。班主任陈法今老师如兄长般和蔼，和我们探讨研究现代汉语语法、修辞等学术问题；文学概论的李应瞻老师也是归侨，课余时间会跟我聊归侨和华侨华人的话题；古典文学的庄中度老师的太太戴玉明老师也是印尼归侨，庄老师夫妇在学习上指导我，生活上关心我，每到节假日或周末，都会叫我去家里吃海鲜，待我如亲人，也热情接待与我同去的同学。

在华侨大学读书学习的日子里，我最大的感受是：收获了知识，开阔了眼界；恩师来指导，水平速提高；同窗情谊浓，互学蔚成风。

七、为人师表

记得1973年我赴地师入学前，姐夫对我说："你个子小还报考师范，你不怕以后会被学生欺负？"我说："招生的高校只有医学院和师范，没有别的选择，只要有书读，我就先读了再说。"师专毕业后，我就直接被安排到农场中学初二班教语文、当班主任，另兼教其他班的历史、地理课。一次周末劳动课上，我正带着学生在茶园采茶，校长跑来茶园找我说："高二班的温伟庆老师已获批出港定居，你下周一就到高二上课，接替温老师的工作。"看见我还在犹豫，校长又说："你是科班出身，年轻有为，你不行谁行？"就这样，一个刚毕业才任教一个多月的新老师，一下就被推到高中毕业班任课兼当班主任，看班上学生花名册上填写的出生日期大多在1957—1959年，还有个别是1955年、1956年的，想想自己比他们长不了几岁，且个子比他们都小，心中立马感到沉甸甸的压力。好友观优、日炎知道后，鼓励我要自信。为了上好第一堂课，我做了充分的备课准备，最终课堂氛围达到了预期的效果，我也获得了同学们的尊重，也许是因为同是年轻人，很快我就成了同学们可以交心的朋友。那时高考尚未恢复，学生们学习热情不高，学校也没有把文化课作为重点来抓，而是顺应开门办学的潮流，让我们老师带着毕业班的学生下乡干农活，接受贫下中农再教育，到山上伐木、下塘挑泥做泥砖、抬木头搭建校舍，同学们没上几天课就毕业了。

送走毕业班同学后，卢校长同意我回到初中任课带班，但他希望我能从初中带到高中。那时学校的青年老师还不多，我自然成了因“能者多劳”而兼职最多的老师，除了上语文课、任班主任带班、任语文教研组组长，还是学校的团支书和小学的总辅导员，此外还要兼上其他班的历史、地理课，管学校广播室、药箱等杂事。有老师说，苏老师好讲话，什么都推给她做。我心里想，自己年轻，单身没负担，多做些就当自我锻炼吧。恢复高考后，我把主要精力放在教学上，认真备好课，精心设计教案，注重启发学生思维和学习积极性，让学生学习有目标、有动力。

1978 年，农场接收安置了大批来自越南的归难侨，部分归侨感觉农场生活与所追求的有落差，于是把农场当作移民第三国的中转站。一时“出国风”“偷渡潮”在农场蔓延并波及学校，我所带的初中班已毕业升高中，不少同学也受到了影响，无心学习，离开农场成了不少学生和老师的选择。时任校长的梁涛喜老师了解到我的彷徨纠结，推心置腹地与我谈心，坚定了我留守学校、安心教学的信念。我意识到，自己是老师，不仅要关心学生的学习，还应该成为他们的知心大姐。于是，我到学生家中家访，和林全茂、农文武、李永福等科任老师一起跟学生谈心，了解其所思所想，关心他们的成长。同时，我用自己的工资收入订阅和购买关于语文教学的报刊与书籍，钻研教材和研究恢复高考以来历年的语文试卷，自己刻蜡版油印练习题发给学生练习，力求通过题型及写作训练，达到举一反三、触类旁通的效果，并且利用课外时间和主要的科任老师一起给学生补课，那时的加班补课纯粹是老师们无任何酬劳和加班费的义务劳动，为的是强化学生的记忆，巩固所学的知识，为高考冲刺。

到高考那天，我亲自带班上学生到考场，并在考场外等学生考完出场。记得学生们考完一出考场，就围着我，兴奋地拉着我的手说：“老师，画蛋！画蛋！”原来，这次高考作文题要求根据达·芬奇“画蛋”的故事写读后感，而高考复习时我曾给学生讲过这则故事及其所揭示的哲理，激励学生要刻苦努力。这次高考全班 25 位学生参加考试，被高校录取的有 2 名，被中专录取的有 1 名，录取率达 12%，实现了农场中学应届毕业生高考录取零的突破，为学校带来了荣誉。此后，农场好多干部和老师都希望把子女安排在我任教的班级。

1977 年 6 月 30 日柳桥中学第四届高中毕业生的团员与校园支部的老师及校长在校园合影（前排左一为苏妙英）

那个时期，为了充实中学教师队伍，农场从广西师院、玉林师专招聘新老师来校。每当有新老师到学校，林全茂校长就会对他们说，别看苏老师个子小，她可是上课课堂纪律最好的老师，在学生中有较高的威望。也许是因为我任劳任怨工作、认认真真教学、踏踏实实做事，不去争名夺利，所以在讨论提薪名额时，全体老师评议通过，把仅有的 2% 的提薪名额分给了我。但最后我把名额让给了另一位有家庭且自诉有困难的老师。老校长曾找我谈心，希望我向党组织靠拢，以便培养提拔我。我表示：只想去读书深造，其他的暂不考虑。后来通过考试，我获得了到华侨大学学习深造的机会。

20 世纪 70 年代末至 80 年代中期，我们国家正处于经济和社会的转型时期，改革开放的春风给边远的农场带来了暖流，政策上允许归侨申请到港澳地区及国外投靠直系亲属定居，农场学校部分归侨老师选择了“再移民”，离开农场到港澳地区或欧美国家定居；部分知青身份的老师也得以“回城”。在这种情况下，外地的朋友、同学来信、来电劝说我：外面的平台更适合发展。国外的朋友给我寄来“University of London General Certificate of Education Examination（伦敦大学教育考试通用证书）”，广西华侨学校给农场发来借调函，我原先的母校柳州地师也在为我商调，但农场某领导表示不同意调走我，要我留在农场中学继续高中部的教学。1985 年，学校推荐我代表东泉学区到县里参加青年教师教学评比。尽管面对着前辈评委和陌生的学生（县完中的学生），但我没有怯场，课堂上与县完中的学生积极互动，气氛活跃，较好地完成了指定课文的教学，得到了评委的一致好评。此后回到学校不久，即有周边学校来联系要听我的课，时任校长李永福老师对我说：“苏老师，你要有思想准备，已有好几个学校来联系要听你的课。”那时虽因外调的事被农场卡住，思想上有些情绪，但我对教学工作却丝毫不敢懈怠。

能在一起共事也是一种缘分，所以同事有事找我调课时，我都会二话不说，尽量满足；有家庭的老师出差时，我就会去当几天临时保姆，帮其照顾小孩；老师们有什么好吃的也不忘与我分享。我在农场学校任教近十年时间，其间从不请假和缺课，得到了领导和同事们的肯定和好评，多次被评为先进工作者、优秀共青团员。

八、为侨服务

1986 年寒假后，广西壮族自治区侨联领导让我到南宁面谈，而后通过劳动厅给农场发了调令。4 月份收到调动通知后，学校领导表示：一时找不到老师接替我的工作。于是延缓到 7 月，即学期结束后，农场才派车送我到南宁的自治区侨联报到。由于侨联机关干部宿舍是由自治区机关事务局安排的，需要通过申请才能分配住房。为此，侨联办公室的印尼归侨吴中英和越南归侨陈文昌联系华侨服装厂借用职工宿舍，为我安排临时住处，帮我搬行李并安置妥当，如兄长般地关心我这个初来乍到的小妹妹。自治区侨联虽为自治区党委和自治区人民政府联系归侨、侨眷和海外侨胞的桥梁和纽带的全区性人民团体，机关人员却是全广西行政机关编制人数最少的厅级机构，包括我在内只有十人，除司机是本地人外，其他九人是印尼、越南、泰国、缅甸的归侨。侨联这个人民团体让我们走到一起，为侨胞服务。刚到侨联，我就参与了广西壮族自治区第四次归国华侨代表大会筹备工作的相关事务。

1989 年 12 月 22 日至 24 日，广西第四次归国华侨代表大会在南宁召开，苏妙英被抽调到会务组工作。图为会务组组长、自治区侨办秘书处处长、印尼归侨刘健（左五）与会务组的同事们

我被安排在办公室参与筹备侨代会文件材料稿的拟写、校对、油印及送审，将拟写好的会议材料送到在政协大楼办公的黄独峰主席审阅，或跑印刷厂送印，无条件地服从领导安排。

到侨联不久，有关人员做报表时就我级别一栏怎么填询问办公室负责人，负责人说“暂定办事员吧”。没想到没过几个月，侨办人事处（当时侨联和侨办是一个党组，机关党务、人事等归侨办党组管）根据套改政策规定“大学毕业，工龄满十年”，把我的职务级别定为主任科员。在别人眼中我很幸运，但他们并不了解我内心的压力，我做的是文秘工作，负责公文办理、草拟，宣传报道稿件的拟写与会刊《侨讯》编辑工作，此外还兼管奖学金基金会及广西华侨历史学会等一些日常事务。为尽快适应从学校到机关，从教书到办文，从作文教学到公文拟写的角色转变，我只有奋力钻研业务提高自己，办公室主任黄振灵给予了我指导，让我学到不少东西。

在没有计算机的20世纪80年代，党政机关一般设有专职打字员来处理文件、文稿的打字与油印，自治区侨联由于人员少，没有专职打字员，公文稿一般由同事陈金云用办公室的老式中文铅字打字机一个字一个字地敲打，急办的文就拿到外面店铺打印。为了减轻同事的负担、节省办公经费，我抽空向陈金云学习打字。中文铅字打字机是由滚筒、铅字盘、机头三个部分组成，打字机上方是卷放蜡纸的滚筒，下方是码铅字的金属托盘，字盘上的常用字有2 000多个，反着放（即像印章一样的反面体字），操作时一手拉卷放蜡纸的滚筒，一手握捡铅字的手柄，一个字一个字地敲打，而打字速度的快慢则由操作者眼睛和双手的灵敏度和其对铅字盘中汉字位置的记忆来决定。那时侨联的公文和《侨讯》都靠这台打字机打出来的，打好蜡纸后，还要将蜡纸贴在手推油印机的纱框上，底板上放上一叠白纸，将油墨调抹均匀涂滚筒上，用手握着滚筒用力按压推滚，推一次印一张，办公室负责人老彭不忍心看我们劳累，常常撸起袖子来帮我们油印。

广西侨联会刊《侨讯》是一本16开本的油印刊物（内刊），创办于1979年，21世纪后更名《侨联简报》。主要内容是宣传党的侨务方针政策，报道侨务部门、归侨安置单位、农林场等落实侨务政策的情况，传递涉侨的咨讯和信息等，最初几年不定期出版，每期油印约二百本发送给自治区党委、政府相关领导和部门，寄发给各省（区）侨联、广西各地市侨务部门和单位、安置归侨的农林场等基层单位。《侨讯》还以内参形式向上级党委、政府部门反映在落实侨务政策方面遇到的问题、归侨侨眷一些历史遗留问题等。作为侨务干部，我提醒自己要关注侨界热点问题，坚持为侨服务。20世纪90年代初期，归难侨安置点与周边农村的土地纠纷是当时侨务工作难点。为依法维护归侨利益，办公室主任黄振灵指派我和自治区农垦局侨联主席林树德一起下到农垦系统的良圻农场安置点，就难侨安置点与周边农村的土地纠纷问题到田间地头进行调研。良圻农场安置的是20世纪70年代末因越南排华回来的归侨，归侨们反映：他们在农场地界上刚种下不久的甘蔗苗被周边村民拔掉，种上其他农作物。村民认为“你们华侨没有带土地回来”，抢了他们祖祖辈辈赖以生存的土地。归侨职工对此无可奈何。从良圻农场回来后，我即以第一手材料写了题为《耕地被占，村民侵扰，难侨居而不安》的内参反映到自治区党委、政府、人大、政协等上级有关部门，引起有关部门的重视，及时解决了良圻难侨安置点与周边农村的土地纠纷问题。接着我又找了有关部门与单位了解情况，收集全区华侨农林场与周边农村土地纠纷材料，撰写编发了《土地纠纷、侵侨权益何时了?》等内参文章为广西内参、新华内参采用，引起了有关单位的重视，敦促部分问题得以解决。同时为致公党广西区委会主委杨兆璇的政协提案提供有关华侨农场的材料（致公党广西区委会为此获提案奖）。那几年，我被《华侨商报》《广西侨报》《故乡》等报刊聘为特约记者、特约通讯员。1995年被广西统战工作理论研究会吸收为理事。

广西华侨历史学会成立于1986年12月16日，第二年创办会刊，取名为《八桂侨史》，1991年经新闻出版署批准更名为《八桂侨刊》。华侨历史学会主管部门是广西侨办、挂靠侨联，办公室设在侨联。初建时的学会与杂志社，既没有编制，也没有经费，更没有专职工作人员，可谓举步维艰，一般决策性大事由学会理事长、秘书长或杂志社社长、主编决定，日常琐事就由我跑腿处理。广西华侨历史学会副秘书长、侨眷臧慕莲老师，毕业于北京大学，是1949年参加中国人民解放军南下的干部，她原是自治区教委广西高等学院图书情报工作委员会的秘书长，了解到侨史学会和《八桂侨史》杂志社的困难，离休后主动要求到侨史学会帮忙，并明确表示不要报酬。1989年春节过后，臧老师如期来到侨史学会上班，和我在一个办公室，每天上班朝夕相处，我们成了忘年之交。臧老师见我一个人单位、家庭两头忙，就与办公室副主任邢诒琼商量，通过邢副主任的积极协调，解决了我夫妻分居两地的问题，让我有更多的精力做好工作。在做好侨联本职工作之余，我主动协助《八桂侨史》的发行和编辑、校对工作，经常在下班回家做完家务事，等孩子睡后，进行《八桂侨史》文稿的编辑、校对工作。为了做好华侨华人研究资料的收集，我虚心向臧老师学习图书资料分类编号及建册知识，在我们的努力下，很快把侨史学会的资料室建立起来了。我们还积极建立与各地研究机构、图书馆的联系，争取主管单位支持资金购置专业书刊，为华侨华人研究工作搭建了信息平台。和臧老师一起工作十年，我从她身上，感受到了敬业、高效的工作作风与淡泊名利的高尚品德，在她的影响下，1991年我申请加入中国共产党，1992年正式成为中共党员。

20世纪90年代中期，通过参加自治区政府举办的公务员计算机的培训学习，我和同事陈金云成了单位首批用电脑进行办公的人员。侨史学会换届后，我被推举到学会副秘书长和《八桂侨史》副主编岗位上，1998 年 8 月，我参加了由广西新闻出版局举办的“广西第二期社科类期刊主编岗位培训班”，通过“期刊出版法律法规”“著作权法”等科目的闭卷考试和“期刊的总体策划”等七个科目的考察以及论文撰写，顺利考取《岗位培训合格证书》。主编赵和曼老师鼓励我，希望我能往学术方面发展。然而在侨联机关，因管机要和档案的老同志退休了，领导把我调至机要保密岗位，让我做文秘工作，我的工作量一下增大了。据自治区党委、政府办公厅要求，机要和档案管理要计算机网络化，逐步实现无纸化办公。20 世纪 90 年代末期至 2002 年我先后参加了自治区政府办公厅开办的计算机及网络、全区政府系统公文无纸化传输等培训班，学习并掌握计算机和涉密网络知识。2002 年，我结合自己的工作实际，撰写了调研论文《加入 WTO 后保密工作的几点思考》，被推荐参加全区“入世与保密工作”调研论文评选，获得优秀奖，受到自治区国家保密局的通报表扬。在单位里我制定了有关档案文件与保密工作、计算机管理等项规章制度，加强对国家秘密载体和涉密计算机的管理，还抽时间编印《保密工作简报》，以增强大家的保密意识。2004 年国家保密局的领导到广西检查工作时，高度赞扬我编印的《保密工作简报》图文并茂、短小精悍、内容丰富，编得好，并向自治区保密局袁吉康局长要了该期简报带回北京。

进入 21 世纪后，我的工作调整为：负责机要、保密兼宣传工作，处理《广西侨讯》编辑及档案、妇女、老干、计生工作，接替臧老师兼管侨史学会和《八桂侨刊》一些日常事务。机要保密是一项特殊岗位，工作具体、烦琐且责任重大，尤其机要文书工作，收文、办文需要及时办结，遇到急件时，哪怕是节假日都要及时送阅和办理。那时工作繁忙还要兼顾家庭，加班加点是常事，我也都任劳任怨。在机要保密岗位上工作八年，我以一名共产党员的责任和担当，尽责尽力完成工作任务，无发生过泄密、失密和密件丢失的事故。机要保密工作责任重大，文书档案工作琐碎繁杂，这两项工作需要细心和担当。我们 2005 年的文书档案归档立卷工作通过档案局检查验收合格并荣获一等奖。

从 1986 年至 2009 年，除了做好本职岗位工作和兼任的编辑等工作外，我多次参与和承担侨代会等大型会议文件材料的拟写，以较高的质量完成自治区党委领导讲话、评论员文章代拟稿和工作报告等的拟写，认真细致做好全部文件材料的校核付印工作。如负责第六次侨代会文件材料宣传组工作，从文件材料稿的拟写到修改、校对、送印以及汇编等，我牺牲了自己的休息时间赶工，保证了大会文件材料不出差错，同时做好会务和宣传报道工作，得到领导的好评。

2007 年，在编辑《侨联之路——广西侨联成立五十周年纪念特刊》的前期工作中，我与编辑组的同事一起不畏酷暑上门拜访侨界前辈及家属，不辞辛劳到档案馆、图书馆及有关部门征集历史照片、查阅史料和收集资料；后期的编辑工作，我承担了纪念特刊文字部分（广西侨联历史沿革、栏目导语）的撰写和部分照片的文字说明、文稿的校对等工作，在编辑组全体同事努力下，记载着广西侨联 50 年历史和归侨侨眷与海外侨胞赤子情怀的纪念特刊如期出版，为庆祝广西侨联成立五十周年献上一份厚礼。

2009 年，是我最后一次参加侨代会筹备和会务工作。年初，我在下班路上被一闯红灯的学生撞伤右脚，经诊断为脚腕骨裂，但想到侨代会筹备任务繁重，就没遵医嘱休息，到医院敷药后即回单位坚持上班。其时我和一位年轻的处长负责第八次广西侨代会宣传组工作，承担为《广西日报》拟写《聚侨界之力兴八桂伟业——祝贺第八次广西壮族自治区归侨侨眷代表大会召开》评论员文章以及新闻通稿，积极主动与广西电视台、广西日报、中国新闻社等各大媒体对接沟通。《广西日报》、广西电视台予以深度报道，《广西日报》还连续四天刊发广西侨界工作的报道文章，此外还有 39 个网站转发了 50 多篇消息报道。

由于第八次广西侨代会的工作，我的退休日期由 2008 年末延至 2009 年 4 月，韦干主席找我做退休前的谈话，按当时广西的地方政策，处级女干部退休年龄可延长至 60 岁，我表示干到 60 岁就退。韦主席表示，“我们还要继续返聘你，希望你继续发挥余热”。从调到侨联至退休，我在自治区侨联工作 20 多年，始终爱岗敬业，求真务实、勤奋进取，与同事团结协作，出色地完成各项工作任务。我先后多次被自治区保密委员会和人事厅授予自治区保密工作先进工作者称号，2006 年 12 月荣获中央保密委、国家保密局授予“四五”保密法制宣传教育先进工作者称号；还多次被评为广西社科联学会工作先进个人。此外，我还被推荐为侨界机关妇女代表，出席广西壮族自治区妇女第十一次代表大会。我从 20 世纪 90 年代开始，还兼任第三、第四届广西消费者协会理事、广西统战工作理论研究会理事（1995—2001 年），广西壮族自治区社会科学界联合会第六届委员会委员（2008—2013 年），第二、第三届广西华侨历史学会常务理事、副秘书长，第四、第五届理事会顾问等社会职务。

九、潜心侨研

退休后，我的返聘岗位是《八桂侨刊》的执行主编，兼管华侨历史学会日常事务。退休之前虽然兼任副主编已有 12 年之久，但在繁杂忙碌的行政事务中，很难有时间能静下心认真阅读学术论著。返聘后工作以编审为主，没有以往繁杂的事务，可以让自己潜心学习和做华侨华人研究。

创刊于1987年的《八桂侨刊》，最初为内部发行的半年刊，1991年经国家新闻出版署批准改为季刊，向国内外公开发行。在没有编制、没有经费的困境下，最初，有向大有、赵和曼等前辈主持期刊社工作，社里能把握与外界的学术交流机会。前辈退下来后，出于经济上的考虑，主要编辑人员与外界交流的机会变少了，不参加学术会议、不搞社会调查等。表面上的节省，实际上束缚了编辑人员的眼界，使他们无法了解本领域学术研究的前沿信息。因此我提出，作为学术研究载体的《八桂侨刊》，要提升期刊学术品位，可以聘请国内华侨华人研究领域知名的专家学者任本刊的学术顾问，形成有主管领导行政参与和专家提供学术支撑的编委队伍；聘请华侨华人研究领域知名专家学者任本刊的匿名审稿人；充分发挥主办单位——广西华侨历史学会的人才优势，加强与区外的学术交流；支持编辑人员参加新闻出版署的培训，提高业务能力与水平。主管领导认同我的建议，更看到了我的付出，于是每年划拨专项经费支持办刊。

2012年12月28日，广西侨乡文化研究中心在广西民族大学揭牌，向大有、范宏贵等六位学者受聘为研究中心“特约研究员”。图为研究中心主任郑一省教授向苏妙英颁发聘书

作为主编，需要潜心学习和做研究，并把握与外界进行学术交流的机会。只要主管领导批准，时间允许，我就尽量去参加学术会议。2012年12月28日，广西侨乡文化研究中心在广西民族大学揭牌，在揭牌仪式上，我和向大有、范宏贵、农立夫、罗梅等几位学者受聘为研究中心的特聘研究员。几年来，先后到武汉、厦门、北京等地参加相关的学术研讨会，与海内外学者就华侨华人研究方面进行交流、探讨，并听取本领域专家学者对办好《八桂侨刊》的建议。有了主管部门领导的支持，有了专家学者的建议，对办好《八桂侨刊》我有了信心。

为规范编辑工作，提升期刊的学术品位，编辑部制定了《编辑部工作流程》《编辑部审稿、用稿制度》等规章；着手对《八桂侨刊》封面进行了改版，为节约成本，自行设计以天蓝色为底色衬上世界地图水印的封面突出期刊的学术性。注重内文文章的思想性、原创性、前沿性和应用性，倡导严谨的学风和朴实的文风，从政治、经济、社会、历史等方面以及新课题、新视角、新方法的研究角度，直面华侨华人研究领域的新情况、新观点、新架构，突显华侨华人研究的学术特色。同时严格遵循国家新闻出版署的法律法规，依法办刊、规范出版，使得《八桂侨刊》在2014年国家新闻出版广电总局开展学术期刊认定及清理工作中，入选国家新闻出版广电总局第一批认定学术期刊名单。在华侨华人研究领域得到了中国侨联和学界专家学者的一致好评。2013年我有幸作为唯一的期刊代表，与广西新闻出版界代表团一起随自治区党委书记彭清华率领的广西经贸文化参访团赴台，参加2013年桂台经贸文化合作论坛活动。

2013年4月，由广西壮族自治区党委书记彭清华率领的广西经贸文化参访团赴台参加2013年桂台经贸文化合作论坛活动。图为随行的广西新闻出版界代表团在台湾交通大学图书馆合影

在返聘的六七年中，我先后物色了两位专门史硕士毕业的青年进入兼职编辑团队，让他们先从校对做起，再让他们编稿，将他们培养成兼职编辑的骨干。

由于编辑和其他人员是兼职的，所以从收稿、编稿、审稿和与作者联系沟通、排版、校对到出版发行的地址打印、粘贴、包装、邮寄等，大部分工作都得我去干。此外，我还兼管侨史学会的日常事务。为此，需要审编的稿件往往只能带回家看，且学习和阅读学界专家学者的论著也只能在夜晚进行，由此养成了熬夜的习惯。几个要好的同学和朋友心疼地劝我“给你的工资连临时工都不如，你还那么拼命……病了谁可怜你”，他们说的我也考虑过，但想到创刊者之一的赵和曼老师生前曾希望我做学术研究，把《八桂侨刊》办好，想到办刊前辈的努力、坚持和奉献，才让这本不起眼的边陲小刊物成为全国唯一的公开发行的省一级学术性侨刊并得学界的好评，在还没有找到合适的替代人选之前，我还必须坚持办刊。2014 年，经我推荐，广西民族大学郑一省教授出任主编。2015 年，因查出偶发性期前收缩和心律不齐，加上视力下降，主管部门领导批准了我的请辞报告。但在郑主编的请求下，我还协助他编了两三期后才全身心退出编辑部工作。

十、夕阳人生

原以为卸下主编的担子后，无案牍之劳形，可以停下忙碌的脚步过上休闲的慢生活，但郑一省教授找到我，希望我协助他一起做“广西华侨农林场口述史研究”课题。他告诉我，他已经在本年度 4 月份的课题申请书中将我列为课题组主要成员。基于对华侨农场老归侨的情感和对郑教授的友情，想到自己是广西侨乡文化研究中心特聘研究员，挂了名就要干实事，于是应允了郑教授，协助他做“广西华侨农林场口述史研究”的课题，算是为广西侨史研究再奉献绵力。五六月份，郑老师因忙于上课及学生期末考试，课题的启动工作就由我来做。

记得 2004 年时，单位领导指派我全权负责、全力协助与配合中国华侨华人历史研究所（现为中国华侨华人研究所，以下简称“侨研所”）做好广西“抢救归侨历史‘活资料’工作”，从被采访人员的确定、联络、采访日程到侨研所采访成员的交通、食宿等，我均做了细致的安排，并陪同侨研所成员走访老归侨以及核实大量的资料。

此外，2014 年暑期，我协助广西师范大学张坚教授带学生到北海做课题调研与访谈。这先后两段工作经历为我顺利开展此次“广西华侨农林场口述史研究”课题积累了经验。按计划，课题组拟用两年的假期，走访七八十位来自不同国别、不同职业，于不同时期归国的老归侨。我带课题组的同学先从南宁开始走访，然后和郑教授分别领队深入桂林、柳城、来宾、武鸣、宁明、百色、浪湾七个华侨农场开展访谈工作，了解与记录这些归侨的心路历程。通过与老归侨访谈，我自己也深受触动。中国侨联副主席林明江说得好："这些爱国侨胞，或舍弃家产，或痛别亲人，为了建设祖国，为了革命信念，毅然回到了祖国母亲的怀抱。他们归来的理由，他们归来的艰辛历程，有必要披露，有必要展示给社会大众。他们对于祖国深深的爱和对祖国的贡献，都注定让我们永远铭记！"

2014 年暑期，苏妙英（前排左一）协助广西师范大学张坚教授（前排右一）带学生到北海侨港镇做课题调研与访谈

完成了"广西华侨农林场口述史研究"课题访谈工作后，我疲惫的身心再次得以放松，是时候让自己淡然转身了。2017 年秋，我报名参加了何小敏老师执教的广西老年大学摄影班，和来自不同工作岗位的老年朋友一起学习摄影知识和技巧，并成为广西老年大学摄影学会会员和广西老年大学摄影志愿者。能通过镜头定格瞬间、记录美好，用影像为他人留住时光，既"助人"又"乐己"，让爱好放飞，足矣。

除了摄影，我还参加了苏北归侨联谊会，每周日与一帮老归侨相聚在《侨胞之家》娱乐室一起唱歌娱乐，有时大家会带上自己做的点心美食一起聚餐，体验着老有所学、老有所为、老有所养、老有所乐的夕阳人生。

今年正好是印尼归侨回国 60 周年，想起归国时唱起的那首《海外孤儿有了娘》的歌词"……归侨侨眷向着党，建设美丽的祖国、幸福的家乡"，表达的正是我们归侨的初心。六十载岁月的风风雨雨，砥砺磨难、荣辱得失、人世冷暖汇成历史记忆，演绎着筑梦、追梦、无怨无悔的人生经历；拥有了更多的淡定从容和静观花开花落、云卷云舒、宠辱不惊的超然，书写着对党、对祖国无限忠诚的归侨人生篇章。

我庆幸自己生长在一个伟大的时代，父亲带我回国，我看到了国家从落后到强盛的崛起，看到了人民生活由贫穷到富裕的蜕变。尤其是今年——2020年，在与新冠肺炎疫情的斗争中，更让我感受到了中国的伟大，感受到了祖国就是我们的家，我发自内心地歌唱“我爱你，中国”！

王钦武[①]

我们家是从爷爷那一代出去的，大概是在一百年前，爷爷从汕头坐船到泰国曼谷，只带了萝卜干和淡水，因为萝卜干里有盐分，既方便保存也能补充盐分。当时我们那个地方人多地少，家里没什么吃的，所以爷爷就选择了外出。我们村有很多人去泰国了，我爷爷就去找他们。现在我们那个村只有四千多人，但是在泰国的却有一万多人，因为我们在泰国有同乡会。当时很多人走的时候都是哭着的，也没鞋穿，但是不走又不行啊，因为留下来没有东西吃。很多人跑出去后就再也没回来了，其中不少人的生活变好了，还有生意做得很大的。

我爷爷他们在泰国那边开荒、种菜。当时泰国的政策是这样的：开垦的荒地都归个人所有。当时虽然很辛苦，但是生活要比在中国时好。平时爷爷早上差不多六点钟就要起床去种菜了，如果要去菜市场卖菜，则凌晨两点多钟就得起床去摘菜了。

后来，中国分田地的时候，我奶奶就带我爸爸和我二伯回来了。当时回来这边的生活也很好，因为华侨都带钱回来了，没有哪个华侨家庭生活不好，很多人都回到家乡建了房子。在中国，那些家里有华侨的家庭，生活水平在村子里都是数一数二的，所以那个时候我爸的条件很好，能比其他孩子读更多书，一直读到了中专。那个时候是由国家负责分配工作的，我爸被分配到了公安局。那时候公安局的职权范围比现在大，它可以抓走私，还可以抄地主的家，有时候也像现在的城管，它管很多东西的。

我爸中专毕业后被分配到公安局。老爸为人正直，对很多事情看不过眼，比如查走私，他不贪，他查到的东西都要上缴，别人给钱他也不要，所以虽然他当时在公安局是学历最高的，但得罪了很多人，后来他就不做警察了，回到农村种田、种果树。20 世纪 80 年代的时候家里发生了一些变故，我妈妈病了，那个时候家里的钱全部都用完了，所以很困难。我爸爸的一个同学在德庆县农业局工作，知道我们家庭困难，就叫他过去德庆种果树，做技术指导，因为他中专就是读这个专业的。他当时培育出了很好的果树品种，我们叫它“皇帝果”，为当地

① 访谈时间：2017 年 8 月 25 日；采访和录音整理：普鹏飞（暨南大学国际关系学院/华侨华人研究院 2016 级硕士研究生）；访谈地点：林惠江家中。

做了很大贡献。那时候当地主要是种水稻的，我爸认为种水稻不好，于是就去鼓动一些农民种水果：一斤水稻是 1 元多，一亩田产1 000斤，那一年收入才 2 000 元；种水果就不同了，一亩地产七八千斤，也算一斤 1 元的话，收入翻了七八倍。1990 年左右，因为身体出了一点问题，他就放下这个工作回到了普宁老家。

我二伯当时也是种田的，他被请到广东番禺当果树种植技术指导。当时我们的生活都还不错，因为我们是华侨，海外的亲人会每隔几个月寄点钱回来。

我 15 岁起就跟爸爸去德庆了，当时我一个月能拿 30 元。1991 年开始，我就到深圳做自己的生意了，也就是在菜市场卖菜，一直干到 2010 年。当时在深圳的生意不是那么好做，我们没有太多本钱。于是我就到东兴来看看，看到这边还可以，就开始做红木生意，做了一段时间后就跟大家慢慢熟悉了。红木半成品是在越南做的，因为越南那边的人力成本便宜呀。比如我们请一个越南师傅，一天只要一百多元，但是请一个中国师傅一天起码要五百元。所以半成品在越南那边做，再拿到中国加工成成品，这就降低了很多成本。但是不能全部都在越南做，因为成品搬运的时候太麻烦了，碰来碰去会碰坏的。我在中国这边有加工厂，已经做了几年了。我刚开始时是开店的，开店并不是那么好做，因为成本太高了，为了顺应时代和市场变化，我们现在做“工厂店”，也就是说商品直接从工厂发货到客户，没有中间环节，所以资金压力小了。如果要租店面的话，一平方米就要 30 元，四五百平方米就要一万多元了，店员的薪水也得三四千元。而我建工厂所需的租金每平方米才 8 元，相较开店便宜了很多。现在做生意要跟着时代，不用像以前那样租店面，因为现在微信、电话也都很方便。比如一件家具我卖 1 000 元就能赚钱了，店面按 1 000 元来销售是会亏本的。现在我在工厂里也请了很多越南师傅，大概一半是越南的，一半是中国的。越南人也会说普通话，学得也很快，他们不用每天回去，三天签一次证就可以了。

虽然还有亲戚在那边，但我一直没有回过泰国。前几年他们曾经来过这里。

吴家运[1]

我出生在海南文昌一个贫苦农民家庭。在几个兄弟中，我是老三，因为家里穷，爹妈把我送给一位在泰国做领工的吴姓同乡做儿子。7 岁那年，我的养父从泰国回来，并把我带到泰国，我们一起住在曼谷郊区的一个村镇里。虽然我年纪很小，但也跟随着养父和大人们一起到田地里做农活。到稍大一些时，养父才让我到夜校读书识字。大概是 13 岁那年，开始懂事的我私下与几个少年同伴商量要学技术，不然将来不会有出息。我们相约跑到镇上一家修理行去打工。在那里主要是修理货船的蒸汽机、锅炉和马达等。我们一边打工一边偷偷地学修理技术。干了一段时间后，我们感到这小镇要修理的机器不多，学不了什么技术，就到曼谷去了。我和朋友们来到曼谷一家潮州人开的汽车大修厂当学徒。因为悟性好，技术提高得快，一两年后我就能独自排除各种类型汽车的各种故障。后来我又学会了开车，到 18 岁时就领了驾驶执照。这个时候，我认识了同在车行开车的海南老乡陈进玉，从此我们就成了好朋友。

1937 年“七七事变”后，日本帝国主义的侵略罪行激起了每个炎黄子孙的愤慨，广大华侨的抗日呼声日益高涨。我所在车行以及街道周围每天都能听到人们在议论抗日之事。一天，同厂的几个工友告诉我说，在泰国开有橡胶制品公司的大老板，也就是南洋华侨筹赈祖国难侨总会（以下简称筹赈会）的主席陈嘉庚，正号召南洋各埠的华侨青年汽车机修人员和司机回国参加抗日救国服务工作。陈嘉庚还发表演说，说日军自“七七事变”后，已侵占了我们祖国的大片土地，国家沦陷，中华民族到了生死存亡的关头。没有国，哪有家；国家亡了，我们就会变成亡国奴，我们只有舍小家，积极参加抗日救国运动，国家才有希望。我和工友为陈嘉庚的号召所激奋，“抗日救国，匹夫有责”，我们认识到现在正是为国家献力的时候。于是我和陈进玉等几个工友就相约一起到筹赈会报名，志愿参加华侨机工回国服务团。

1939 年 7—8 月份，我和陈进玉、陈贵深、方有、云大俊等五十多位华侨青年集中在曼谷。筹赈会给我们每人发了毛毯等生活日用品和 20 元补贴。几天后，

---

① 访谈时间：1997 年初；采访和录音整理：苏妙英（广西侨联特邀信息员）；访谈地点：吴家运家中。访谈稿原载于《八桂侨刊》1997 年第 1 期。

我们从曼谷码头上船开赴中国，原计划是从海南海口上岸的，由于海面被日军的战舰封锁，只好转回香港。在香港住了一个晚上，第二天乘船抵达广州。当时地方政府派人到码头接船，把我们送到广州中山学校，给我们发了军装、铺盖等简单用具之后，就开始了严格紧张的军训生活。

按规定，回国参战的南侨机工必须接受三个月的军事知识和生活训练。当时有一批美国支援的十几辆“白士”（音译）军用汽车急需开赴前方，我和陈进玉等战友领命到西南运输大队报到，被编在第三中队。我们只接受了一个多月的军训就匆匆地踏上烽火运输征途。我们来到广州的荔枝湾把汽车开上船，送到梧州，再从梧州把车开往南宁。那时路况很差，幸好我们都是熟练的司机，才安全地把这批汽车开到南宁市桃源路大修厂内（后来成了第三中队的驻地）。做过检修后，我们再分到各个分队。我在第一分队，分队长是广州人。一到分队，我就立即被派到钦防抢运武器、弹药。第一次在炮火线上运输，我的心情不免有些紧张，但想到陈嘉庚和海外华侨的嘱托，就暗暗鼓励自己一定要沉着、镇定，把车开好，千万不要出差错，不给海外侨胞和南侨机工丢脸。凭着熟练的驾驶技术，我和战友一起顺利地完成了第一次的抢运任务。

分队的主要任务是为前方运送武器、弹药等军械，有时也运送伤员。运输路线有两条。一条是南宁—钦州—防城—安南（现越南），这条路线属预备运输线，在滇缅公路告急时，就由这条线将世界友邦和海外华侨支援祖国抗战的军需物资运入。不少战友在这条线上跑久了，就与当地姑娘认识并结为夫妻。另一条线是南宁—柳州—桂林—湖南—贵州或重庆，从安南运回的军需物资主要是从这条线分运到各处的。沿途较大的城镇一般都设有兵站，供司机食宿。但由于行车路线较长，少则需要一二天，多则四五天或一周不定，路途有时不靠兵站，就得在山林里过夜，用自备的行军锅煮饭。菜用水烫熟，再放上一点油盐就吃了，或是用豆腐乳、酱油配饭都是常事。至于肉，那是很难吃得上的。

在分队行走的路线中，以南宁—贵州或重庆这段路最难走。这一段路多是盘山而行，不仅山高路险，而且路面坑洼不平，天晴时泥尘滚滚，下雨时则成了烂泥路，汽车常常会陷在泥中启动不得。最怕的是遇上日本的飞机，这些飞机常常是几架一起飞来，有时也会一架或两架忽地从云中窜出来，随即就会丢下一串串炸弹或开始一阵阵的机枪扫射，有三个战友就是这样中弹牺牲的。有一次，我们小分队奉命从柳州兵工厂拉军火到湖南，那时日军已打到桂林，当我们的车队开到湖南零陵的黄沙河地段时，正好遇上日军袭击，走在我前面的云司机当即在日军机枪的扫射下中弹牺牲。目睹这个和自己一起从泰国回来的海南老乡瞬间就血肉模糊了，我感到很悲痛。为了避免军火车辆落入日军手中，我们无法停车下来掩埋同伴的尸体，只得化悲痛为力量加快车速把军火送到前线。面对随时随地牺牲个人生命的危险，我们这些南侨机工战友义无反顾，决心抗战到底的信念更坚定了。我们常常在夜间闭灯行车，凭着熟练的技术，化险为夷。那时每人每月只有 6 块光洋（银元）的军饷，生活艰苦，但南侨机工们始终斗志昂扬。

抗战胜利后，我们都很高兴，以为国土收复，可以返回南洋和亲人团聚，过和平自由的生活了。没想到，国民党政府对南侨机工复员返回南洋之事采取敷衍态度，一再拖延办理。陈嘉庚获悉此事后再三向国民党政府交涉，他指出，南侨机工原本是为抵御外侮而来的，抗战胜利后，应当复员南返，绝不能留下来参与内战。在陈嘉庚先生的交涉下，一部分南侨机工如期返回侨居地。我和几个战友也接到了南返的通知。通知上写明，必须在通知发出的一个月内到重庆领取复员金和出国护照，逾期自负。然而，由于当局故意拖延，加上当时邮政通信落后，待通知书送到我们手里的时候已接近期限了。任我们怎么日夜兼程地赶路也无法如期到达重庆办理手续。南返的愿望落空了，我们只好面对现实，和陈进玉等留了下来，在当地成家。我先后在贵州盐务局、广西运输局、广西救灾局等处开车，一直奔走在大西南的运输线上。

1949 年 12 月后，我被安排到南宁市公交公司工作。中华人民共和国成立初期，懂机械和会开车的人很少，我算是一名技术骨干。兴宁区机械厂筹备成立时把我借调去工作，将组装大货车的任务指派给我。我带着十几个工友立即投入工作。那时缺乏机械设备，一切都是手工操作，经过 17 个昼夜的奋战，大货车终于在兴宁区机械厂挂牌成立之日组装好，由我驾车绕南宁市走一圈，庆祝机械厂成立。没想到兴宁区机械厂这一借调就是好几年。我在兴宁区机械厂与工友们相处融洽，日子过得很开心。

后来在“文化大革命”运动的冲击下，我被下放回原籍海南文昌务农。1982 年我才从海南回到南宁的原单位。前妻与我离了婚。在七星路居委会图书馆做工的林建芳同情我的遭遇，毅然和我结了婚。南宁市城建局根据建设部的指示精神，落实政策给我办了退休手续，让我能够安享晚年生活。

肖兰章[①]

一

我的父母都是客家人，祖籍在广东梅县，他们是二十世纪二三十年代去印尼的，当时爷爷奶奶还在家乡梅县。父亲先到印尼，他先打工挣了点钱后回来结婚，再把我妈带过去。他们在一个华侨开的肥皂厂里做工，很辛苦，就像现在的农民工。

华侨挣了钱后，总会想到侨乡，除了寄钱回家赡养父母外，还捐钱给家乡的学校。大部分华侨都有这种爱国情结。在印尼的华人勤俭节约，得了三分钱，只用一分钱，剩下两分钱存起来拿回国内养父母，这些钱由谁带回来呢？有人专门做这种工作，这种人叫“水客”，那时候在外面有很多梅县水客。你要寄五百块回家，水客就会坐船回来，把这个钱交给你的父母，然后收一些手续费，就像现在的快递一样。那时候，水客也是偷偷摸摸的，因为国外的钱是不能拿回国内的。我爸爸妈妈就托水客带钱给我外公外婆，因为外公外婆年纪大了，他们不可能出来闯荡了。

在印尼，华侨华人之间为了相互照顾，会成立同乡会，包括福建同乡会、广东同乡会等，广东的又分梅县、惠州、潮州同乡会。来自同一个地方的华侨华人有共同的语言、共同的感情，所以大家都乐意通过同乡会来认识同乡，互相照顾，互相团结，帮找工作，或者是在落难的时候大家接济一点，资助一点。在华侨社会里，找工作、做生意靠诚信，一个带一个，靠的就是同乡之间的关系。如果信誉不好，品德不好，以后就做不了回头生意了。

我读小学的时候，父母亲为了生活，到处搬家。我于 1936 年出生，1941 年五岁时该上小学了，但那时候所有的华侨学校都被关闭了。日本为了统治南洋，

---

① 第一次访谈时间：2013 年 8 月 12 日；采访：陈健（桂林力创小学教师）；录音整理：方陈灵（天津外国语大学 2012 级本科生）。第二次访谈时间：2018 年 8 月；采访和录音整理：梁茂春、陈文；访谈地点：肖兰章家中。根据两次访谈文字编辑而成。

打压了华侨学校和印尼学校、荷兰学校。日本占领印尼后，没有办日语学校，但是成人的日语速成班还是有的，日军要求印尼人学日语为日本军队服务。1945年，日本投降并从印尼撤走了。当时我才上小学一年级，在一个小城市里读书，我上学很晚，上小学时已经是差不多十岁了。

日本占领印尼时，日本在东南亚将战线拉得很长，他们对印尼几个民族实行不同的政策，对荷兰人是关押，对印尼人是征兵，对年轻华侨也是征兵。我们邻近的华侨华人也有被抓壮丁的，有些就是抓去军训，军训后就回来，什么时候点到你的名字，你就得出征。日本人也抓了不少年轻力壮的荷兰人和印尼人。一次，我碰见一个日本兵，发现他会讲中国话，他偷偷地跟我讲“我是台湾人”，他说日本派一些台湾兵去打印尼，他不是真正的日本人，也不会卖力帮日本人打仗。他说日本出钱让人给它卖命，自己人当军官，用别国的人去打仗。

我记得小时候有一次下着大雨，我们一家逃难到一个偏僻的山村，住在当地老百姓家里，他们是比较善良的人，知道我们是去逃难的。过了一段时间，有些人出来说，日本现在不管我们了，年轻人被抓了，不理小的老的了，我们才陆陆续续地返回家里，又继续我们的工作。我们逃难靠双脚走路，当时缺乏交通工具，最多有时会坐牛车、马车。

日本人撤走后，荷兰人又打进来。那个时候华人没有什么政治权利，甚至连生命也没有保障，印尼一旦发生动荡，就拿华人开刀。因为那时候国民党不管你，不像现在，有事情大使馆会管。总而言之，在印尼的时候，生存全靠自己，没有人能保护你。我们体会最深的是，亡国奴连生命都没有保障，所以我们在那边老老实实地跟当地人友好相处，这样才能保证生存。为了生存，首先我们华侨自己要团结，遇到事情大家相互照应；然后要跟当地的居民搞好关系，为了保证自己的人身安全，有时甚至是低声下气。当地老百姓还是很和善的，因为他们的生活也跟我们差不多，共同的命运就紧紧地联系到一起了。倒是印尼那些官员，他们也看不起华人。

印尼的土地比较肥沃，种东西不用怎么施肥。因此当地人不用努力干活也能找到吃的，造成他们比较懒惰，生活上没有什么紧迫感。印尼当地人一般都会超前消费，比如说一个踩三轮车的，他一天赚了三块钱，第二天他就不干了，先花五块钱，超支了，超的两块钱先向别人借，用完了再干活，挣了钱再填补那些借的钱。但是华人就不一样，一天得了三块钱，有计划地花一块，存两块，慢慢地积累扩大资金，发展事业，这些都是从中国带来的艰苦朴素的生活作风。当地人跟我们的生活习惯不一样，虽然说我是在印尼出生的，但生活习惯还是受父母的影响，华人比较勤劳，生活上还是比较节俭的；印尼人就不一样，穷得叮当响，又不会持家，超支的习惯形成了，优哉游哉地生活，也能过下去。华人会持家，能慢慢地将生意发展、做大，虽然不是每家都能发大财，但基本上都还过得去。跟印尼本地人相比，华人的生活总是好一些。印尼人除了谋生以外，喜欢跳舞、唱歌，他们的生活没有什么紧迫感，慢悠慢悠的，而且没有什么计划性，过一天就是一天，消费尤其没有计划。

1949 年，我们家搬到雅加达，此后我就在雅加达上学了。读了两年小学后我又读了三年初中、三年高中，都在华文学校。雅加达当时有两个有名的华文中学，一个是中华中学，一个是巴城中学，我读的是巴城中学。在学校里我们学三种语言：印尼语、华语、英语。因为那是华侨自己办的学校，跟印尼政府没有关系。很多热心的华侨为了华侨子弟的前途，就创立了华侨学校来培养他们，从小学到中学。一般小学六年，初中三年，高中三年，即“六三三制”。老师主要也是华侨，有时候会从国内聘请一些老师。这些学校的学生，有的为了维持家庭的生活，毕业后就在当地谋生了；有的想回国读书，父母也支持的，他们就回国深造。回国读书说容易也容易，本人愿意，经济状况允许即可。

当时，印尼大部分华侨有双重国籍，即中国籍和印尼籍。只要在印尼出生的人都可申请获得印尼籍，因此我也是双重国籍。如果没有加入印尼国籍，那就是外侨，外侨就要交外侨税。外国出生的人也可以加入印尼国籍，但要附加很多条件。那个时候我父母的思想也比较简单，他们没有加入印尼国籍，没有看得那么远，就是想在那里做生意以维持生活、养大子女。但后来政治局势动荡，造成的影响华侨首当其冲。

印尼当地人民对我们华侨是很友好的，排华是政府行为。政府里面有亲华的，也有排华的。华侨与印尼本地民族的关系也处理得比较好，不会主动与当地人争利益。我认为排华的原因主要是印尼精英煽动当地民众对华侨产生仇恨。排华时，我们上街都有点害怕，生命安全得不到保障，而且我们后盾不足，就仰仗中国驻印尼大使馆能通过外交途径对印尼外交部施加压力，从而使排华浪潮得以缓解一些。

从 1952 年开始就逐步有人回国，主要是自己申请回国的学生。学生思想比较前卫一点，向往着祖国，一开始是回国参加朝鲜战争，参加中华人民共和国成立初期的国家建设。1955 年以后不少学生高中毕业后认为在印尼读大学前途渺茫，中华民族又处于危难，于是决定回国做贡献。

1957 年我高中毕业后，在印尼工作了三年，做烟草公司的代理商，自己开车送货。当时我的同学不少已经回国了，他们主要在北京。1960 年时，听说有船来接侨，我们家就报名登记回国了。

因为我是在印尼出生和长大的，习惯了印尼的生活，回国后反倒有些不习惯了。我们回国时正值中国的困难时期，但当时我们并不了解国内的真实情况。回国之后才发现，其实印尼的生活、物资等各方面都比国内好。虽然自 1949 年以来中华人民共和国历经 11 年的建设，但国家的经济基础还非常差。不过那时候我们作为海外华侨，一直受爱国思想的灌输，学校教育也要求我们对自己的国家和民族充满荣誉感，所以回国时就带着一颗爱国的心，要把自己的青春献给祖国。我周围的华侨大多数都想回国，除非是父母已经老了，家里的经济状况又不大好，为了维持家里的生活才不得不留下来。留下来的华侨虽然不能回国建设祖国，但是他们心中仍向往着祖国。

二

1960 年初，我们六个兄弟姐妹（包括我、四个妹妹、一个弟弟）跟着父母一起回国了。当时父母已经五六十岁了。另外，还有一个妹妹留在印尼雅加达，因为她已经嫁人了，嫁的也是华侨。

我们回来的时候，印尼方面没有阻挠。我们回国需要办好集体护照，当时有中国驻印尼大使领导为我们做这些工作，由于有强大的后盾，我们就不怕了。如果光靠自己的话就不好办了，印尼方会在各方面刁难。

当时我回国的船上有上千人，大多是举家回来的。差不多航行了一个星期后，我们在湛江上岸，然后被接到南宁。在南宁，有个接侨委员会（以下简称接侨委）来安排我们的工作、学习、生活。1960 年 2 月在南宁时，接侨委把我留了下来，让我临时做接侨工作。因为在印尼的时候我也参与过接侨的工作，有经验、年轻、能做事。后来接侨委问我今后志愿做什么，我就说想继续深造。于是 1960 年 7 月，我就到广西师范学院（现广西师范大学）外语系读书。1964 年毕业后，就一直在桂林工作生活了。

1960 年 2 月，大部分归侨被安置到武鸣华侨农场。这些归侨原来都是小商小贩，但一回来就在农场干农活。那时国家相当困难，物资非常匮乏，大家的生活比较困难。在印尼，气候没有四季之分，只有旱季与雨季，全年都热，一般从 4 月到 10 月是旱季，从 10 月到第二年 4 月是雨季。而在中国，一年四季还是比较明显的。所以我们都有个适应新环境的过渡期，生活上的习惯也得慢慢改变。不过我们基本上都是安分守己的，有时候也向侨联侨办反映一些情况，以解决一些实际问题。

1960 年正值三年自然灾害中期，那个时候我们有个愿望，就是学会过艰苦日子。虽然当时我们的生活水平骤降，但思想上还能够理解。当时，祖国对我们这些归侨有一些照顾，政策上是讲“一视同仁，适当照顾”，比方说在分配粮票、布票时，归侨有时候得到的比一般市民要多一点。

回国后，父母和弟弟妹妹一直在南宁，我一个人在桂林。我从小就开始三语学习，所以高考时填了外语专业。在广西师范学院读书时，我的学习成绩还不错，从1960年到1964年一直在高校学习，毕业后就参加工作了。本来是安排到桂林外事办工作的，后来去报到时，接待的人说我已经被安排到教育系统当老师了，但没有给我解释具体的原因，让我当时心里很不愉快。不过我没有与他争执，心想当老师就当老师吧。1964年，我到桂林市七中做英语老师，一干就是二十年，一直到1984年。由于“文化大革命”期间教学秩序比较混乱，实际上教书的时间只有十来年。

1984年，我申请调离七中，因为中学的教学内容对我来说有些单调。我想调到大专院校，提高自己的业务能力，但是教育局局长一开始不同意。我说：到哪里我都是贡献自己的力量，为中华人民共和国服务。就这样，我调进了教育局，一直干到退休。本来我是1996年退休的，因为新旧交替需要一年，所以1997年才正式退了下来。

“文化大革命”期间，我也一直在上英语课。当时社会上流传着“学了ABC，不如回家挑粪箕”的顺口溜，大家都不重视外语，不像现在打开国门与外面交流，经常使用外语。当时我们从国外回来，身上带着一个“侨”字，因为要搞阶级路线斗争，有海外关系的在政治上受到了压迫。“文化大革命”初期，他们发动学生贴我的大字报，我的心理压力很大。但我没有做过对国家不利的事，所以他们也拿我没办法。

我在国外时，有一片爱国之心，总想把自己的力量、智慧用到建设祖国上来，但是回国后却感觉不能充分发挥自己的才干。一般来说，如能发挥自己的力量，就算再苦再累，心情也是愉快的。但当时我们得不到信任，得不到重用，所以心里很压抑。那个时候消息封闭，我们听不到从中央到地方的消息。现在想起来，还是能感受到那种残酷。

“文化大革命”时我们也被抄过家，那是“文化大革命”后期，“二五运动”要清理阶级，还要深挖，突击地搞。对我来说，我平时安分守己，没有做过什么坏事，所以很坦荡，任他抄家也抄不出什么，反而可以证明我的清白。

我爱人叫凌雪露，我们是通过我妹妹认识的。归侨之间有比较多的共同语言，生活习惯都比较相同，所以就走在一起了。她和我妹妹同在广西卫生专科学校，我们就是这样认识的。她在广西卫生专科学校毕业后被分配到凭祥医院，工作八年后，我们于1969年结婚。为照顾夫妻关系，1971年她就被调到桂林妇幼保健院，工作三四年后，桂林市卫校成立，她又调过去当老师，一直当到退休。我们算是晚婚晚育，我33岁才结婚，1972年生了老大姐姐，1975年生了弟弟。

我的女儿和儿子现在都在广州工作。他们一般过年过节会回来，有时也没空回来，但我们经常会去广州。

在兄弟姐妹中我是老大，除了一个妹妹留在印尼外，父母和我、四个妹妹、一个弟弟共八个人一起回来了。后来三个妹妹都到香港去了，有个妹妹患病去世了，现在还有两个妹妹在香港。父母去世以后，弟弟和一个妹妹就搬到广州去了。现在我在南宁那边没有亲人了。香港的妹妹回来时也是到广州的。现在，我们兄弟姐妹平时都有电话联系。

我们现在住的小区就是卫生小区。我们原来住在逸仙中学，是教育局安排的，不过房子比较小。2008 年我们搬来这间房子后最多只住满了两年，因为我们经常到广州去，我女儿 2009 年生了一个男孩子，我们就过去帮她带孩子了。后来儿子成家了，生了一个女孩，我们又去帮忙带孩子。现在只是回来住一段时间，休息休息，过一段时间可能还要去广州。

三

要说回来后有没有后悔过？那个时候倒是没有后悔，只是有点想不通，我在印尼通过宣传得到的对中国的印象太理想化了。回国以后发现实际情况与我想象的有一些反差。

回国以后，我在桂林市七中工作了二十年，然后又在教育局工作了十多年，直到退休。在工作中我和同事之间的关系还是比较融洽的。我是教书的，我的交往圈里基本上都是老师。

退休后，除了老师圈子以外，我和桂林市的归侨也常有联系。我们成立了校友会。所谓校友会也是一种松散的组织，是在侨联的领导下的民间组织，是要求备案的。归侨之间有共同语言，会组织一些像跳舞、唱歌的活动，我倒没有什么时间去参加这些活动。校友会的活动地点原来在侨联，就是在榕湖北路榕湖小学旁边，现在改在阳桥底下，因为那里比较空旷，又比较凉快。简单来说就是找个地方，大家一起开展活动，每年再开个会，讨论新的一年有什么计划，把计划定下来。校友会的成员年纪都比较大，我已经 70 多岁了，他们最年轻的也有 60 多岁了，都是 1960 年回来的这一帮人，大家趣味相投，有一些共同的经历，所以会在一起讲讲往事等。

回国后，我原来的同学分散到全国各地，沿海一带的同学过得比较好，内地的就差一点。我希望侨务部门多关照一下我们归侨，侨务工作不仅要重视对外工作，也要重视归侨工作，对我们这些老弱病残的归侨要多关照一下。我们这里除了印尼校友会外，还有印尼各个地方的中学生自发组织的一些松散的群众组织，就是大家自愿的活动而已。好像广东、福建、浙江沿海一带侨务部门与归侨的联系还是比较密切的。

2013 年 8 月 12 日肖兰章、凌雪露夫妇在家中接受采访

我去过印尼三次，主要是去看妹妹还有亲戚和同学，顺便旧地重游的。现在过去印尼感觉有些东西已经不习惯了，我在中国待的时间要比在印尼长得多了，在那里的生活已经是一些久远的记忆了。我在印尼的妹妹已经 70 多岁了，她有五六个子女，有两三个在加拿大。

现在，印尼大部分华人都已加入了印尼国籍，我们称他们为外籍华人，毕竟他们还是有中国血统的。现在华人在那边过中秋节、春节、元宵节都得到当地政府的支持。以前排华时是不给过这些节的，连印尼籍的华人都不行。

我们从印尼回国后也经过了一番奋斗，才逐渐适应这里的生活、气候、工作等各方面情况。其他归侨参加一些印尼华校校友的活动是很积极的。我不唱歌、跳舞，平时就是打打球。相对来说，他们长期生活在这里的，我还有广东那边儿女孙儿的牵挂。

经历了那么长的人生，我的感触就是人要健康，不要违背生理上的规律，所以我现在看的都是一些保健方面的书，不会争那些不必要的，保持自己良好的心态。

颜金发[①]

一

颜金发与母亲（1940年摄于马来西亚吉隆坡）

抗日战争时期，我父亲随着姐姐（我姑妈）从福建厦门到了马来西亚。早些时候，姑妈的丈夫先到了马来西亚。我姑妈一家在新加坡。我母亲的身世，因为没有就这个问题跟她谈过，至今仍不详。

1940年我出生在马来西亚，母亲说我是属龙的，现在我的很多亲人还在马来西亚和新加坡。我父亲就生了我们兄妹两人，父亲去世后，母亲改嫁，我又有了两个妹妹、一个弟弟，总共有五个兄弟姐妹。现在我的弟弟妹妹们在马来西亚工作生活，新加坡那边还有姑妈和一些亲戚，包括表哥、表侄，他们的生活都过得不错。

1957年3月8日，我是自己一个人从新加坡坐船回国的。那年我已满16岁。当时回来坐的是荷兰产的“芝励华”号邮船，是表哥掏钱帮买的船票。当时我的一切手续都是在新加坡办理的，我回国后办理了归侨学生证，就到了广州华侨补校学习。

我当时回国主要是受马共宣传的影响。当时我看了很多进步书刊及有关英雄

① 访谈时间：2014年2月7日、8日；采访和录音整理：梁茂春、陈文、梁晓晨；访谈地点：颜金发家中。

人物的书籍，并从一些书刊上了解到，那时中国社会是安定的，夜不闭户，口碑很好。当时我即将17岁了，很快就到了要在马来西亚服兵役的年龄，我觉得应征入伍后，我会被派去跟马共打仗，因为马共当时属于地下非法组织，所以为了逃避当兵我就回来了。

孩提时期的颜金发在新加坡

当时坐荷兰船回国的华侨华人都是自费的。我坐的那艘船上，回国的华侨有数百人，原先大家都互不认识，在船上见面后三言两语就熟悉了。大家在一起玩啊，唱啊，跳啊，唱了许多的爱国歌曲。当时我们回国只有一个目的：报效祖国。相互认识后，大家就奉行“共产主义”了，就是把自己的食物拿出来共享。我住在最底层的船舱，当时船颠簸得不行，大家受不了，晕船了。于是我们这些血气方刚的年轻人就冲上甲板，发现一等舱的人和一些船员也在唱歌跳舞。我们二三十个人也就把席子铺在甲板上，唱啊，跳啊，这样就不难受了。

一个星期后船到了香港，这在当时是正常的航速，如果碰到风浪可能还要久些。我们到香港时是3月，刚好寒潮突然来了。我们回来的时候带的衣服几乎全部都是短裤和短袖，因为新加坡是热带气候，我们在那里365天都穿短袖。在那边有一句话叫作“常年皆夏，一雨成秋”，就是说只有下雨时才会凉一些，但即使下雨，我们加一件长袖衣也就行了。所以，我们回来时只带了一两件长袖衬衣，裤子全部都是西装短裤，根本就没有什么卫生裤、棉毛裤，到香港时我们一个个冷得发抖。在

回国途中在荷兰“芝励华”号邮船上，右二为颜金发（摄于1957年3月）

香港的商人开着小船在我们大船周围兜售衣服，一件夹克五港币。因为不允许下船，我们就丢五港币下去，让他们拿竹竿把衣服一件件撑上来，也没有挑选的机会，反正举上来的我们就穿。

在香港下船后，接待站的同志接待了我们。因为过关要检查，我们等了几天时间。在罗湖桥过关后就到了深圳，我们在这里检查行李。我们是自己回来的，也就带了一个皮箱，行李不是很多。到广州后，我们就直接被安排到广州华侨补习学校的接待站。

1957 年广州华侨补习学校同班同学在校园里合影，后排左四为颜金发

广州华侨补习学校班干部合影，前排中间为颜金发（1957 年摄于校园）

很快我们就进入广州华侨补校读书，逐渐适应国内的环境。学校给我们每人发了归侨证，相当于现在的身份证，我们办理汇款，看病挂号，都需要归侨证。我在华侨补校待到了 1957 年 8 月，就去参加中学的入学考试，考语文、数学。其实我的文化水平也不高，在新加坡读书时还没小学毕业，只是平时自己爱看一些书，作文还应付得蛮好。考完后，我们就填报志愿，然后听从分配。国家一般根据我们的社会关系和家庭情况来进行分配，每个人的情况都不一样。当时每个归侨学生都向往北

京，要到毛主席身边，所以百分之八九十填的都是北京，但不能人人都去北京读书。我第二志愿填了杭州，“上有天堂，下有苏杭”嘛。我还填了广州和桂林，后来我就被分配到桂林了。

桂林二中的同学们在校门口合影（摄于 1958 年）

那时候我属于第一批，被分到了桂林第二中学，就是现在的逸仙中学。我在那里读初中和高中，班里的侨生也比较多，一个班有三十多名学生，其中就有十几个侨生，占三分之一。20 世纪 50 年代的桂林二中的校门口看上去很小，样子破破烂烂。我与同学们生活在一起，吃饭、住宿都在二中校园里。

与在广州华侨补校时一样，在桂林二中读书时我也是比较活跃的，经常参加一些校外的社会活动。所以我于 1958 年被评为桂林市青年社会主义建设积极分子，1962 年还参加桂林市侨联举行的陈嘉庚逝世一周年大会。

二

1963 年我高中毕业以后，正是“农村广阔天地大有作为”“一颗红心，两种准备”的时代。那时我们有很多同学积极响应党的号召到农村和山区去，到祖国最需要的地方去，连高考也不参加了。那时我是学校学生会主席，高考考完后，我也报名下乡。后来单位来要人了，其中就有南宁高峰林场，属于广西区属单位。当时除了我之外，还有十几位归侨学生报名到高峰林场。桂林侨委考虑到我们的情况比较特殊，就不想让我们去，想另外安排，但那时大家都表了决心，坚决要去，最后侨委就同意我们去了。临走的时候，桂林市市长还接见了我们与我们合影。到高峰林场后，桂林市委和侨委给我们寄来了慰问信，还派了慰问团来看望我们。

桂林二中高中毕业留影，后排右十为颜金发（1963 年 6 月摄于桂林二中）

我在林场待了 24 年，一直工作到 1986 年，其间的经历也是非常坎坷的。我们归侨是有热情和干劲的，当时林场分场有两个队，我当一队的队长，二队队长是一个女的，也是归侨。后来我还做了团支书。在学校的时候，团委书记、组织委员都做我的介绍人，介绍我入团，但是因我有海外关系，学校团委报请团市委三次审核才最终通过我的入团申请。在林场，我也考虑过入党的问题，但也是因为有海外关系，最终没有成功。

桂林南宁知青到高峰林场五十周年纪念，四排右一为颜金发（摄于 2013 年 9 月）

“文化大革命”后不久，分场的党支书被调到了总场当党委副书记，他认为我表现不错，就点名把我调到总场工作。当时有两个工作供我选择，一个是去即将成立的电影队，当时我想着开拖拉机没有什么出息，于是就在林场电影队当了十年的队长。我和我夫人是在林场时结婚的。她是广西本地人。成家以后，我比较顾家，放了十年的电影，就不做电影队的工作了，就调到了科室。

1986 年中央出台了有关落实归侨上山下乡知青回城政策的文件，然后上级部门就开始安排我们回城了。我们的情况就是，在祖国无亲无故的。在林场经历“文化大革命”后，很多有门路的知青就找门路回城回家了，我们这些没有门路的就老老实实地待在林场。这个政策出台后，国家就准备分配七八个华侨企业到广西，桂林有大理石厂，钦州有陶瓷厂，柳州有化纤厂，南宁有旅行社、服装厂、印刷厂。南宁印刷厂是当时刚刚筹建的，用来安置归侨，由侨办专门拨款建厂。得知回城政策后，我也报名了。当时是偷偷摸摸去办的，因为怕有人从中插一杆子。后来调令拿到了，就到行政科去办调动手续，行政科的人感觉很突然，还问我：“为什么你的调令来得这么突然呢?”于是 1986 年我就来到了南宁华侨印刷厂工作，一直做到 2000 年退休。

三

我曾在 1988 年、2000 年和 2012 年 3 次重返马来西亚、新加坡探望我的姑妈和母亲及弟弟妹妹。不过，到了那边由于年纪大的没办法陪，年轻的又得放下工作或请假才能陪，我们也过意不去。所以我们没事的话只过去待一待、看一看，大家见见面，聚一下就好了。不过遗憾的是，我在新加坡上学时的一些同学现在都联系不上了，其中有些也回国了。

母亲从吉隆坡到南宁看望颜金发一家。后排右一为母亲，前为颜金发妻子和两个女儿（1987 年摄于南宁机场）

现在我的姑妈在新加坡居住，她有八个孩子，四男四女，有的在学校里当老师，有的从事医疗行业工作，有的在政府部门工作。我有两个女儿，她们现在都在南宁。我们在这里的工作生活没有什么后顾之忧，起码衣食住行和医疗有保障，弟弟妹妹们就要靠自己拼搏了，不拼搏是不行的。如今，弟弟妹妹们年纪也大了，他（她）们的子女也都各自成家了，工作生活也过得不错。我母亲和弟弟妹妹们也曾回国看望我们，我们也每隔两三年过去看望他（她）们。如今我已是耄耋之年，希望在有生之年能够再与亲人们相聚。

第三次重返马来西亚。2012 年摄于马来西亚八打灵再也的妹妹家（后排左三为妹妹）

殷华生[1]

我的家乡是广西北流。在我出生的时候，父亲早已随祖父在南洋谋生了。他们在马来亚文冬的一位福建老板的橡胶山上做工。在我七八岁时，父亲就将我和母亲、祖母接了出去。我们从梧州乘船下香港，因路费不够，只好在香港等父亲汇款后才上路。到了文冬后，母亲和祖母除了料理家务外，还到胶园给父亲和祖父做帮手。我年纪小，父亲把我送进私塾念书。我边读书边帮父母干活。几年以后，父亲用积蓄购置了十几亩地自己耕作，主要种植果树和花生等一些农作物。又过了几年，果园扩大到60多亩，又添置了一辆40座的大巴士做生意。我18岁就学会开车，当时走的路线是从文冬开往九条石，每天跑两三趟。平时我和一起跑客车的几个青年司机玩得很好。

1937年“七七事变”爆发，日寇入侵我国，海外华侨同仇敌忾，义愤填膺，南洋各埠的抗日救亡宣传风起云涌。我们这些原本不知忧愁的青年人开始沉思：“国土沦陷，家园何存?”“抗日救国，匹夫有责。”在筹赈会的组织之下，我们文冬埠的华侨青年和华侨学生一起上街进行义卖，将义卖所得义款全部用于支援祖国抗战。

1939年是祖国抗战最艰难的岁月，沿海的口岸和码头都被日军占领和封锁了，剩下的广九和滇越两条窄轨铁路也都在英、法殖民者的控制下，世界各地和海外华侨支援祖国抗日的军需物资无法运入，刚修通的滇缅公路成为唯一的国际通道。该公路自云南昆明至缅甸腊戌，全长1 146公里，沿途要翻越海拔3 000多米的横断山脉：怒山、高黎贡山和横跨水流湍急的漾濞江、澜沧江、怒江，还要穿越荒凉的“烟瘴之地”，地势险恶，山高谷深，急需技术娴熟的司机和修理人员。南侨筹赈总会主席陈嘉庚先生受国内西南运输处总处主任宋子良之托，于1939年2月7日发表了《征募汽车修机驶机人员回国服务》的南侨总会第6号通告，并在报纸上登广告，号召爱国的华侨热血青年机工共赴国难、回国服务。文冬的青年很多都前去报名应征，我当然也不甘落后。我是独子，家中有双亲和

---

① 1996年7月上旬，南宁市侨联组织召开“南宁‘南侨机工’纪念回国抗日座谈会”，苏妙英（广西侨联特邀信息员）有幸认识健在的南侨机工老人殷华生，会后前往其家中采访。殷老虽已是耄耋之年，身体仍很健康。追忆往事，他激动地说：“我的青春是在艰苦的抗战岁月中，在烽火运输线上度过的。”采访所得，用第一人称整理。本采访稿原发表于《八桂侨刊》1996年第4期。

年迈的祖父祖母，更有结婚才一年多的娇妻和刚出生不久的女儿。我怕家人不让我走，就没把应征之事告诉他们，回到家中我背着家人拣了几件换洗的衣服收入皮箱，等到晚上家人都熟睡了，才溜出家门，搭上朋友的车去到十多公里外的筹赈分会报名。我是个有几年驾驶车龄的年轻司机，又无喝酒、抽烟等不良嗜好，筹赈会人员一下就选中了我。我被编入第四批回国服务的名单中。关于我们回国参战，当时许多报纸都做了报道。“神圣的民族抗战，激动着每一个黄帝的子孙……散布于世界每一个角落，数目达一千万的华侨，一向是最热烈爱国，对于这一次开历史纪录的民族抗战，自然是感到十分的振奋……马来亚的华侨也不落人后，在陈嘉庚先生等鼓励之下，组织了回国服务团，分批返国。参加战争，他们一大部分是技术工人，回国后担负机工的责任，可称驾轻而就熟，他们牺牲小我的利益，愿为祖国而奋斗。”

1939 年 4 月 10 日，我们第四批归国的南侨机工 100 多人（其中有 9 人来自文冬）在吉隆坡集中待了两天，再从新加坡港启程。那时我们身穿制服，排着队从夹道欢送的队伍中穿行而过，登上丰庆轮船，欢送的人们不时地往我们手中和衣袋里塞面包、水果等物品，依依不舍地挥泪向我们告别，直到丰庆轮启动，我们渐渐远去。我们这一批是从越南西贡入境，再改乘火车直达昆明，途经海防、河内、老街、开元等地。到了昆明后，我们马上被安排到潘家湾训练所进行一至两个月的操练和军事知识训练。军训要求很严，我们这些在南洋过惯了自由自在生活的青年司机一下受到这么多的约束，起初很不习惯，尤其难以忍受的是一周才能洗一次澡。在南洋，我们一天至少也要洗一到两次澡。艰苦的军训生活使一些工友思想产生了波动，我们就私下互相鼓励：“我们是响应陈嘉庚先生的号召回国参战的，一定要经受艰苦的考验，绝不能当逃兵，不给南洋的父老乡亲丢脸……”我们咬紧牙关坚持了下来。

在潘家湾训练所军训一个多月后，因有一批待运的军需物资急需抢运，我们开始投入抢运。我们来自文冬的七人一起被分配到西南运输处 12 大队第 34 中队。刚报到就被安排到龙陵去将美国支援的军车接运回来，接着又抢运炮弹，用的就是这批刚接回的美国道奇 3.5 吨军用车，每辆车只能装三枚炮弹，从龙陵运往昆明。这一线是新开的土路，沿途都是高山峡谷、悬崖峭壁，狭窄的路面坑坑洼洼。晴天一身土、雨天一身泥不说，还要躲避天上敌机的追击轰炸，对我们这些在南洋跑惯了柏油马路的南侨司机而言，这无疑是个严峻的考验，稍一不慎，就会车翻人亡。我告诫自己，一定要沉着谨慎，看准路线，不超速，不抢道，会车时主动让道。凭着熟练的驾驶技术，我们顺利地完成了这次军火抢运任务。

在完成炮弹抢运任务后，我们中队的任务大多仍是军火运输。所跑的路线主要是畹町至昆明，这条新开的路全长有 900 多公里，路途要行驶八九天，途经深山老林，不仅常有野兽出没，毒蚊袭人，还会碰上被称作“藤甲兵”的土人，传闻他们会食人。我们只要一遇见他们就及时躲避，不去伤害他们就会安然无事。事实上“藤甲兵”并没有传闻的那么可怕，最可怕的是那些占山为王的地痞土匪。记得有一次，部队派我和助手用八吨的车子运载步枪子弹到亦龙，车子途经马龙山陡坡之处时，忽地从山上窜出四五个人，其中一个冲下山来，手扬着德国造的手枪示意我们停车，车刚一停，他立即用手枪顶着我的脑袋，逼我们交钱出来。我心中一惊，连忙说：“好！好！我们给钱。”我将衣服的口袋外翻，对土匪说：“老兄，我们司机穷，没几个钱，你就包涵包涵吧。”“不行！没钱就把你们身上的衣服扒下来……”“好好！我们把衣服给你。”我急中生智，一边脱衣服一边向助手使眼色，就在脱下大衣的一瞬间，我出其不意地将大衣罩在土匪头上，我的助手一步跃上去把他的枪夺下。山上的土匪见状，立即就朝我们开枪。在这危急的关头，训练营运送新兵的车子刚好来到了，土匪碰上正规军，赶忙逃跑了。我们把抓获的土匪交给训练营的新兵押送部队，又继续赶路了。

1939 年冬，运输处派我和助手出车运送汽油到贵阳。当时运输处有这样的规定：出车在外的运输兵，要听从兵站负责人传达的上级指派的任务。我们一到贵阳兵站，就得到上级指令：广西昆仑关战场告急，你们卸下汽油立即赶到昆仑关去援助运送伤员。我们不敢怠慢，卸下汽油就开往广西昆仑关。昆仑关位于宾阳县城西南三十多公里与邕宁县交界之处，是南宁的东北屏障，它周围重峦叠嶂，坡陡谷深，曲折而狭窄的昆仑古道盘绕于峰峦之间，成为桂南公路交通的咽喉，有“一夫当关，万夫莫开”之势，历来是兵家必争之地。日寇入侵后，我国沿海交通只有经过越南海防的国际交通线保持畅通。为达到进一步封锁的目的，日寇于 1939 年 11 月中旬以一个师团的兵力登陆钦州湾，下旬占领南宁，12 月初侵占位于南宁东北面 45 里处的昆仑关，企图乘势北上直取柳州、桂林，完全切断我国西南国际交通线。爱国将领决心夺回昆仑关，从四川、湖北、湖南、江西、广东等地抽调了 9 个军 20 多万兵力到桂南会战。日寇依仗着昆仑关的险要地势，与我军对峙。我军数次发起进攻，伤亡人数众多。我们赶到宾阳临时战地救护所时，看到里面躺着许多伤兵，并且不断有伤兵被群众救护队员用担架抬进来。我们顾不上征途的疲劳，赶紧把伤员送往柳州后方医院。昆仑关战役，使我再次感受到我们中华民族不可侮的抗日救国决心。

1942 年 4—5 月，日军由缅甸入侵云南，沿滇缅公路进逼惠通桥，滇缅公路变成了抗日前线。为了将日本侵略军阻拦在怒江西岸，守桥部队决定炸毁惠通桥。正忙着抢运汽油、轮胎、军工器材等军用物资的南侨机工只好按上级命令将无法运回的物资就地烧毁后随部队撤退。此时沿途一片混乱，一些日军穿着中国军装混在人群中，企图偷偷溜过惠通桥。5 月 5 日，惠通桥被炸断，一些来不及撤退的南侨机工被阻隔在西岸，有的不幸落入敌军手中惨遭杀害。只有小部分机工趁着夜色以汽车轮胎充作救生圈，冒着刺骨的寒冷，从水流湍急的怒江泅渡过来。此时，西南运输处已改为“滇缅公路管理局”，军运任务已锐减，车队瓦解，车辆破残。南侨机工人员失散，面临失业、饥饿、贫病的惨境。好心的友人劝我回马来西亚，我动了思亲之念，一想到当初我没告别一声就离开了亲人，便不由地心酸落泪。可是眼前日寇的铁蹄在四处践踏着祖国的河山，国土未复，怎能回家？想起两年前在我们的军饷被国民党政府的贪官扣压、生活陷于困苦之际，是陈嘉庚率慰问团来到保山看望我们，给我们送来了蚊帐、毛毯、衣物等物资，还给我们带来了海外亲人的问候。陈嘉庚对我们说，你们开的车子很贵，大多是海外亲人捐款买来的，历经了千辛万难才送到你们手中。你们要像爱护自己一样爱护好车子。虽然你们现在生活很艰苦，但你们要有信心，你们是代表海外千千万万个华侨回国参加抗战的，你们一定要坚持到抗日胜利。我一直以陈嘉庚的话激励自己，如果我不坚持到抗日胜利就回去，有什么颜面见父老乡亲呢？我还是留下来了，可已经没有汽车给我们开了，我只好四处奔走寻找工作。1943年，我到了“美国陆军炮兵游动修理队”服务。我们先在昆明干海子修理各种类型的大炮，几个月后就到保山。我们被分成两个分队，一队约十来人。我被编在第2分队，有5个美国人，中国人中选出我们四五个，由徐汉生当队长，一个名叫克罗纳的中校带队。徐汉生是个技师，也是从南洋回来的，他专门负责修理望远镜和指南针，还兼当翻译。我负责修理大炮的其他属于机械性的部位兼开车。大炮是一种杀伤力很大的武器，弄不好不仅杀不了敌人，反而会伤了自己人。所以我们修理大炮时都很认真仔细，修完以后还要当场检验。我们是游动修理队，在一地修理完后要马上转到另一地，每到一处部队都很重视我们，派专车接送，并且都颁发纪念奖状给我们。我们先后到了下关、大理、弥渡、凤仪、巍山、云州等地为第5军、第6军、第71军、第36师和独立炮兵营等部队服务。

1944年冬，中国部队开始向占领缅甸和滇缅公路的日军反攻，由于工作上的需要，我们要随部队到怒江以西的阵地上去服务。部队给我们中队每人配备了卡宾枪、子弹和行军食宿所需用品。除了枪要求自己背着外，其他东西由骡马驮着，人则步行。我们白天赶路，晚上在山林里挂起睡袋就寝；渴了就喝自备的水，饿了就吃罐头干粮，日夜兼程赶到怒江边，将早已准备好的橡皮艇吹胀，坐上橡皮艇顺利地渡过怒江。渡江后再继续往前赶四天的路才到象达。这是同日军作战的前沿，离象达三四公里处即是我军同日军作战的红岩山阵地，我军第1、2、5、6、54军和71师部队轮番向占据在红岩山阵地的日军发起进攻。踞守红岩山的是日本的精锐部队——关东军，凭借着红岩山上所修筑的坚固地堡工事负隅顽抗。我方进攻部队的大炮整日打个不停。我们中队是随第2军修炮的，他们的大炮一被打坏，就拖下来给我们修。这些大家伙是那么笨重，虽说仅三四里路来回拖却很费时，所以我们干脆去阵地抢修。一边修炮一边参战，何况能亲手痛击日本侵略者，正是我们南侨机工所企盼的。苦战了两三个月，我军仍攻不下红岩山阵地。号称“飞虎队”的美国空军协同作战，投掷汽油、燃烧弹烧山也无济于事，后改用喷火器、火箭炮将火焰喷入地堡内，里外夹攻相逼，才把日军逼出地堡投降。

在前沿阵地，紧张的战地生活使我们忘记了时间，不觉就到了1945年8月。一天，传来了日本帝国主义全面投降的消息，我们才获知抗战胜利了。这是我们多年盼望的一天，我们激动地欢呼跳跃，将玉桂和糖拌入酒内以示吉庆，平时滴酒不沾的我也和大家一起举杯畅饮。胜利的喜悦激荡着每个人，大家毫无睡意。我悲喜交集，悲的是我们牺牲了多少亲人朋友，尤其是和我们一起回国参加抗战而为国捐躯的1 000多名南侨机工战友，他们没能和我们一起庆祝胜利。喜是我们终于在抗战的艰苦岁月中熬过来，没有当逃兵而坚持到了最后胜利；我们可以告慰海外的华侨和九泉下的战友，我们没有辜负陈嘉庚和海外华侨的期望，终于把日本侵略者从我们的国土上赶了出去。

我回国参加抗战六年，前期是在滇缅公路抢运军需物资中度过的。在每次抢运行车中，我都做到专心致志，平时爱护车子，常检查、常保修。我闯过了滇缅公路的四大关：路段险情关、雨水泥泞关、瘴疫威胁关和日机轰炸关，安全行车几十万公里，胜利地完成了军需运输任务。后期是1942年以后，日寇入侵云南，滇缅公路中断，我参加了美国盟军的游动修理队，为抗日将士们修理各种大炮、机枪等军械。在这一阶段，我们与合作的美国军人度过了一段难忘的时光，结下了诚挚的友谊。直到反法西斯战争胜利后，美国军人要回国，在保山惜别时，美军中校特别给我们每个人颁发了奖状，他对我们说：“这张奖状也是一张进入美国的通行证，只要你们拿着它到美国大使馆，你们随时随地都可以到美国来，希望后会有期。”虽然，我没有到美国去，抗日战争和反法西斯战争胜利也已过了半个世纪，可那段抗战经历却让我永生难忘。

余亚明、方秀霞夫妇[①]

余亚明：1939 年我出生在印尼新及岛。我们家是汉族，祖籍广东潮州，我的曾祖父不知道是什么时候出去的，到我已经是第四代了，我外婆也是中国人。我父母是做小生意的，日子过得不怎么好。我母亲生了六个孩子，我是老大，在我十二岁的时候，我母亲去世了，父亲续弦，我称她为阿姨，阿姨又生了六个孩子。家里孩子太多，生活更加窘迫了，他们反对我去读书，但外婆很疼我，坚持让我接受学校教育，我基本上都不靠家里支持，靠自己做事养活自己，我十几岁就出来独自生活了。

我在新及岛的华文学校读书。在新华学校读书时，我做了学生会主席。

1956 年 8 月至 1957 年 6 月学年度下学期，新华学校学生会干部与校长和老师合影，摄于印尼雅加达。前排是校长和老师，二排右七是余亚明，时任学生会主席；二排左四是方秀霞。当时学校一星期有两次需穿白衣白裤

① 余亚明、方秀霞，桂林华侨农场印尼归侨。访谈时间：2013 年 8 月 22 日；采访：陈健（桂林力创小学教师）；录音整理：方陈灵（天津外国语大学 2012 级本科生）。2018 年暑期，我们将整理稿送给两位老人核对。2019 年 9 月 5 日，两位老人到广州出差，将核对补充稿送来。我们在核对稿的基础上编成此文。

我是1959年2月份回国的，也是为建设社会主义祖国回来的，我自费乘船回来，主要是想回来读书。当时，我们在印尼能读到《人民画报》《人民日报》，那时候印尼正处在苏加诺时代，中国与印尼很友好，刘少奇访问了印尼，所以中国一切好的方面我们都知道，也深受祖国爱国主义的感召。还有一些老师、同学回中国以后会写信、寄相片给我们，通过这些宣传资料，我们就受到感召回来了。这其中也有自己的体验。为什么说是自己的体验呢？那时候我家里比较穷，在学校读书读到十七八岁的时候，我就在华侨互助会里半工半读，为那些准备回国的华侨申请办理护照，帮助他们申请回国。这个互助会叫爱国互助会，是亲共的。

当时我们那边的华侨有两派，一派是回台湾的，一派是回大陆的。在我的同班同学中，我年纪比较大，也比较懂事，所以在新华学校当上了全校学生会主席，算是比较先进的。后来印尼排华时，印尼政府要把我们的华文学校关闭，他们先是把两三间学校合并。我们学校被迫合并的时候，由我领头带着学生去搞请愿活动，要求继续开办华文学校，接受中华传统文化教育。那时华侨学生回国前就会开宴会、欢送会，掀起了一股回国热。我当时是其中的一个先进分子，一方面给别人做宣传，另一方面自己也受宣传的影响。

我是1959年随着老师、同学们一起回来的，我的弟弟妹妹们没有回来。我是家里的老大，爸爸是不允许我回国，但为了回来参加祖国建设，我偷偷瞒着家人，办理了回国手续。当时，学生是分批回国的，一般一批都是几十人。坐着海轮在海上航行了7天7夜，我终于回到了祖国母亲的怀抱。

我回来后先到广州，在暨南大学隔壁的广州华侨补习学校读书，我们跟暨南大学的学生住在同一个校舍，两边互通，我们游泳、锻炼、看戏都是在一起的。在广州华侨补习学校读完书以后，我就到汕头师范学校读了三年书。毕业后，我被分配到汕头杏花小学当老师。后来经培训调到汕头一中当语文老师。

我和我爱人方秀霞结婚后，她想来汕头，但当时因为台湾问题，汕头作为边防区要疏散，她去不了，只好分居两地。20世纪60年代那会汕头会向台湾开炮，每个礼拜开炮一次，我们都要参加防空备战的。

结婚四年后，家中添了孩子，爱人一人照料家人有困难，所以1970年我就被调来桂林了，在广西师范学院培训。当时我又读书又当老师，先在桂林十一中当了两年老师，后来又到桂林市九中（中山中学）任教。我一辈子当了十七年老师，教的都是语文，因为我脾气比较好，又平易近人，上课时也风趣幽默，课堂氛围非常好。有一段时间，校领导派我做加强班的班主任，所谓加强班，就是由比较调皮捣蛋、学习成绩较差的孩子们组成的班级，我给他们讲英雄故事、讲革命道理、讲祖国的大好河山、讲我们肩上的重任，了解到他们大多数不爱学习，是因为底子差，接收能力弱，所以成绩赶不上来，我就手把手地带领学生们拾遗补漏，一点一点将他们的成绩提上来了。这些孩子们都非常喜欢我的课，也把我当成了知心老大哥。现在很多我教过的学生都和我成了朋友。

1981 年，桂林旅游业刚刚兴起，因工作需要，我被调到旅游局去了，在中旅工作。当时我们当教师的时候，还没有那么强调外语的重要性，但是对外交流这方面已经蓬勃发展起来了，我又是懂得七种语言，包括印尼语、马来语、普通话、潮州话、客家话等的人，所以我受到了重用。当时，有个印尼的空军司令来桂林，就由我当他的翻译和接待。后来还有个印尼的总统顾问来桂林，也由我当他的翻译。

1990 年，我当选为桂林市第九届人民代表大会代表。有幸当选人大代表，我感到肩膀上担子重了，无数双信任和企盼的目光盯住我，人大代表的使命，让我无时无刻不提醒自己要为群众讲实话，做实事。我自觉履行人大代表的权利和义务。在做好本职工作的同时，积极参政议政，发挥华侨代表的作用。

首届中国—东盟博览会于 2004 年举行，国家越来越重视与东南亚各国的友好合作，急需小语种外语人才，因此旅游专科学校专门邀请我去做客座老师，主教印尼语。我懂这么多种语言主要受新加坡的影响，因为我们在印尼时居住的地方靠近新加坡。当时新加坡每天都有船到印尼，我就是在那个码头直接跟新加坡人交往，老师也是从新加坡那边来的。

当初我满怀爱国激情，克服重重困难，回到祖国参加社会主义革命和建设，历经苦和累，勤勤恳恳地工作，奉献了热血和青春，为广东汕头、广西桂林的建设和发展贡献了力量。至今我回国已六十余年，年岁已过八十，但是我们不忘初心、牢记使命。

在海外读书时，我曾带领同学向印尼当局请愿，要求继续开办华文学校。回国后，我在汕头参加各种公益事业，积极参加防洪、防台风和防空备战工作，组织各种文娱活动，是当时同平区、学校各种活动的积极分子，多次受各方领导表扬。我参加共青团活动，并加入了共青团。我曾积极要求加入共产党，后因当时有“海外关系”，加上介绍人在“文化大革命”中受冲击而不了了之。后来，在桂林致公党的成立过程中，我是最积极的一个。1981 年我加入了中国致公党，并成为骨干成员，继续积极为党、为人民做出自己应有的贡献。我帮助桂林致公党接待了不少海外致公党有关人士，在广西支部，我接待的海外致公党友人最多。当时我参与接待了来桂林的大多数致公党人士，后因旅行社接待任务重，我就较少参加致公党会议了，但我仍积极为致公党工作献计献策，并支持我爱人多参加致公党活动。

退休以后，我主要的休闲活动是画油画，我受新加坡老师的影响，从小学画

余亚明参展的油画作品

画。新加坡华人的绘画水平还是比较高的。为了与更多的行家进行交流，我参加了美术协会，经常和原广西艺术学院副院长黄独峰、原桂林画院副院长莫雨根等书画家一起探讨书画技巧，虽然我是业余画家，但退休后我的绘画技艺得到了很大的提高。从我参加致公党画院至今，我的画作参加了桂林及广西各市的画展，并获得广西、桂林市统战部有关奖状。我的画拿到广西致公画院参加展览，是和黄格胜的画作一起展出的。黄格胜的画是上了宇宙飞船的，他也是我们致公党的。广西统战部的画展也展出了我的画作，画集于2012年6月出版了。我一直在画画，不过退休之后画得多点。平常除了画画以外，我没有什么爱好了。

我爱人也是印尼归侨，我们同年加入的中国致公党，她现在也退休了。退休之前积极参加党团工作，退休之后继续为统战工作奉献自己的余热。以前她在印尼华校桂林校友会，现在已转到巨港华校桂林校友会爱华文艺团，她的业余爱好是跳舞和教大家跳印尼舞，无论在哪教跳舞，都能为统战工作做贡献。

余亚明参加广西统战部绘画展的作品《看看花儿听听鸟叫》，前面的房屋是印尼高脚屋

余亚明、方秀霞夫妇与两个女儿

我们有两个女儿，大女儿生于1970年，一个在饭店工作，小女儿比大女儿小4岁，是印尼语导游。她们都成家了，不跟我们住，也就礼拜六、礼拜天会来看看我们。我们有三个外孙和外孙女，大的已经18岁，大学毕业以后就工作了，教跳舞的，她跳得很好。

我的弟弟妹妹们仍在印尼老家那边，他们去新加坡就一个小时。他们在那边做生意都要加入印尼的国籍，不入籍就做不了生意。我的弟弟已经加入了印尼籍，是印尼当地人了。我是中国人，我们兄弟有什么事就是两个国家之间的关系了。在那边的华人，若想终身定居，都要加入印尼国籍。我们原来加入了印尼籍，后来要回国的时候就脱离印尼籍了，当时中国不承认双重国籍，回国就要脱离印尼籍，把护照变成中国护照。印尼的华人也常到中国与我们相聚，印尼巴中五十届同学曾组织了一个旅游团到中国举办同学聚会。

我们一家人都非常热心公益事业，平时也热情好客，所以世界各地的朋友来中国游玩，都喜欢跟我们联系，让我们推荐祖国的大好河山，我们也经常将祖国日新月异的景象与朋友们分享。

方秀霞（后排左一）六兄妹1954年春节留影

方秀霞：我爷爷是广东开平人，当时听说东南亚有一个锡矿公司招收挖矿工人，就通过“卖猪仔”的途径去了锡矿公司，在海里挖矿。我父亲是跟着同村的一家人（后来成为我的外公外婆）出去的，他那时还小，具体几岁出去的我也不知道，在那里与我外公外婆一家人生活在一起了。我父母是在印尼结婚的，我们兄弟姐妹都是在印尼出生的。

中国人通过“卖猪仔”到印尼打工挣钱后，一般都会想办法开商铺。

我父亲也是如此，他虽然身体不好，但开了店铺后，不仅能维持我们一家人的生活，还能供我哥哥到新加坡读书。

我们很小的时候就失去了双亲，我 7 岁时母亲病故，12 岁时父亲也生病去世了，此后我们六个兄弟姐妹就靠自己找生活，有时外婆会来照看我和弟弟。我母亲去世的时候，只留下了我们的出生名单，名单上写着每个人的生日。名单由我哥保留着，等我们懂事了，他就印发给我们。

1956 年方秀霞与老师、同学留影

六个兄弟姐妹中，我排倒数第二。父母去世后，我四个哥哥姐姐去做了佣人，印尼话叫作“babu”，就是在别人家里做工，帮他们煮饭、做家务的。我们就这样过日子，非常不容易。我和弟弟最小，哥哥姐姐要挣钱养家，供我们读书，承担着父母的职责。受新华会馆的影响，我们在印尼的时候都很上进。我哥在印尼时是华侨学校的老师，也是侨团的负责人。他帮助华侨办理回国护照，发动富裕的华侨华人捐资，推动华侨互助的工作。当时新华会馆有个华侨互助会，学校需要资金和华侨举办红白喜事的时候，我曾四处去找华侨老板捐资。华侨互助会还参与协调当地官民关系以及中国企业与印尼之间的合作。同时，华侨互助会也会开展一些宣传、演出的活动。1949 年中华人民共和国成立时，我们组织侨校师生和当地华侨老百姓敲锣打鼓、跳战鼓舞等来游行庆祝。从那以后，每年的劳动节、国庆节，华侨学校的师生们都会开展文艺节目演出。

那时候，我们侨居海外的华侨华人对祖国的观点分成两派，中华学校偏向国民党，我们读的新华学校是偏向共产党的，所以会帮华侨办理回中国大陆的护照。

我们是自己决定为建设社会主义祖国而回国的，并不是因为排华才回来的，是自费买船票回国的，国家很欢迎我们回来。

我大姐方秀琼最先回来，她自己打工攒钱，并于1954年自费回国。她现在在广东省广州市花都华侨农场，差不多80岁了（2013年）。大姐回国后先是学医，后来在农场当医生。大姐夫也是归侨，在花都华侨农场当干部，今年（2013年）11月他过80岁大寿，我准备去广州祝寿，顺便参加印尼巨港华文学校桂林校友会爱华艺术队，去香港、澳门玩一下。我有很多亲戚在广州，他们分别是1954年、1956年、1957年回来的。我姐夫的兄弟全部在广州，都是1957年回来的。我的三姐和表弟也在广州。我大姐1954年回来后，就写信回去告诉我们国内好。我们一方面受她的影响，另一方面因新华会馆接近新加坡，消息比较灵通，受中国对华侨政策宣传的影响。我哥是那里的工作人员，知道回国要多少钱、需要办什么手续。那时我哥哥还在华侨学校教书，教语言、音乐、图画等几门课程，他就开始攒钱。到了1957年他攒够了钱，办好手续、护照后，就送我回来了。当时船费很贵，要175元新加坡币。从1954年，我大姐回国写信给我们后，大哥就开始攒钱，攒了三年，到1957年才攒够钱送我回来。我回来的目的是继续读书。在印尼，我从小学读到初中一年级。当我回到祖国以后，他又负责攒钱给我弟弟。我弟弟一直跟着他，我则一直跟着姐姐。我弟弟是1959年回国的。而我哥哥是1969年才回国的，当时桂林正是“武斗”盛行的时期。他写信告诉我们，他被批准回来了，因为自从1957年回国以后，国家很照顾我，我考上学校以后，国家就给我助学金读书，我哥哥正是因为受我们这些信息的影响，才决定回国的。

1955年12月15日印尼新及县新华学校高小第三届毕业生暨董教员合影

我回来后就在广州华侨补校学习并参加统考。当时我舅舅也回国了，他被分配到海南。由于我舅舅和我大姐都在广州，所以我三个志愿都填了广州。当时一共有五个志愿，还有两个志愿我就跟着别人填，别人说北京、上海好，我就填北京、上海，我想反正考得上的话肯定就会把我分到广州。后来还有一栏“是否服从分配”，当时我们这些人很上进，我就填了“服从祖国需要”，祖国需要我到哪里，我就到哪里。

分配名单公布出来时，我看到自己被分配去了桂林，当时我们广州华侨补校的学生有100多人被分配到桂林读书。这些人里现在起码还有40多人在桂林。后来有些人陆续去了香港或出国，现在跟我联系的还有十多位同学。

回想当时，我们到了桂林之后，桂林市侨办把我们分到广西师范学院附中、第二中学、第三中学、桂林中学四个中学读书，三中人数最多，有70多人，附中有30多人，二中人少一点，桂中才5人。我被分到了附中。当时，与国内学生相比，我们的中文成绩是很差的。后来我跟不上初中的学习进度，只好降级读了一学期小学六年级，第二个学期才上初中，跟1959届的同学一起读。在附中我从初中一直读到高中，毕业时考大学，没考上。因为我在印尼没有进修过，只是靠老师教了一点，放学以后还做一些苦工，不像一些有钱的华侨子女不用边读书边干活，所以，在那种情况下我能刻苦学习，读到高中毕业，已经算不错了。

在附中，我为祖国建设做了不少事情。首先，1958年开展“大跃进”运动，当时搞大炼钢铁，我们就去找铁。我们归侨学生很积极，把我们带回来的那些日用品，一点点地都捐献给祖国，觉得对炼钢铁有用。我回国的时候，印尼当地有一些华侨也很热心，他们捐钱给我，我哥哥也想办法给了一点，所以我带了一点金器回来。刚好国家困难要收购了，就有人来动员我们侨生：“你们有什么东西啊，现在国家困难，一种是收购，一种是捐，会少量地给点钱，不会全部拿去的。”于是，我们就高高兴兴地把带回来的金戒指等金器都捐给了国家。我把自己的东西都捐出去了，因为国家给我书读，解决我的吃穿住，我已经满足了，国家需要我们做什么我们就做什么。

到了大炼钢铁时期，一放暑假，我们就去找铁，去垃圾堆里挖些铁疙瘩。暑假期间，我们附中的归侨学生在学校积极参加建设。当时正在建设桂林棉纺厂基地，我们附中和其他学校的学生就在那里搭起大棚参加挖土方。归侨学生也都住在大棚里，早上起来吃了早点就去挖土，因那里全部是坟堆，挖出不少人骨头，我们也不怕。我们还参加了桂林青狮潭水库建设和一条去芦笛岩附近的马路的建设。后来老人山脚下要建一个工厂，因为我们附中就在老人山附近，所以我们上劳动课时就去帮忙了。桂湖那一带的工厂建设时，我们附中学生也去参加了铲平地基的劳动。在学校，我每学期都被评为劳动积极分子，我还加入了共青团组织。在桂林市侨联里，我也是积极分子。

桂林市 1962 年度归侨、归侨学生积极分子会议合影

1960 年正好是我读高中的时候，学业比较紧张一点，就集中在学校读书，高中部特别是毕业班一般就不出去了，注重学习。不过那时我也曾被派去接待那些 1960 年归国的印尼华侨。

高中统考后，我没有被大学录取。没有被录取的侨生，桂林市侨办全部都会分配工作。我被分配到桂林市土产总公司，后来土产总公司和日杂公司合并成一个单位，不久又变成两个公司，最后还是叫作“桂林市日杂总公司”。我从 1962 年开始工作，直到退休都在这个单位。这个公司是卖日杂用品、盘盘碗碗等餐具的商店。不过这个单位的门面破破烂烂的，最好的门面就是卖瓷器的，比较高级。

在这个单位工作期间，我勤勤恳恳，努力工作，处处听中国共产党的话，听毛主席的话，为人民服务。我开始是当营业员，后来升职任门市部主任、工会小组长，接着又调到公司财务科当出纳，最后调到公司工会办公室工作。在单位时，我每年都被评为积极先进工作者。当时我也被选为桂林侨联委员，当了三届桂林侨联委员，也是为归侨服务的积极分子。因为我在学校读书时就已加入中国共青团组织，单位知道我入了团，就让我当团委的宣传委员。我们单位领导看到我这么优秀，就把我分配到公司最好的门面——陶瓷门市部，它的对面就是百货公司的华侨商店。

“四清”工作组当时对我也很重视，让我写总结材料。1963 年，因我被评为市里的“劳动模范”，本来要选我去北京见周总理的，我也填了表，最后因为我是归侨，说我的关系调查不清楚，再加上桂林市这个地方是少数民族地区，他们要改选一个少数民族代表去北京。还有一点是我没被批准加入中国共产党，去不了北京。不过，我并没有什么抱怨，反而更加努力地做好本职工作。

我哥哥 1969 年回国时，正是“文化大革命”的混乱时期。当时我哥哥从印尼寄给我的信全部被公安局拿去了，我都不知道。后来公司领导告诉我：你有海外来信，都被公安局拿去了。公安局可能也不知道信里面写什么，因为我哥哥写的是印尼文。很多归侨的信，都被拿去检查以后才交给单位，没有经过公安局同意，单位不敢拿给你。我哥哥和嫂子带着两个小孩一起回来后，高高兴兴地到广州三元里那里等待分配，最后被分配到了惠州华侨农场。我嫂嫂是在印尼出生的华侨，侄女们也是在印尼出生的。

我们是为建设国家回来的，我在印尼不是什么富家子弟，也是艰苦奋斗出来的，还有劳动人民的本质。回到中国后，我感受到了国家的关心、同志们的关心、伟大的中国共产党的温暖关爱。当时单位也培养我入党，我也积极去上了党课，成为预备党员。但在“文化大革命”期间，有人认为我的家庭关系无法调查清楚，所以我最终也没有加入中国共产党。“文化大革命”以后，我们单位又让我写入党申请书，我说上一次我已经上交我的家庭关系的材料，提供了有关人员及相关地址，但上面仍然说调查不清楚我的家庭关系，我后来申请加入了民主党派致公党，因为学习了致公党的党章，认识到致公党的宗旨是中国共产党的挚友和助手，主要成员是归侨和一些高中级知识分子。孙中山在旧金山加入致公党后，把党章修改了，他为革命变卖财产，贡献很大。我加入致公党组织后，一直担任支部文体委员的工作。现在退休后，还在退休支部，在致公党桂林象山二支部担任文体委员。我也曾连续被评为优秀致公党党员。

不忘初心、牢记使命。为什么我 78 岁（2019 年时）了还主动帮助侨联统计来自印尼、泰国、马来西亚、新加坡、越南等的归侨？一方面，因为我是致公党党员，应该为中国共产党当好统一战线的助手，我是共产党的挚友，是在共产党的领导下的学派中的一名成员，我也是 20 世纪 50 年代回国的老华侨了，积极协助市侨联侨办工作，是我应该做的，20 世纪 60 年代印尼排华时，我也参加过接待归难侨的工作。另一方面，因为从 1960 年到 1990 年我连续当了几届的侨联委员，当了桂林市日杂总公司归侨组的小组员，到退休才另选在职的归侨接替，2004 后我还出席了桂林归侨代表大会，并在这些年里跟桂林市的归侨、侨眷、港澳同胞们结下了深厚的友谊。

我们肯定是受了“文化大革命”影响的。当时有人说我们是“黑五类”，有人还说：你那时候生活那么好，为什么要回国啊？自己拿钱回国，你不是特务吗？而且，在那时，我印尼亲人的一些来信都被公安局拿走了（是寄到我公司的），我们都不知道信里写了什么。“文化大革命”时期，我被市里派到“文化大革命”接待站协助发饭票给串联的同学，后来接待站被砸了，那时我只好跑去汕头我爱人余亚明那避难。

我们是1967年结婚的。在印尼时我们就是同学，已经谈了恋爱，后来他到了汕头，我到了桂林。“文化大革命”时期他串联到这里，我们就有联系了。

2012 年方秀霞（右四）参加全球巨港校友会

我是干部，55岁退休。退休以后，我就参加印尼华校桂林校友会，当理事和文艺队队长，排练文艺节目，跳印尼舞。从1990年到2013年元月（包括退休前每年参加桂林市侨联文艺演出在内），我在印尼华校桂林校友会文艺队当了17年的教练。文艺队排练了23支印尼舞，其中有11支是我教的。在1998年桂林市侨联参加市“漓江之声”演出比赛时，我们跳的印尼舞PAPAYA（水果丰收）获得二等奖，参赛演员是市侨联选的。2005年，我在桂林老年艺术团参加桂林市老年大学举办的“春城杯”文艺演出，参赛节目是印尼民族沙巾舞，也获得了二等奖。还有几次表演印尼舞获得二、三等奖的。对我们的舞蹈，《桂林晚报》2002年登有题为“相约百年不变心，相聚百年情更浓”的文章。

我退休后还继续参与印尼华校桂林校友会文艺队，但同时也会参加桂林市老年艺术团的活动和演出，这个老年艺术团很好，经常带我们到祖国各地演出。我上班的时候很羡慕打拳舞剑的人，他们的身材很好，很漂亮，所以我还参加了老年大学的拳剑班，通过学习，我也学会了打拳、舞剑，但是学完了拳剑的套路后，我的脚肿起来了，痛得不行。我想了想，还是跳舞比较柔和一点，所以不再打拳、舞剑了。

退出桂林市老年艺术团后，我更忙了，因为归侨有个组织叫巨港华校桂林校友会，也有文艺队，他们的归侨演员比较年轻，跳印尼舞的动作比较差，所以他们的会长和副会长就叫我去帮忙。他们当时准备参加香港巨港校友会十五周年成立庆祝联欢会，有五名文艺队演员参演，我帮他们排练两个节目参加演出：一是印尼沙巾舞，二是印尼民族风情舞。我也参加了这次演出。香港演出结束后，巨港华校桂林校友会文艺队认为我能代表他们演出，要求我加入他们，于是我又到巨港华校桂林校友会教他们印尼舞基本动作，也排练了两个印尼舞，参加市里的比赛，得了三等奖。这个文艺队叫爱华文艺队，队里还有一位归侨的媳妇教跳民族舞，我也参加了民族舞排练，学到了一些民族舞蹈。当时我一星期内要两边跑，既教舞蹈也参加排练，都是出于兴趣和奉献爱心参与的。2013 年我就不再在印尼华校桂林校友会当印尼舞教练了，由一个年轻一点、体力好一点的接替我。2014 年时，由于我年纪大了，73 岁了，不能过度疲劳，我决定辞去印尼华校桂林校友会文艺队的职务，参加巨港华校桂林校友会的爱华文艺队。自 2013 年至今，我一直在爱华文艺队，协助排练印尼舞。几年来，这个文艺队代表桂林的巨港归侨到外地演出，参加各种联欢会。

方秀霞与大姐一家在广州花都华侨农场

我爱人余亚明有一个爱好——画画，也参加致公党的一些活动。他还是一个家庭“主夫”，我们家买菜做饭的都是他。他支持我出去参加社会活动，当我活动回来后还有现成的饭吃。我是很幸福的，虽然从小没有了父母，但是有哥哥姐姐的爱护。回到伟大的祖国后，国家培养我，给我吃给我住，是我的再生父母。结婚以后，爱人又关心我，子女又很尊敬我、爱护我。刚才老大又打电话给我：“妈妈，你在做什么？祝你生日快乐！”他们要给我过生日，我说：“今天有个老师来采访我，不用了。”总之我的生活过得很开心。我小女儿陪我们回过印尼，见到阔别多年的亲人，我不禁热泪盈眶，一母同胞血肉相连，虽然远隔千里，我们的心永远在一起。我现在已是 78 岁的老人，但还是要用尽晚年的余热，多为伟大的祖国、伟大的中国共产党发挥余热，奉献感恩的心。

2013 年方秀霞（左）与采访者陈健（右）合影

云大瀛[①]

一

我祖籍是海南文昌，是父亲那一辈迁至泰国的。国民党执政时期，大家生活很困难。那时，有人传信息回来说到南洋可以发财，于是不断有人为了生活背井离乡，到南洋谋生。我父亲、伯父和姑姑以及全村乡亲共20多人，也跟着坐船漂洋过海到了泰国曼谷。他们一开始以打工谋生，什么长工、短工都打，同时也做些小生意，慢慢地发展起来，做成了大生意。不过，后来还是被迫迁往义梳通县的县城。我们家有11个兄弟姐妹，五男六女，我排行第四。当时在这个县城，我们家经营汽车客运，一共有两部客车及对应的专职司机，还经营了一家汽车修理店，雇用了两三个泰国人做工。现在我三哥还在管理这些生意。靠父母的劳动，我们一家的生活还是不错的。我妈妈是泰国人。我爷爷、奶奶一生都未离开过中国，最后在海南去世。

我于1941年出生，初小是在义梳通县城的华侨学校读的。因为这所学校只办到初小，所以我又到离义梳通县老家不远的乌汶府（相当于市）的华侨学校读高小。高小的老师都是中共地下党，有的是从广东汕头派去的。这些地下党不会讲泰语，泰语主要是由泰国老师来教，后来也有一个华侨教泰语。地下党偷偷地教中国地理和中国历史，但他们很谨慎，历史不能讲太深，尤其在讲共产党把国民党打败时也很谨慎。学校主要设有语文、书法、算术、地理（包括世界地理和中国地理）等课程。高小毕业后，我又回到县城读泰文中学，那里全部是泰语教学，课程有泰语文学、数学、物理、泰国地理、泰国历史等。老师全是泰国人，没有华人，因为学校是泰国人办的。华侨小学里的学生都是华人，而泰文学校里则泰国学生和华人学生都有。

---

① 访谈时间：2014年8月13—14日；采访：梁茂春、陈文、蒙晓云；录音整理：陈文；访谈地点：云大瀛家中。

云大瀛回国前一家人合影。右一为云大瀛；前排左起分别为大妹、二妹、三妹、妈妈、爸爸、小弟；后排左起分别为大哥、三哥、二哥；此时最小的三个妹妹还没有出生（摄于泰国义梳通县）

由于县城只能开办华文初小，府城才能办华文高小和初中，所以想上华文高小要到乌汶府华侨中学就读。我在县城华侨公学读小学的时候，曾利用放假期间到乌汶府玩。我二哥当时就在乌汶府公学读书，我们参观了这所学校，这也是一所华侨开办的学校。我们住在乌汶府公学礼堂里，把席子铺在地上就睡觉。我觉得这个学校很好，第二天回来后也要求去该校读书，我父亲马上就答应了。

大哥从学校毕业后，就在家里帮忙做生意。但是他不是做生意的料，他就喜欢修收音机，搞工程技术类的东西，没有专心做生意。我爸爸不放心让他做生意，幸好我三哥有生意头脑。我也没有生意头脑，所以后来就被送到中国读书。

在泰国的县城里，很多华侨是热爱祖国的，只是在政治倾向上分为两派，一派亲国民党，一派亲共产党。我父亲是倾向于共产党的，他文化水平低，好像小学还没毕业，他一直对此耿耿于怀，希望孩子能圆他的读书梦。他们这些“红色华侨”很爱国，经常聚在一起畅谈国事，也把希望寄托在孩子身上，一定要把孩子培养成有文化、有知识的人以便将来报效祖国。1952 年，我二哥云大淮就被送回中国读书。二哥经常从中国来信，他的信件要寄到被贿赂的泰国官员那里，然后才安全地转交给我们。二哥在信中老给我们讲一些中国共产党的事情，给我们灌输一些比较进步的思想，讲中国的新变化。他说过去那种苦难的生活在中华人民共和国已经不复存在了，当时他在政治上是倾向共产党的。

云大瀛于20世纪50年代在泰国义梳通县就读的华小——华侨公学

那时，东南亚各地都有共产党组织：泰国有泰国共产党，印尼有印尼共产党，马来西亚有马来西亚共产党，柬埔寨有柬埔寨共产党，老挝有老挝共产党，越南也有越南共产党。胡志明是越南共产党领导人，也传播了进步的思想。当时越南也有中国共产党派去的地下党。当然，国民党也派了人到越南。二哥经常回信说中国不错，中国共产党很进步，我父亲认为二哥回国后有出息了，生活也有奔头了，就开始打算把正在泰文中学读高中的我送回中国。在这种情形下，我便于1956年回到了中国。我们家是我二哥首先回中国，第二个是我，老大是第三个回中国的。

那时我正在泰文中学读书，华侨中学最高只能读到高小。当时泰国教育部规定，华文公学只能办到高小。为了同化中国人，同时又规定，凡是华侨公学的学生在小学阶段必须开设中文和泰文，双语并举。由于华侨公学只允许办到高小，要继续升学就必须转学校，所以我读完高小后就转到了泰文中学就读了。

二哥云大淮有时会用自家的客车带华人学生去郊游。云大瀛是前排左起第二个，二哥是后排右起第四个，三哥是前排右起第二个（大约在1948—1949年摄于县城）

当时我思想很单纯，一听到父母亲要把我送到中国，就非常高兴。虽然我知道比我们富裕的人家一般都把孩子送到欧美和日本去读书，像我们这样的中等收入家庭，只能送孩子到中国，但我心里其实也想回到中国读书。我曾经在亲共产党的学校读书，受进步思想的影响，向往祖国。一想到回中国读书，四五年后还可以再回来，我真的是高兴死了，同学们也很羡慕我。

当时国民党在东南亚国家也搞活动，也在泰国宣传一些反共的言论，例如说共产党不好，是魔鬼，共产党要共妻共产等，抹黑、诋毁共产党。因此，华侨团体、学校也都分成亲共产党和亲国民党两派，因此华侨送孩子回国读书就有两个方向，一是去台湾，一是去大陆。

二

1956年8月4日，我从泰国曼谷启程回国。当时往返中国的有荷兰产轮船女皇号和国王号，我那天坐的是女皇号。我们在海上经历了八天七夜，才到广东汕头上岸，途中还到过香港。上岸后我们便到汕头华侨招待所住下，这是第一站。

当时离开泰国并不容易，因为泰国社会也很动荡，泰国官方是反共产党的，华侨社会亲国民党与亲共产党两派势力的斗争也很激烈，不少中共地下党员被遣送回国。学校也在清查、抓捕地下共产党员。我父母贿赂了泰国的海关人员，而我则要隐瞒自己的学生身份，假装以轮船厨师的身份上船。我们同船回国的学生有二三十人，他们曾分布在泰国各地，也都曾在地下党开办的学校里读过书。

对于华侨子弟而言，逃出泰国回中国大陆读书并不容易。有几个家庭比较富裕的孩子在海关就被抓了回去，因为父母不同意他们去中国大陆，要送他们到中国台湾读书。当时共产党主要靠思想宣传，而国民党还是比较有钱的，国民党宣称：如果到台湾读书，学费、生活费和路费全免，甚至宣扬说去台湾有好处，而到大陆读书很苦，要饿肚皮。但我父母受进步思想的影响，还是坚持送我回大陆。他们这一代深受陈嘉庚先生进步思想的影响，虽然国民党有很多诱惑，但我父亲没有动心，还是想把我送回大陆。我现在还是很佩服我父母那一代人，他们真是不简单，一方面要冲破重重困难，不仅要贿赂泰国官员，而且要避开国民党势力的阻挠；另一方面也不知道送孩子回大陆后将来生活是否有困难，是否能学到东西，以后是否能回来，但这一切困难和顾虑他们都克服了。当时泰国的华侨真的是很进步，在当时很有名望的泰国华侨领袖蚁美厚先生的积极活动和影响下，大家都很团结并且能拒绝诱惑，与国民党势力作斗争，这一点我是很佩服的。

我们上船后，想到终于可以实现到中国留学的愿望，很是高兴。当时想的是最多五年就可以回泰国，没想到后来一系列变化以致无法重返泰国与家人团聚，为此，我曾经后悔过回国读书。后来泰国政局发生变化后，也曾接收一些归侨重返泰国，与我一起回国的那批人，有条件的都回去了，但是我没有条件，所以一直就待在中国没有回去。现在我已七十多岁了，中国也已经慢慢发展起来了，所以觉得在中国生活也不错，不再有后悔回国的想法。

在汕头上岸以后，由汕头华侨招待所接待我们，待遇还是蛮不错的，吃穿都没问题。在泰国，我曾听人说中国大陆没饭吃，然而我们上岸后的第一印象就是品尝到一大碗热气腾腾、香喷喷的牛肉丸加牛腩汤粉，大家吃得津津有味。汕头招待所伙食很好，米饭很香，汕头的牛肉丸很好吃，我吃了很多个，根本不像在泰国时听到的“在大陆会被饿死”的传言。大家感觉祖国很好，很高兴，对祖国的印象非常好。

8 月 20 日上岸后，我们在汕头华侨招待所待了三四天，然后转到广州招待所，这个招待所就设在现在的暨南大学附近。在招待所里，接待方要求我们选择一所华侨补习学校去读书。当时汕头、广州、厦门和北京这四个地方都有华侨补习学校。由于我二哥当时在北京西城区阜外西口华侨补习学校，我就要求去北京华侨补习学校，这样可以与二哥有个照应。我在广州招待所住了三四天，办好手续后，就上北京了。

1952 年就有华侨补校了，但生源不多，我二哥是 1952 年来的，那一年有几百人回来。我是 1956 年回来的，同一批也有几百人，但都分散到广州、厦门、北京、汕头等几个华侨补校了。从泰国、印尼、印度、越南、马来西亚、菲律宾回国的归侨蛮多。从泰国回来的也不少，而且比较有钱，从老挝、柬埔寨和缅甸回来的则比较少，也比较穷。很多印尼华侨都是福建籍的，北京、广东籍的也有蛮多，广西籍的也有。越南归侨是 1978 年才回来的。我们这批在 1956 年至 1960 年学习了几年，水平蛮不错的。

9 月 25 日左右，我到北京华侨补校报到。刚好还有几天就是国庆节了，大家都在准备国庆节游行。我们当时真的很高兴啊！华侨补校也是很有名的，组织了一个游行队伍作为游行方队。凡有点音乐细胞的，会乐器的，都自己组织起乐队开始准备，练习了几天，便参加 1956 年国庆节北京游行。虽然那时我还不懂谁是毛主席，也跟着喊“毛主席万岁”，游行的人都很高兴。游行队伍一般都穿着很朴素，但是我们华侨穿得花花绿绿的，观众们特别热情，把我们当作贵宾一样，这使我们感到很荣幸。我们感到祖国人民很热情，对祖国的印象更好了。当时国民党宣传说：你们不要去大陆呀，到处有人抢东西，你们会被关进监狱，没饭吃。但是我们在华侨学校游行时，看到的是另一种景象：我们华侨学生受到大家的热情欢迎。因此我们感到非常高兴，这些与国民党宣传的不一样，我们感到回国是正确的。

1956 年国庆节游行中北京华侨补校的方队

由于我在泰国已经读过高小了，进入北京华侨补校后，我破格地被安排去读初三。有的归侨学生在泰国时小学还没毕业，则需要补习文化课，就分别进了文盲班、小学班、高小班等，专门由懂泰语的老师来教。

我读了一年初三后，便进入高中。高三的第一学期时，也就是1960年，印尼反共排华开始。当时整个东南亚地区都是这样，但泰国的排华不是很明显，只是反共，不像印尼排华，把几十万华侨赶的赶、杀的杀。印尼反华排华后，把大批印尼华侨遣返中国。中侨委指示要接待归难侨，有多少接收多少。由于接待人员紧张，周总理指示，从华侨补校的学生中录用接待人员。那时候我在比较进步的班级里，刚刚读高三，学习很不错。我积极响应党的号召，响应周总理的号召，参与其中。华侨补校分配编制，我被安排为接待员。我们那批泰国华侨二十多人全都出来做接待员了，做这个是有工资领的，等于是出来工作了。我们都是年轻人，在17～19岁这个年龄段。当时正准备高考了，但是没办法，为响应党的号召，我也像其他共青团员一样，出来接待印尼难侨。

1962年云大瀛（前排右三）与同学们在北京华侨补校校门合影

我们帮助归难侨安排行李、办手续、过海关、安排食宿，然后将他们安顿在华侨补校。那时，印尼归侨陆陆续续地来，有时几十个人，有时上百个人。1960—1962年三年时间，一两个月内确定接待人员后便安排具体工作。我们分别被分配到数学组、体育组、生物组等。由于我数学比较好，我被分配到数学组，是数学辅导老师，同时也是心理辅导员，负责对归难侨开展心理安抚工作。

1960—1962 年在北京华侨补校接待的印尼学生

归侨在北京华侨补校旁边炼钢，左二为云大瀛

那时，我们被称为“老大哥”“老大姐”，被赋予了接待后来者的责任。那时我们思想单纯，后来回想起来也有点后悔，因为没参加高考。周总理讲话蛮有号召力，要我们来做归难侨的接待员。那时我们在思想上都很上进，积极写思想日记。我们当中有很多人是团员，我也提交了入团申请。

1962 年以后，接待任务基本结束了。学校领导考虑到我们这些参加归难侨接待工作的学生失去了一些机会，比如没能参加高考，牺牲了个人利益，也在一定程度上影响了前途，所以提出要补偿我们。

当时有段时间共产党在东南亚革命，中国为当地革命力量提供了很多支援。当时为支持一些国家的共产党，需要一批翻译人员，于是组织就考虑将侨生作为特殊人才使用，说：你们的高考被耽误了，对不起你们了，你们是特殊人才，有特殊背景。组织要求我们写出自己的特长，自己写申请，录用后直接保送到中央的一些部门。虽然我的数学比较好，但我的强项是泰语，所以我被保送到中央对外联络部当泰语翻译，做了两个月的翻译。

后来，又有一个好机会被我抓住了。当时北京外国语学院正在筹办老挝语教学，主要是培养精干翻译人才，一般最多只招七八个学生，因为需求不多，大致是分配到边防部门等保密单位做翻译和情报工作。老挝语和泰语相似，只要懂泰语，几个月就能把老挝语学好。老挝语是泰语的“老弟”，泰语发源自云南，可以说有两派：一派是傣族在老挝，一派是傣族在泰国，一个小泰，一个大泰。傣族在老挝是比较保守的，而到泰国就变成“泰族”了，不要“单人旁”了。老挝的傣族与泰国的泰族在习俗、生活用语上差不多一样，泰语与云南傣族语也比较相近。于是我被安排于1962年9月至1963年9月在北京外国语学院亚非语系学习老挝语。在那里，我跟着两位专家学习，由于泰语是我的强项，所以学得很快。

1963年9月至1965年3月，我在北京外国语学院亚非语系当泰语教师。这个职位是通过用人单位组织的考试后才得到的。当时有30多人参加考试争夺几个位置：泰语选一个，印尼语选一个，缅甸语选一个。报考印尼语的人多，但大多没有学精，只有学到高中才算学精。被选上的那个人是从印尼回来的，他也是读到高中的。我真是命好，当时从泰国回来的归侨里有很多是小学毕业的，初中毕业的也只有几个，而我读到了高中。那时我待在华侨补校，不知道最后会到哪里去，当时觉得能到北京外国语学院已经很不错了。我在补校时就被录用去做归难侨接待工作，后来一边工作一边学习。1960—1962年在华侨补校担任接待员的工资是每月31元，当时青菜才几分钱一斤，这个工资已经很不错了，因此觉得耽误高考也值得了。

云大瀛（右二）在北京外国语学院与老挝留学生留影，他们是学校专家的亲戚

那时，一些同学思想是比较落后的，但他们还可以参加高考。有些考上地质学校、石油学校、矿业学校，都是一般的学校，没有北外好。这主要归功于相关政策对华侨学生的照顾，很多人因华侨身份得到加分，所以也就考上了。如果我参加高考，我也能考上比较好的学校。但我们共青团员一定要响应党的

号召，服从组织分配，这个叫“革命工作”。所以后来我能考进北外读书是很了不起的。我很庆幸能上北外学老挝语，这可能也得益于我在中央外宣办工作的经历，因此得以保送北外。我泰语口语好，与北大泰语专业毕业改行教老挝语的两个老师相处得也很不错，那时感到很开心。我写信回家，父母很高兴，听我大哥后来说，爸爸妈妈还把信拿去给街坊邻居看，很自豪。我妈妈当时反对我回国，为此流过几次泪，但此时看到我的来信，知道我已经上了北外，妈妈的气也消了。当时，我二哥也上中央民族学院读书了，所以我父母都很高兴。

三

云大瀛（右一）在北京外国语学院读书时与大哥（在山西太原理工学院读书，左一）、二哥（在中央民族学院读书，中）在北京合影

我在北外差不多学了两年，老挝语学得不错。但我的命运又要改变了。1965 年初，位于南宁的广西民族学院（以下简称广西民院）在已有英语、法语专业的基础上，准备继续筹办越南语、老挝语、泰语专业。该校是中央民族大学的分校，要培养壮族学生去参加在泰国的共产党活动。泰国共产党的总部在越南，所以培养的学生毕业后将接受中央的任务被送到越南去工作。广西民院向北京求助，要求增援师资。北大没有能力支持，就推荐北外，说北外有老挝语老师。于是广西民院向北外提出要求，希望北外能够支持他们办泰语，同时提出把我调去广西民院。当时我在北外当辅导老师，广西民院的人一直磨了几天，北外仍不肯放我。因泰语是我的强项，而且我那时年轻，业务也很强，所以北外不放人。没办法，广西民院又向中央侨委请示，获得了批准，侨委指示一定要支持地方办学，最后把我派到广西民院。1965 年 3 月我就到了该校。

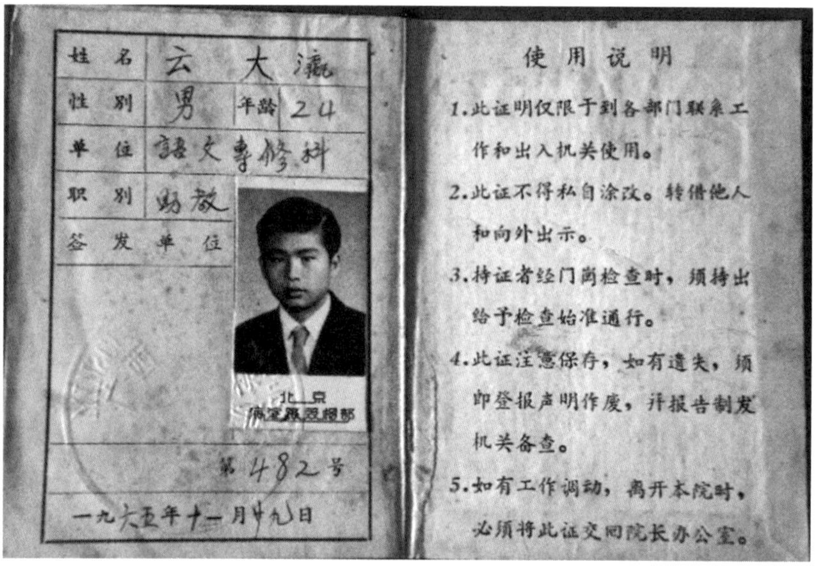

云大瀛在广西民族学院的工作证

广西民院的院长为争取师资而东奔西跑，又从桂林的广西师范学院调来了3人，还从厦门调来了2人，从北大要来了1个毕业生，最后总共8个人，终于创办了泰语专业。

1965年3月，我从北京坐火车到了南宁，然后坐三轮车到广西民院。当时西乡塘的路很烂，都是泥路。路过南宁华侨补校的时候，就像进山村一样，四处都很荒凉，而去广西民院的路途更远，那里更荒凉。三轮车遇到一个小坡上不去，还要我下车帮忙推车。我一个人前来报到，当时真是心灰意冷，感觉很后悔。不断地问自己：在北京不是更好吗，为什么要来这个地方？情绪也变得很低落。8个人都到了后，因为都是泰国归侨，都讲泰语，老乡见老乡，分外亲切，学院也照顾归侨，因此我的心情也好起来了。如果当时只有我一个人，我可能会打退堂鼓。因为8个人都是从泰国回来的，所以我感到像回到泰国了，语言通，生活习惯也一样。

广西民院把泰语专业办了起来，那一批一个班有50多人，都是广西的生源，很多学生家里比较穷，以壮族为主，是准备去支援越南共产党，到泰国搞情报工作的。当时我们不懂，因为这是保密的，后来我们才知道。

这个班搞了两三年，那时没有打印机，我编教材都是用手抄的。其他几个人是空手来的，有几个人都没有上过正规的泰语学校。我带来了不少泰国的书，自己编教材、刻蜡纸，非常辛苦，经常通宵加班加点。如果我没有带书来，现在想起来，真不知怎么办呢！我就按照我过去学过的小学、中学的教材，像学习英语那样从字母开始教，这套方法还挺有效的。他们都捧我，说我很重要，不能少。

当时我不想做领导，因为我那时全部的心思都在学术研究和教学上。后来我当了老挝语教学组组长，虽然这也是领导，但我仍只是专心编教材。当时有个女职员，组织能力较好，所以管理工作由她来做了。有几个星期其他老师也编教材，但编不出来，我就安慰他们说会做好的。学校领导也经常安慰我，说有什么困难帮我们解决，这样我们就安定下来了。最后，教材编出了一个框架，很像样。

办完了泰语专业后，学院又想办老挝语专业。他们原先是同时引进泰语、老挝语师资的。院长知道我懂老挝语，又要求我把老挝语专业也办起来。那时我当组长，1963—1965 级的学生也是准备支援老挝革命的。当时一个班 50 人，搞了两个班，我是在北外学老挝语的，感到学的东西没有白费，学来的东西也贡献给国家了。

1966 年“文化大革命”开始后，我就开始倒霉了。红卫兵贴出了“打倒反革命学术权威云大瀛!”“打倒云大瀛”的大字报，把我抓了起来。他们说我是“封资修”，说借鉴国外的教材是反动的行为，说我使用了资产阶级的材料，还说我编教材时没把毛主席语录写进去，等等。我被他们批判得狼狈不堪。

当时没有开批斗会，他们只是贴大字报，我们的学生也很疯狂。现在回想起来，“文化大革命”真的很疯狂，很多人都疯狂。他们批判老革命，颠倒黑白。不少人被搞得焦头烂额，有的院长、书记被批斗，被打得血淋淋的。不过，“文化大革命”期间，老师们都白领工资，没有上课，只是自己搞些研究，或者去进修，有些人自学专业知识。但是政治活动很多，经常开会、搞批判。1974—1975 年间，学院开办了教工英语培训班，我就开始学英语，参加了教工英语自修班。当时想的是以后英语可能会有用，做两手准备。之后我到二十四中就是教英语的，后来到泰国时英语也很有用。在泰国上学时我只是学了一点英语的皮毛，不算精。

当时广西民院还有中文系、政治系、干部培训班、中训部，泰国语在语专（语文专科学校），后来变为外语系，现在有更多的系和专业了，还有涉外的机构。

“文化大革命”一直闹到 1976 年。1966 年时还能上课，上了两年后，也就是 1968 年以后就停课闹革命去了，语专就停招了，第一届学生也毕业了。到 20 世纪 70 年代末，停止了差不多十几年的小语种才又开始搞起来。

我是 1971 年结婚的，这里也有故事。我夫人的大姐夫是中文系老师，当时语专开设了政治、汉语专业，大姐夫到语专当汉语老师，与我接触多了，了解我了，又看到我年轻，所以对我有好感，他说我 29 岁也该成家了。我夫人的大姐也对我有好感，就介绍了自己的妹妹给我。如果大姐夫不来这里当语文老师，我与夫人也成不了婚。这是缘分啊，因为当时小语种女教师不多，还有很多单身汉呢。我家里来信催我尽快成婚，我大哥、二哥也催我呀，我也急了。泰国语老挝语组 8 个人中只有 3 个人还是单身汉，其他 5 个人都已经成婚了，所以我自己心里也有点急了，一经介绍火花就点着了。那时我来广西民院已经有 5 年了，刚好大姐夫到语专当汉语老师，大姐也同意了，通过了父母关，后面就顺利了，就这样成了家。

结婚后，问题就来了。我夫人家里本来是城镇户口，因响应号召上山下乡，父母户口下放到了桂林大圩，由城镇户口变为农业户口。农业户口也就算了，她在桂林，我在南宁，两地分居呀，麻烦了，这对我俩是致命一击呀。当时我一个月有 40 多元的工资，学院有的职工 30 多元，最高的是 52 元。由于两地分居，从 1971 年到 1979 年的八年间，我有一部分工资是花在路费上了，一张到桂林的火车票 6～8 元，而我每个假期都要往返桂林。1972 年，我们的第一个小孩云华出生，那时我在南宁，她们娘俩在桂林，两地分居的生活很难。而且夫人在桂林大圩镇的生产队，属于农业户口，所以她很难调到南宁，也没办法安排到广西民院，“农转非”（农业户口转城镇户口）就更难。广西民院的领导中也有夫人是农业户口的，他们都没办法解决呀。侨办看我们痛苦，想帮助我们解决困难，给我出了个“曲线救国”的主意：归侨青年下乡以后，都有机会返城，但是返城要经过一个曲折的过程。先把我调到桂林华侨农场，然后把我夫人调到桂林华侨农场来，桂林华侨农场就可以将户口“农转非”了，这样就把户口问题解决了。因为桂林华侨农场是属于桂林市管的，到这个农场后他们的户口就可以转成城镇的了。我还在广西民院的时候，曾利用假期在桂林华侨农场待了几个月，着手把我夫人安排到桂林华侨农场。因为我是老师，侨办要求我到桂林市教育局去交涉。当时我并不想待在桂林华侨农场，只是想把桂林华侨农场作为一个跳板，先把我夫人安排在那里，等她“农转非”之后再把她调回南宁。

1979 年，我调到了桂林华侨农场，一去就是 7 年，直到 1986 年 3 月才又调回南宁。我在桂林华侨农场旁边的石门小学（有初中部，后来又建成新的中学，在总场）做初中英语老师，当时学校在七里店，离大圩不远。因为我夫人是上山下乡的知青，按政策是可以回城的，所以后来我们又从桂林华侨农场调到南宁华侨服装厂。为什么不是回广西民院呢？这里又有一个小故事。

云大瀛在桂林华侨农场石门小学教初中英语，图为1984年毕业班师生合影，第一排左五为云大瀛

调回南宁时，我曾找广西民院的领导交涉，希望重返广西民院。当时我们语专8个人中只有房英一人留了下来，其他人有的到香港继承家业了，有的回泰国去了。本来我也想出国，但我没有条件，就留了下来。

我们得以调回南宁，是因为当时正落实归侨政策和上山下乡知识青年返城政策。在侨办系统由农场调到华侨工厂，我和夫人被安排到南宁华侨服装厂。但我还是想做老师，所以头一两个月只在华侨服装厂行政科过渡了一下，后来去教育局交涉，这样就去了南宁二十四中。但我其实还是想重返广西民院的。

当时广西民院的老挝语专业就只剩下陶红老师，因为不办小语种课程，没有编制，无法接收我。我没法等，于是又到教育局交涉，教育局就先安排我到南宁市八中（在明秀路）当几个月的代课老师，这学校也没有教师编制。后来我参加二十四中的面试，因它有编制就录用了我。我办完手续上班后不久，广西民院打电话给我，说准备办外语系，可能创办小语种，问我去不去。但是，当时我已经办好手续了，也已经在二十四中上课了，只好留在二十四中教英语了。二十四中在秀安路的冶矿厂、重型机械厂和南宁手拖机械厂附近，比八中远很多。我感觉自己又倒霉了，因为泰语是我的专业，英语不是我的专业，我还是想去广西民院教泰语。教育局不同意，我过不了这个关。我心想当时办手续慢一点就好了，还是心里太着急了，因为我以为可能要等好几年才能调去广西民院。

从1986年开始到2001年，我在二十四中一直干到了退休。泰语专业不断有新人毕业，所以我也不可能再回广西民院了。唉！当时调动要经过教育局，实在太难了！当时我认为广西民院有很多系，也不可能太过于重视小语种，以至于重视到千方百计地把我调回去的程度。不过，我感到二十四中对我也不错，我教初中英语也不错，工资也提了，退休后几千元一个月还是真的很不错的。我很感谢邓小平“知识就是生产力”的讲话，我们不是“臭老九”了，以前大学老师工资与中学老师、小学老师工资一样，都不高。现在大学老师工资高了，又可以编教材。我培养的学生陶红老师也当教授了。房英老师也当教授了，我本来也能当教授的，我相信我有能力，只是命运弄人！

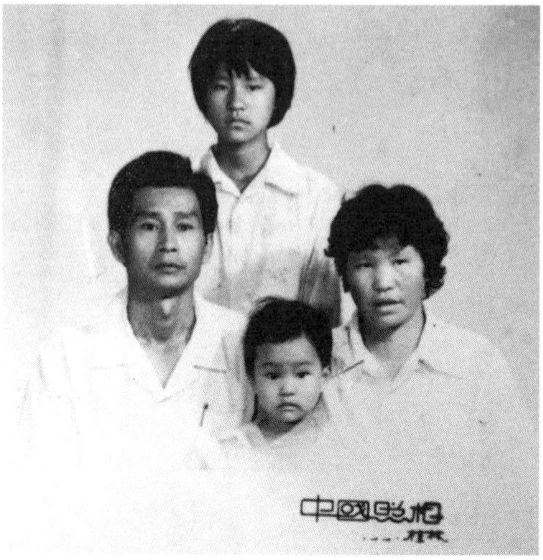

云大瀛、太太与两个女儿（1986年摄于桂林）

当时在泰语方面，我是有能力的。我的特长是泰语，英语我只学了两年，在中学可以教初中英语，但教高中英语就不太行了，口语不够好。房英的泰语跟我差不多，但我口语比她厉害，她是广西师范大学中文系毕业的，她的中文比我的好，尤其是写作比我好，后来广西民院把她当宝贝，她成了红人。当初刚刚创办泰语专业的时候，广西民院又办了一个老挝语培训班，我担任培训教师，有六个学生，陶红就是这个班里的。李起超也是我培养出来的。人的命运就是这样，不能强求什么东西，碰到好就好，不好就算了。现在默默无闻，我心里也很坦荡，不求什么了。

我后来为什么又到泰国大学教书？那是因为我2002年、2003年到泰国去探亲，我的小妹在翁差娃历功大学做秘书，认识院长，通过这个关系，他们决定聘请我为外籍教师，去教中文。我得到录用的原因是我的条件比较优越，他们原来聘请的台湾老师一是不懂泰语，要配泰语老师做翻译，费用太高；二是中国大陆经济发展较好，泰国需要了解大陆的人才去搞外贸，台湾老师不了解大陆的情况，泰国与台湾发展经济有限，而大陆与泰国经济合作量大，所以要聘请大陆老师；三是台湾用的是繁体字，泰国的华文报也都是繁体字，但是现在泰国与中国大陆的贸易发展了，需要学习简体字。我的小妹多次去说服校方，泰国的学校才同意聘请我去教中文。

云大瀛在泰国翁差娃历功大学教授中文课程时与学生合影

当时在泰国教中文也不容易呀，开始是每周两节课。学校没有课本，需要我自己编写，直接用泰语讲，泰方院长很满意，说聘用这个老师很划算。我不仅从事教学，也慢慢宣传中国的一些事情，这也算是一种民间外交吧。后来我又加了一节课，用书法和歌曲、绘画混合教学，启发学生的兴趣，顺便宣传中华传统文化。我懂一点书法、唱歌和绘画。开始的时候，书法教学中需要使用墨水，但学生很讨厌墨水的味道，后来我把香水加进墨水中，他们就接受了。我曾在公园里看到有老人用水来写书法，受此启发，我也在黑板上用水来写，发现这样写出来也是蛮漂亮的。我所编写的教材从礼貌语言和简单的语句开始，大多是“中华人民共和国”“你好”“中国”“泰国”“谢谢”“再见”“友谊”这类词句，主要是调动学生学习中文的积极性。在中文教学过程中结合日常生活，比如画一个水果，读一下拼音，学一下中文，并以泰语来讲解。这样，学生就感兴趣了。

当时中文是选修课，毕业时仅出一个参考分数。后来，经过我的争取，中文课与英语课获得同等地位，这也说明泰国重视与中国的交流。过去泰国人对中国只有“中共”一个印象，持反共立场。从排华到理解、接纳，再到友好，泰国的对华政策已经转变了很多。

我从 2003 年初至 2005 年在该校任教，历时差不多三年。学校对我比较重视，我也宣传了党的政策，以使泰国改变对中国的看法，这点令我比较开心。后来学生毕业后，有的到海关工作，有的到中国广州、浙江提货，所学的简体字派上用场了。

这三年我一个人待在泰国，中途没有回来，我夫人不想去，在那边三年很快就过去了。我教书的城市是呵叻府，是东北部的第二大府，算是当地数一数二的大城市吧。这个城市离我的出生地也很近，小的时候我就是在义梳通县（原来是县，后来升为府了）和乌汶府的华侨学校读书的，后来我爸妈搬家到呵叻府发展。学校离我弟家相当于南宁到柳州那么远。在泰国我的第一故乡是义梳通县，第二故乡就是呵叻府。在那里教书，我得以重游故乡，很是开心。那个大学是私立大学，董事长办学，是那个府里很有名的大学，名气很大，学生有几千人。去该校教书，让我高兴的是，我可以创立自己独特的教学方法。原先有老师想去教中文，但没有教材进不去。那时我们相当于是去探路的，用书法、绘画、歌曲来教学。用歌曲教学，也是有讲究的，不能用革命歌曲来教，我用台湾歌曲来教，当时邓丽君的《甜蜜蜜》在泰国很流行，我就用这个歌曲的曲调，把歌词翻译成泰文来唱，这样学生更高兴，教学很活跃。还有将《千纸鹤》《茉莉花》翻译成了泰文歌曲。我为什么能站住脚？这与我使用书法、绘画、唱歌来教学有关，能活跃教学气氛，我也很高兴，努力没有白费。起初，泰国同情台湾，经过我给他们解释，他们慢慢理解大陆，这就是民间外交，我还是想做一些对国家有益的事情嘛。

2005 年我带三哥从泰国回国观光旅游，顺便回曾经任教的南宁华侨补校看看，他们也知道我刚刚从泰国回来。正好广西师范大学雁山校区（以下简称广西师大）想开办越南语和泰语专业，要筹备泰语老师，他们先是找广西民院的房英老师，房英不想去，她就介绍我去。广西师大给的工资是蛮高的，但考虑到桂林太冷，当年我在桂林华侨农场的时候还年轻，现在年纪大了，很怕冷，此外还要自己租房子住，所以我就放弃了。当时南宁华侨补校也有泰语班，他们看了我的简历，知道我是致公党党员，又去泰国教过书，就录用我了。所以 2005—2006 年，我在南宁华侨补校教了一年的泰语。

2005 年，龙州师专（后来改为广西民族师范学院）到广西民院找教师，我刚好到南宁华侨补校教泰语，他们就选中我，要我到龙州师专去。本来当时有三个泰国专家在广西，他们想聘请，但是泰国专家不想去，说龙州是一个县城。南宁华侨补校的校长与龙州师专的校长是朋友，就将我介绍给龙州师专，说我既懂泰语，又懂中文，在泰国教过书。这时桂林的广西师大也打了三次电话来催我，要我去雁山校区。最后我答应了龙州那边，拒绝广西师大了。相比之下，龙州师专给我提供专家楼三房一厅的住房，我去考察时看到有电视机、电脑、书柜、厨房、洗澡间、大客厅等，条件比较好，生活又方便，享受专家一样的待遇。所以，最后我选择去龙州师专任教，签了三年的合同，时间是 2005—2008 年。

2005 年，龙州师专与泰国庄简盛皇家大学合作办学，签订协议，确定了“1 + 3”的学习模式，即在这里学习一年，到泰国学习三年。我一共教了两个班。后来，他们好像又办了几个班。2006 年，学生学了一年后，就被送到泰国留学，与泰国合作办学。这是我在教学交流与文化交流方面的贡献。

2008 年，我和龙州师专的合同到期了，他们本来还想办第二届的，但我说，我老了，要带孙子，不想再续合同了。当时我有机会担任学校领导的翻译，和有关人员一道送学生到泰国学校留学，深感荣幸和高兴。到了泰国，整个交接仪式和接待安顿过程都刻录在光盘里面，场面很热闹。我借此又一次重返泰国，感到很开心。

在龙州那边，从院长到系主任都对我很重视，我有很高的决定权，我们生活安排得很好，教材采用北大现成的教材，比在泰国时好些。我把学生送去泰国留学后，得到的反馈还是不错的。泰国学校校长说我不错，是在泰国生长的，懂得泰国的情况。在泰国时，校长很关心我，问我愿不愿意回泰国。我当然是愿意的，但是不容易啊，他是口头这么讲过，但真正办起来并不容易。

我到泰国那边去时，感到泰国现有的中文教材还没有编写好。我过去在广西民院教的一个学生也在泰国教书，我提议他编写教材，后来他编写了，现在在书店可以买到他们编写的教材。他们采纳了将书法、歌曲融入教材的方法，这个可以从他们的教材里看出来。对于这一点，我很欣慰，觉得自己贡献了一点东西。

回过头看，我个人在事业上的成绩和贡献，主要在泰国、龙州时的教学经历中，此外在广西民院创办泰语班、老挝语班时，我也有些许贡献。如果没有“文化大革命”，我也许会有更大的贡献，也许也评上教授了。在二十四中评职称时，因为英语是我的第二外语，不是我的强项，所以职称只能是中级，虽然待的时间最长，但不能评高级教师。评不上高级教师，算自己的运气不好。如果一直待在广西民院我也会有出息，泰语是我的第一外语，我相信自己可以成为教授，会桃李满天下。我自己也后悔了，但是，认命吧。不过，我培养的学生陶红也成了教授了。我现在已经70多岁了，他们都比我年轻。不过，回想起我们一家两地分居以及后来的“曲线救国”式的调动，真的是要发冷汗啊。应该说能够到二十四中已经不错了，如果还在华侨服装厂，我就只能在厂部当跑腿了。现在该厂倒闭了，厂址出租，被改为KTV。我去二十四中还比在厂里好一些。当然，如果能在广西民院干下去，命运就不一样了。但是，那时我夫人没有城镇户口，我们两地分居，到广西民院她只能做家庭妇女，生活更加艰苦，工资会更低。反正夫妻二人中要牺牲一个，考虑来考虑去，最后还是我牺牲，离开广西民院到桂林华侨农场，可以解决她们母女俩的城镇户口，但是我的命运就被改变了。

自从1956年回到中国后，我在1992年暑假才第一次重返泰国。当时我二哥在香港，经常往返泰国，问我想不想去泰国看一下妈妈。我当时经济上还比较困难，于是他就帮我办好手续，给我提供费用。我夫人坐不了车，没办法去。去泰国的手续也不容易办，要通过在泰国的三哥寄邀请探亲信来作为证明才可以办签证。出去的时候也要在香港中转，不能直飞。我利用暑假，再加上请假，在泰国待了两个多月。请假需由二十四中到教育局去备案，由于我是归侨，得到照顾，请假被批准了。我去了两个多月，父亲20世纪80年代就已经不在了，那次回去我只能见到母亲。

我去探亲时，我母亲她们已经搬到呵叻府了。到了泰国，我不仅见到了母亲，眼界也开阔了。我于是产生到泰国搞中文教学的念头，并问妹妹是否有办法让我来泰国教书。那时我妈也对我说：到了泰国就不要再回中国了。当年我的户口在泰国还没有取消，但我自己想留在中国。

云大瀛的母亲与三哥一家（1992年摄于泰国曼谷）

我大哥在广州，我回国的第二年大哥也回到了中国。他考取了太原理工学院，毕业后在广州工作，搞建筑工程设计。二哥在中央民族学院学傣族语，是专门搞民族工作的，大概在1965年毕业后被分配到云南文化馆。我说他专业不对口，没有发挥应有的才干，就帮他联系，最后他到广州外国语学院教了几年泰语。之前二哥的爱人郑文华从泰国回来，在河北省石家庄市师范学院生物系读书，结婚后也去了云南昆明师范学院当老师。我二哥调到广州后，没办法解决其爱人的调动问题。恰好这时暨南大学东南亚研究所需要泰语人才，二嫂就到那里工作了。我们家境一般，二嫂家在泰国比较富有，在香港有些家产，后来她家人要她回去继承家产。刚开始我二哥不想去，最后没办法，不能两地分居呀。到香港后，我二哥做生意，靠二嫂的家业慢慢起家。其家业是搞纺织机器，二哥放弃教书变成一个商人了，现在还在香港。他的女儿和儿子在香港都过得很不错。

我妈妈不放我三哥回来，一定要他继承家业，包括经营汽车零售，代理汽油，经营旅馆、咖啡店、饭店等。这些生意做得还不错。因为有这些家业，我母亲不肯放我三哥回中国。我的三嫂也是华人。我六弟也在泰国，担任老家出生地一所中学的校长至今，他太太是泰国人。我的六个妹妹都在泰国，三个与华人结了婚，三个与泰国人结了婚。

我从小讲中文和泰语，妈妈、外婆、外公一家人都是泰国人，不会讲中文，所以家里都是讲泰语，妈妈后来跟着爸爸学讲一点中文，时间长了，我爸爸也懂泰语了。家里是妈妈做菜，都是泰式菜，很好吃，我们喜欢吃妈妈做的菜。爸爸的很多文化习惯都被同化了，变成泰式的了。

回到中国后，我与泰国家人之间主要是靠书信来往。我回中国读书是自费的，家里一直寄钱给我，书信里不能讲政治，只能讲生活。家里主要是通过地下钱庄给我汇钱，到国内后再转到邮局、银行。钱庄与邮局、银行都有办法让我可以收到这些钱。那时国内也很需要外币，他们总会有办法与钱庄结算。因为我是自费来的，书信都会被泰国当局打开来看，有个机构专门盯着与共产党有联系的华侨、人士，因此我原先在泰国曾就读过的华侨小学都被迫停办了。那时泰国反共，东南亚各地都反共，我收到钱后，不能写收到钱，只能写收到黄豆、大米之类。我在北京读书，后来到广西民院，再到桂林华侨农场，家里都曾寄钱给我。到二十四中后，家里就不再寄钱了。

现在回想起来，我父亲要求我回中国读书，原因有两个，一是父亲只有小学文化程度，他认为作为中国人，中国文化不能丢，不能变成泰国人，所以要我们回来学中文；二是让我们读完书就回去，继承他的生意。我们开始是计划学三四年后就回泰国，而不是留在中国的，我二哥读了大学，想留在中国。但是没想到的是我们三个再也回不去了，留在了中国。

云大瀛回泰国期间，家人陪同游览泰国名胜

我们在中国读书读到差不多毕业时，父亲经常写信叫我回泰国。我经常跟三哥通信，三哥也会把父亲的想法告诉我，要我想办法回泰国。我也会把父亲的想法告诉二哥，但是那时中泰两国的关系已经不好了，我们回不去了。泰国反共，不接收到中国读书的学生回国，认为我们都是共产党，怕回去以后捣乱，所以停止办理赴中国留学的学生重返泰国的相关手续。直到多年以后中泰关系改善，慢慢开放了，可以来往了，我才得以去探亲。

1992 年我第一次回去时，妈妈哭得很厉害，她很心疼我，叫我想办法留下。

我的小妹夫向呵叻府市长打听，说可以留下，因为我的户口还在泰国，可以帮我办手续。但我想我还有爱人，有孩子，有工作，如果来泰国工作，待遇全都要取消了，只能重新开始，担心自己发展不起来。而且只能办理我一个人回泰国，她们娘仨不能一起办。所以重回泰国对我一家人来说存在巨大的风险。妈妈认为我的家乡在泰国，但我认为泰国是我的第二故乡，中国是我的第一故乡。在“文化大革命”时，我也很想回泰国，做泰国人。在广西民院时，我被搞成“反革命学术权威”，心里很惊慌，怕有一天会被打死。我很想把家人带回泰国，当时如果有条件，我就回去了。2002 年第二次重返泰国时，我已经 60 多岁了，不想移民泰国了。我还带了一部分父亲的骨灰回来，过年过节我们都会祭拜他。现在如果父母还在，我们还是会回去，但是父母已经不在了，在兄弟姐妹家住久了，也怕打扰到他们。我以探亲名义去过两次泰国，1992 年去了两个半月，2002 年去了一个多月。2003 年去了三年并在泰国呵叻府一所大学教书（中文），2007 年又有机会去了一阵泰国，也就是担任学校领导的翻译护送龙州师专的学生去泰国留学。以上的故事和经历，就是一个爱国归侨一生所走的爱国之路。

每当回忆往事，我总是心潮澎湃，感慨万千。我很钦佩老一辈爱国华侨们，他们无论身处何处，走得多远，无论走到天涯海角，总不会忘记自己是中国人，爱国的情怀永远深深地铭记并扎根在脑海里和心里，这就是中国心，是一颗永不泯灭的、燃烧着的、火热的爱国心。他们把这颗爱国心一代一代地传承下去，我就是被传承者之一。我和夫人现在已经退休了，我们的一家，在中国生活得很好，无忧无虑，过着很快乐很开心的每一天。祝福我们伟大的祖国明天更加繁荣富强，祝福我们的生活明天更加美好！

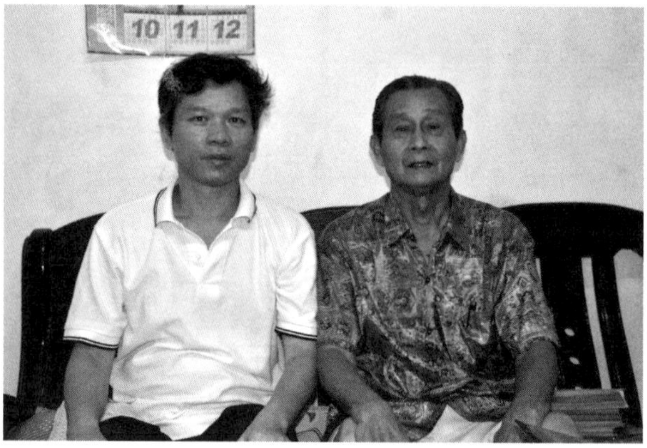

2014 年 8 月 13 日云大瀛（右）与采访者梁茂春（左）合影

曾令威[1]

每每听到抒情动听的《美丽的梭罗河》时，我在印尼的童年回忆就会被勾起。1937 年，我出生于印尼苏门答腊岛（Sumatra）文梧坡（Muata Bungo Muara Bungo）。我有九个兄弟姐妹，我排行第八。父亲是海南琼海人，母亲是马来西亚廖岛人，以开咖啡店为生。当年因父亲年迈多病，店里生意都由我大哥操办。

文梧坡是一个小镇，居住的华人有主营橡胶业的潮汕人，经营多种行业的福建人、广府人、客家人、海南人，还有印度小商贩，以及少数荷兰人后裔。

1943 年，日本帝国主义把侵略魔爪伸到印尼。日本人以一个班的兵力轻松进入文梧坡，竟然没有遭遇抵抗。那时，有许多传言说中国红色军队神出鬼没，打得日本人仰马翻。还有好心人劝我们不要随意唱《义勇军进行曲》，否则被日本兵听到了要遭横祸的。此外，还传说日本军队烧杀抢掠、强奸妇女，做出惨绝人寰的行径。这些传言在小镇里传得沸沸扬扬，使人们心里非常恐慌。于是我们举家逃难到离小镇两三公里的深山里，周围都是橡胶林和各种野藤，还有野兽出没。我们在当地人的协助下就地临时安家住下、开荒种地，开始了我童年的逃难生活。在这里，我学会了种地、种菜、养猪、养鸡鸭等。我每天最开心的事是看到刚孵出的小鸡跌跌撞撞、唧唧叫的可爱样子和母鸡对它们的呵护，还有地里长出嫩芽、木瓜吐花蕾等。自然界美好的一切，充满勃勃生机，给我的小小心灵以新的启示和希望。最让我烦心的是，天天都要面对橡胶林中的猴群和野猪的骚扰和破坏，庄稼被糟蹋得一片狼藉。有经验的当地人给我们出了一些好主意：如设置陷阱。还有更绝的是将剥好皮的菠萝放进一盆辣椒水里，然后放置在它们经常出没的地方，这些办法的确取得了一定的遏制效果。

文梧坡镇没有开办华校，只有当地印尼政府办的印尼学校。家人为了不耽误我

---

① 本文为曾令威自撰。曾令威，男，中共党员，祖籍海南琼海。1937 年出生于印尼南苏门答腊岛文梧坡镇，1966 年毕业于广西艺术学院美术系，1966—1970 年先后在广西壮族自治区东兴县碗厂、东兴县文化馆、防城县文化馆工作，1981 年调回南宁市中医药研究所负责绘制植物图，1984 年调至广西侨报社，任美术编辑、副总编，后又任《故乡》杂志社主编，1997 年退休，后加入广西老年书画研究会任讲课老师兼美术创作。擅长人物画、山水画、连环画、速写，创作无数作品及举办展览。现为广西老年书画研究会常务理事、中国美术家协会广西分会会员。

的学习，决定让我读印尼学校。每天上学时，家里人都会早起为我准备好早餐和午餐，一般就是用芭蕉叶包白饭、煎鸡蛋及辣椒咖喱，让我带去上学。我和当地乡村里的小伙伴徒步约2公里的路程才能走到学校，一路沿着两旁高高耸立的橡胶林前行，不时有野猪、野象等穿过马路，这对我们这些野孩子而言已是司空见惯了。

处在深山老林里，卫生条件非常恶劣。有一次我患上疟疾，周身发冷发热，要在阳光下暴晒一个小时才感觉舒服些。如果不及时治疗的话，还可能危及生命，幸好家里人通过各个渠道，找到了奎宁（专治疟疾病特效药），我服了几片，即病除为安。至今回顾起来仍然心有余悸。

逃难的日子度日如年，我刚逃过一劫，突然又传来父亲得重病的坏消息。母亲赶紧带上我去见父亲，父亲躺在床上，面容显得非常消瘦，他一见到我，就把我拉到他跟前，语重心长地对我说："孩子，要好好学习，我们的故乡在唐山——中国，那是我们的根，将来你一定要回中国看看！"我含着泪点点头……不久，我父亲与世长辞，离我们而去……

1945年日本宣布无条件投降，我们结束了逃难的日子，全家高高兴兴地回到镇里，重新开始新生活。文梧坡镇华侨会馆是为当地华人服务的场所，我三哥是该会馆的印尼文秘书，主要是协助会馆华人处理有关事宜。在会馆的积极努力下，文梧坡镇终于建了一所华文学校。此后，我们华人的孩子可以在自己的华校读书受教育，大家都感到特别高兴。我们听说聘来的老先生是从中国来的，更是喜出望外。华校的课程有汉语、美术、书法、算术常识等。打那时起我就迷上了美术、书法，我的美术、书法作业经常被老师表扬并挂在教室里给同学们看，我因此受到很大的鼓舞。回想起来，我今天的美术、书法功底应得益于当时这位老先生教导有方，感谢这位老先生。

育华学校球赛颁奖（左一为曾令威）

我从小酷爱美术，甚至是到了痴迷的程度。有一次，我看到一位华商闲时用水彩作画，便很好奇，后来我成了经常观摩他作画的粉丝。然而，我并不满足于当粉丝，回家后就拿黄土、树叶等制作颜料，兴致勃勃地画起来。

我也喜爱体育活动，如足球、羽毛球等。华侨学生经常和印尼学生开展足球比赛，增进彼此的友谊。羽毛球是印尼的国球，处处都有羽毛球场，在这种氛围的影响下，我对羽毛球也非常热爱，后来也时常活跃在羽毛球场上。

父亲刚去世时，由于二哥跑船收入不高，二嫂又没有收入来源，生活比较困难，为了补贴家用，我当过卷烟童工，做过走街串巷卖冰棍等杂活。当地印尼人一般对华人比较歧视，经常称我们华人为“支那人”，含有歧视之意。有一次，只因一点小事就有人指着我鼻子说道：“你们支那人要懂得，在你们脚板底下的每一寸土地都是我们的国土，你懂吗?”言下之意就是“请滚蛋”。那时，这句话深深戳伤了我小小的心灵，让我感到确实是“人在屋檐下，不能不低头”呀。

时过不久，我和二哥、二嫂迁到占碑市（Jambi），占碑市是印尼苏门答腊岛南部的大城市之一。我们住在市郊简易的高脚屋里，我的学费全靠在文梧坡开咖啡店的大哥资助。占碑市只有三所华文学校，分别是震南学校、中华学校和中华分校。这三所学校在政治上都倾向国民党。我就读于中华分校五年级，班主任很器重我能写会画，于是把办班墙报的任务全交给我了，这也给了我一个学习的好机会。到了六年级毕业时，占碑市正好又新建了两所新的华校，即育华学校和侨众学校。这两所学校在政治上倾向共产党。于是，我便要求转学到育华学校，班主任知道后百般劝阻，但我还是决定转学到育华学校就读。无巧不成书，育华学校与我们家新屋很近。此后，育华学校成了我人生勤工俭学求学之路的开始。

育华学校位于占碑市郊区，椰树林立，该校就建在其间。几排木板墙屋为教室，错落有致，教室前就是足球场，环境优雅舒适，琅琅书声不绝于耳，我在这里开始了中学时代。上学期间，学校董事会了解到我家境困难，根据我擅长书画的特点，决定安排我半工半读。正好当时学校缺乏美术老师，就安排我负责全校小学的美术课，当时缺美术资料，我便自编美术资料。

学校的老师都是从印尼爪哇岛各华校聘请过来的，他们都有各自的教学专长，历史、数学、印尼文、英语、地理、国文等各显神通，人才济济，师资还不错。

几年后我中学毕业，学校决定把我留下任教，其间除了教学以外，还安排我兼任图书馆管理员、刻蜡版誊写员以及印尼文初级班夜校教员。因兼职多，工资就相对增多了，我的生活水平也提高了。

兼任图书馆管理员让我有机会阅读不少书籍，如《毛泽东青少年时代》《钢铁是怎样炼成的》《马克思传》《爱迪生发明家》《牛虻》等进步书籍，开阔了我的人生视野，改变了我的人生观，我对祖国的热爱更加强烈，这些对我后来人生的奋斗道路起着决定性的作用。

音乐也是我的业余爱好，我平时虚心向有关老师学习钢琴、吉他等乐器，后来成了学校乐队的成员之一，遇上节日，学校的乐队伴奏少不了我的身影。在这

育华学校音乐队合奏练习（前排左一弹吉他者为曾令威）

里我度过了人生最愉快的日子，值得书写一笔。

1960 年，排华浪潮波及全印尼，我毅然决定回国。回国前夕，我用几年任教所积蓄的钱为母亲和二嫂建了一间木板房，以尽孝心，然后带着我心爱的女朋友林秀兰（是我的学生）告别了所有的亲人，于 1960 年 6 月乘英国船勃阳轮离开印尼。同船回国的有来自印尼各地的华侨学生和老师。勃阳轮船长是英国人，水手、工作人员大都是天津人。回国的华侨师生有缘能相聚在一起，大家心里非常高兴和激动，便自发地唱歌跳舞，我便弹起吉他伴奏，气氛非常激昂欢乐，海鸥在海域上空盘旋鸣叫助兴……我们在海上漂泊了七天七夜，终于到达广州海岸，师生们遥望前方，许多挂着五星红旗的船只不停地在我们眼前穿梭，一片繁荣景象。突然大家异口同声地高呼："到祖国了！祖国万岁！"同时也听到《歌唱祖国》嘹亮的歌声回荡在海域的上空。

到了广州华侨补校后，政府根据自愿原则，把大家分配到全国各地。我和女朋友选择到广西南宁（临时）华侨补校，不久，我俩分别被招到广西艺术学院美术系和广西壮族自治区人民医院护士专科学校。我在艺术学院得到黄独峰、刘锡永等教授的指点，如鱼得水，美术水平取得很大提高。那时，到艺术学院的归侨学生有十几位，学着不同的专业：美术、音乐、戏剧等；到广西壮族自治区人民医院护士专科学校的归侨女生二十几位（包括我的女朋友）。后来由于"文化大革命"的冲击，这些归侨

广西壮族自治区人民医院护士专科学校归侨学生合影留念（前排右二为曾令威女友林秀兰）

学生大部分申请去香港定居了。

1966 年，我毕业了，因种种原因延迟至 1968 年才正式分配工作。最终我被分配到东兴县碗厂，当时规定大学生毕业后要先与工农结合一段时间。一年后，我被调到东兴县文化馆工作。东兴县与越南相邻，有“小香港”之美称。分配前夕，我与女朋友终于举行婚礼结为夫妻。在东兴县文化馆，我主要负责全县的美术业余爱好者的辅导工作。岁月如梭，我在东兴县待了整整 12 年之久。我的足迹走遍整个县城，到过瑶山村，到过京族三岛，到各处进行写生、创作，培养了不少艺术骨干。县领导为了照顾我们的夫妻关系，把我爱人调到了东兴县人民医院。

不幸的是，我夫人患有胆石症，经常犯病，靠止痛针杜冷丁才能缓解。调到东兴县以后，病发作得更为频繁。

1976 年冬天的一天，我夫人胆绞痛又犯了，痛得很厉害，必须送往南宁大医院救治，但不巧县医院的救护车坏了，只好求助当地驻军的车护送，我赶紧收拾东西，带上五岁的女儿出发了。深夜，车在弯弯曲曲的山路上急驰前行，快到南宁的拐弯路上，由于司机不熟悉路况，来了个急转弯。我在车内听到车子突然发出“咔咔”响声，心想：坏了，车要出事。我即刻用棉衣裹住孩子，紧紧抱在怀里。果不其然，车翻了，还滚了几下，我也跟在车上翻滚着。我夫人躺在担架上输液因惯性的冲击作用，从车的后门被重重地抛到车外，她却奇迹般地清醒过来不痛了，在车外不断地拍打车身呼喊：“救命啊！”我女儿平安无事，而我却受了重伤。很快南宁市广西医学院的救护车及时赶到，医务人员抬担架把我从车内救出来，我夫人和五岁女儿一同上救护车，迅速地往南宁市方向开去……第二天，我躺在病床上，变成夫人来护理我，人生戏剧性的一幕真是让人哭笑不得。几周后，我们一家平安回去了，夫人也没事，似乎她原来没有发病一样。生活有时候会这样捉弄人，让人啼笑皆非。这场惊心动魄的车祸，至今让我心有余悸。

1979 年，中国对越自卫反击战开始，形势非常紧张。于是，我们全家跟着大伙慌乱地撤退到防城县，这是我有生以来第二次逃难。

1981 年，我们因工作需要被调到南宁市中医药研究所，我夫人在药理室，而我则被安排绘制植物图。1984 年我被调到广西侨报社任副总编等职。1988 年我光荣加入中国共产党。

1993 年曾令威夫妇到印尼探亲，在原占碑育华学校校址前留影

我夫人因病缠身多年，渴望回印尼探亲许久未成。1993 年机会来了，我俩高高兴兴地乘飞机回印尼探亲。当时恰逢春节，两个月的探亲时光，我们走亲访友叙叙旧，找回过去美好的回忆，大家聚在一起仿佛有说不完的话，叙不完的情。其乐融融，情谊满满，沉浸在幸福之中，我夫人从来没有这么开心过。我们俩还特地走访了原占碑育华学校校址，因为那里有我们俩难忘美好的回忆。但遗憾的是，展现在我们俩面前的不是当年的育华学校了，已是面目全非、破烂不堪的教室，球场杂草丛生，住着一些当地流浪汉，看了让人感到一阵凄凉心酸。然而，当年的育华学校的美好情景依然能浮现在我们的脑海里，历历在目……回想当年我教书，夫人秀兰勤工俭学，一边学习，一边替老师洗衣服，所得报酬用来交学费，就这样我们俩结下了爱情的种子。

一转眼两个月的探亲时光结束了，我们俩带着浓浓的亲友情意依依不舍地踏上回国的旅程。自 1960 年回到中国之后，相隔 30 多年，总算实现了我夫人探亲的愿望。她心里显得特别满足和高兴，我也替她感到无比的欣慰。

然而，好景不长，探亲回来不久，我夫人被诊断出胆道癌。突如其来的坏消息给她沉重的打击，她住院了，需要做手术，此时此刻我心里特别沉重，暗暗地流泪。天哪，她一生连同这次手术总共做了五次大手术，她的肚皮留下深深的五道疤痕，可见她承受过多大的痛苦呀！住院不久，夫人还是撒手人寰，离我们父女俩而去，不过，我想她探亲如愿了才离去，真是天意呀！

1997 年，我退休了。退休后我参加了广西老年书画研究会，负责辅导老人绘画及参与艺术创作。此后，我又重新挥毫作画。我擅长山水画、人物画、连环画、速写，多年来，我深入广西各地，经常以一瓶矿泉水、一顶草帽，外出写生。天道酬勤，我先后创作了不少作品。连环画册《戊戌政变》《刘赤水艳遇孤

曾令威退休后重新挥毫作画

仙子》分别由广西人民出版社、广西民族出版社出版；《广西山水线描》画集由广西老年书画研究会编印；山水画《德天瀑布》被首届广西东盟博览会收藏；山水画《瑶山村》被北京华侨博物馆收藏；人物画《中华儿女》被中国人民革命军事博物馆书画展组委会收藏；参展作品有人物画《琴弦传友谊》《数风流人物》《缅甸情思》和山水画《春流》《金秀山》（参加四省展）等多部作品。我现为广西美术家协会会员，任广西老年书画研究会常务理事等职。

我可以算是晚年得福。一是女儿女婿孝顺，二是迎娶了第二任夫人。我女儿曾勤1992年毕业于暨南大学中文系，大学期间曾参加广西日报社的征文比赛，她的作文《九层糕》获得了一等奖。她现在在广西中国旅行社工作，我的第二任夫人是缅甸归侨吴红玉，她为人善良正直，勤劳能干，贤惠有加。我晚年因长期且严重的颈椎病行动不便，外出参加活动或写生时她都耐心陪伴着我，同志们都夸她是好老伴，里里外外都是一把好手。正因为有她这样的好老伴，我晚年才能静心进行艺术创作，要是说艺术创作方面取得成就的话，老伴的默默付出有一半功劳。在她无微不至的照顾下，我的身体逐渐得到康复，谢谢我的老伴。

今年我八十有三，风风雨雨，坎坷一生。我永远不会忘记父亲他老人家临终前的嘱咐：我们的根在中国。如今我可以非常骄傲地告诉在九泉之下的父亲、母亲：“爸妈，孩儿不仅已经回到祖国——中国，还看到了崛起的社会主义中国，强大的社会主义中国！安息吧爸妈！孩儿将在有生之年继续努力，为社会主义祖国发挥余热。”

赵耀强[1]

一

我的一生是风雨坎坷、悲喜交加的一生。

1939 年 9 月，我出生在马来亚柔佛州昔加末的丁能（Tenang），现在我还保留有当年的出生证。6 岁那年，我见证了日军投降缴械、人民抗日军接管地方政权的历史时刻，看着英殖民政府重返马来西亚。

我小学在出生地读书，中学时就到了距离我家约 40 公里的另一个城市读华文学校，课本是从中国大陆运来的。1952—1954 年间，我们学校的校长和一些老师与马共有联系，这些老师中有个别是从中国来的。

马来人大多是从印尼迁移过去的。马共在我们村附近有一个中队。我们附近有个村设了一个警察局，有一天马共攻打了这个警察局，十几个警察被打了。马来西亚有一部电影就是以这个事件为蓝本写的，里面是华人去打警察局，甚至连教科书也这样写。但事实上是这批马共以马来人为多，只有一个华人参与。虽然马共主席、副主席都是马来人，马共的成员中也有印度人、英国人，但当时它常常跟华人联系到一起。1948 年，马共被列为非法组织。

1948 年 6 月，我亲眼看见有 4 辆兵车来镇压橡胶园罢工，并打死 6 个工人。这个橡胶园离我家有六七公里，在一个叫作“加 maong”的村庄里，工人中既有印度人，也有华人。在我们那里，方圆二三十里都是抗日根据地，其领导人都是马共。

我出于什么动机参加马共？在那种环境下，不参加是不可能的。那时我家所在的居本峇鲁（Kebun Baru）附近就是抗日军第十总部（后来该总部变成马共的联络点），大概离我家有两公里，我们村里一千多人每个月都要捐钱给它。

---

① 2018 年 10 月 17 日，在马来西亚归侨颜金发先生的介绍和陪同下，梁茂春、陈文采访了赵耀强先生。本篇文字系根据访谈录音以及《悠悠赤子情——广州华侨补校 1956—1957 年初二（五）班纪念册》（2010 年）等相关资料整理而成。

1949 年，我才十岁，就开始参与涉及马共的活动。我每天陪送母亲去胶园割胶都会遇到联络点的一个“海南婆”（她是马共总部的地下工作者），她就是我的引路人，叫我送信、送咖啡、拿情报、运输粮食。大家都是这样做的，因为我们华人在那里总是感觉受到了欺负，因此就像我们的老师一样，都倾向马共，这是耳濡目染的结果，在马共的成员里华人是占多数的。为了共同的目标，华人与马共就团结起来了。十二岁时，我正式投入马共的工作，当时还带了七个小队员。

1954 年 1 月 2 日，游击队派出了 18 个人执行运粮行动，该行动由马共的支部书记罗才统筹安排，但是罗才却与英军串通，出卖了马共。那时我是小红兵，手下有七个小队员。当天下午五时左右，村支书罗才叫我去面授任务，他说：“今天晚上有重要的行动任务，你去召集你的小鬼队队员在天黑前到村外巡逻放哨，如果发现有异常情况立刻直接向我报告，不得贻误。”

我即刻去召集我的队员，并给曾良成、林多典、张金林和陆成先等布置任务。我亲自负责金山岭脚下公路沿线及监视警察局和村闸门的动静；曾良成、林多典、张金林三人分别负责东、南、北面的巡逻放哨；陆成先和村支书刘象是一对堂兄弟，因他们俩的父亲刘里、刘兵通敌被甘文彪和徐炳煌处决，所以没有通知他们参加。

天黑不久，突然从村东面田芭方向传来密集的枪声，夹杂着机关枪声、手榴弹爆炸声，子弹从头顶上呼啸而过，新村原本就安装有探照灯。警察局和店铺前、金山岭脚下的公路上，装甲车、吉普车、运兵的罗厘车（货车，英文 lorry 音译）估计不下 30 辆，排成左右两条长龙来回穿梭。天空远处又传来飞机的轰鸣声，并在新村上空投放照明弹，各种亮光齐聚，把村庄照得通亮。在泰山西南的柔甲边区三支中队金岭大本营方向也传来密集的炸弹声和炮声。密密麻麻的枪炮声足足响了一个小时，凌晨两三点才平静下来。

事发时我正在村议事厅的闸门附近巡逻放哨，听到枪炮响声，我就躲进洪才炎的咖啡店。洪才炎等三四个人在那里目瞪口呆，我们都明白，这是出大事了，心里忐忑不安。我透过门板缝观察马路对面被铁丝网隔开的警察局的动静，当时已经是晚上八九点钟了，公路上仍然有几十辆吉普车、装甲车、罗厘车，车上载满大兵，有古鲁卡兵、斐济兵、孟加拉大头兵、红毛兵、马来亚兵和华人兵，总数不下一百人，他们都荷枪实弹，空中还有飞机配合作战。如此大规模的地空联合围剿，在当时的马来西亚实属罕见。

好不容易熬到凌晨三四点钟，门外忽然响起一阵敲门声，才炎嫂前去开门，见到夏素（音译）带着几个英军士兵进来，说是来抓我的。他们把我带到距离不足百米远的警察局里，在这次事件中，我是第一个被捕的。英国人用英语审问我，我半懂不懂的，干脆不作声，或回答“不知道”，站在旁边的夏素恐吓我，用枪托砸我的脚板。我痛得忍不住尖叫，幸好英国人阻止了他我才没再被打。

过了一阵子，昔加末政治部的暗牌头官珍生（外号“阿狼狗”）来审我，要我供出游击队的会合地点、交通站，以及利民达、东甲、居本峇鲁新村的联络站和联系人名字；还审问我：平时是谁指派我与民峰、丁水、梁德才、甘文彪、徐炳煌、李明等人联络的？在什么地方、用什么方法会面？我给他们送的粮食、药品和信件是从哪里弄来的？还有送过哪方面的情报？我只是傻笑不说话。

天大亮之后，他们把我带出警察局大门外，看见大门外的操场上站着十几位被抓来的乡亲，其中有我爸爸、罗焕、黄益、张九等十几位。后来他们被押到峇株巴辖镇上关押了十多天才放回来。他们把我押上装甲车，往砂益方向驶去，到了靠近东甲的一个兵营，让我吃早餐后，又把我拉回到昔加末七条石的兵营，交给叛徒潘七看守。

第三天，我被押到昔加末警察局关了两天，马来兵逼供不遂，就用枪头使劲地往我的脚板上砸，痛得要命。这几下砸，给我的脚带来了永久性的伤害，右小腿自此无法健全发育，我的左右脚大小不一，走路一瘸一拐的。

那天，阿狼狗叫一个游击队的投降分子带我上街买衣服，然后去咖啡店喝咖啡、吃饭。回到警察局后，阿狼狗就带我去政治部看他们在这次战役中的战利品。此时我才真正确定民峰和丁水已经被打死。因为在政治部的战果陈列室中，我看到了我曾经拿来玩过的、非常熟悉的民峰使用的那支荷兰歪嘴手枪和丁水使用的勃朗宁手枪。

第三天中午，我在警察局监房里看到徐炳煌和颜德走过，知道大势已去。再过两天，原陈国光的警卫员罗某也出来了。

七八天后，英国人把人送去麻坡感化院接受“感化”。以前，我也曾两次被抓去少管所，但由于广西同乡会出面相救，我才没有被关进去。后来我才得知，我得到了昔加末广西会馆会长劳盛初的帮助，他以我未满 16 岁、属于未成年人为由担保我，少管所才把我放了出来。但我被限制居住在昔加末，住吃都要在阿末街七号劳盛初的咖啡店，由劳盛初监视我的起居行动。他们规定我上午必须去昔华中学上学，下午则在劳盛初的咖啡店打工。每个星期一下午，我都必须到警察局向政治部报到签字。三个月过后，改为每个月一号必须到政治部报到签字。到 1956 年 9 月，进一步放宽到每三个月报到签字一次，限制居留的范围也从昔加末县扩大到整个柔佛州了。这个时候，我的族伯父越敬恰好打算回国探亲。

1956年10月初，听说族伯父要回中国探亲，我认为这是天赐良机，经过反复考虑后，我决定抓住机会跟他一起回中国。广西同乡会财库的黎逸飞也给我提供了支持。1956年10月20日，我找到广西同乡会财库的黎逸飞，要求取回我爸存在会馆里准备在广西村开发橡胶园的150叻币。他开始没有答应我，我就跟他磨了一天。他问："你老实告诉我，你要钱干什么？"我老实告诉他："我想回国。"他答应了，但只给了120叻币。21日中午，我坐火车到新加坡，傍晚就到了，我找到了族伯父，并花120叻币买了船票，再到市场买了两套衣物。

10月23日下午，我登上了开往香港的邮轮，离开了马来西亚。在海上漂泊了七个昼夜后，我们在香港上岸，经过罗湖桥，回到了祖国的怀抱。回来两三个月后，直到我族伯父回去马来西亚，我父亲他们才知道我已经回到中国了。

二

回到中国后，我被分配到广州华侨补校初二（五）班学习。1957年8月，我又被分配到厦门集美中学读初三。1961年夏，高中未毕业的我就被安排回祖籍地广西来宾华侨农场工作，由于我学习过水利工程专业知识，单位安排我从事水利工程方面的工作。1984年我又调到广西壮族自治区侨办华侨企业局工作，直到1999年退休。

在来宾华侨农场工作期间，我工作积极，表现突出，27岁时就是来宾华侨农场水力发电站站长。原本还算顺利，但是1966年"文化大革命"开始，我的人生道路因此改变。

1967年冬天的一个夜晚，我以来宾华侨农场水力发电站站长的身份，为全体员工汇报学习毛泽东思想的心得体会，谈对"文化大革命"的认识。没想到间隔不到24小时，我就莫名其妙地被迫接受革命领导小组和革命群众的批斗，"罪证"是：1954年我曾因为马共叛徒出卖被捕，后得到广西会馆会长担保而限居软禁；1956年10月逃跑回中国。我被扣了三大罪名：一是污蔑毛主席。二是现行反革命，因有一位国民党的儿子被批斗，我说他没有做过坏事，就被说成"帮敌人说情"。三是背叛马共，他们质疑我为什么要逃离马来西亚：你在马来西亚参加了共产党，为什么还回来？是不是背叛了马共？说我是叛徒、特务。当时，有海外关系特别容易被说成是特务，对方不用提出任何证据。欲加之罪，何患无辞？

站长职务被革除后，我全家被下放到农业第六生产队进行劳动改造，直到

1970年。在劳动改造期间，我起早摸黑，在地里挑粪种菜、养猪、铲草、耕田、插秧、割稻，无所不干。寒冬腊月时还被迫光着脚板下鱼塘挖塘泥、挑塘泥。一天下来经常腰酸背痛，走路都有气无力。劳动一天回来，晚上还得背着沉重的精神枷锁去指定的地方，接受革命群众的批斗。当时，我每天做完农活，在饭堂吃了晚饭，就要拿着一张小板凳，走到饭堂中间接受群众批斗，被打、被踢、下跪是常有的事。这样的生活持续了一年多。那时，一个月的薪水也从32元减少到9元，直到1975年。

赵耀强伉俪的结婚照

农耕活每天都得下田，一天，烈日当空的中午，我随口说了一句："啊！今天太阳那么毒！"就这样，我又多了一项罪名——"含沙射影、攻击毛主席的现行反革命"。

不久，地方领导推动"农业学大寨"，由于我学过水利工程专业知识，被革委会副主任招到山坡上去弄梯田，他规划从清水河抽水到50多米的山头供水造梯田，我不假思索地说："农场二队及场部食堂附近还有大片现成的水利灌溉的平地，稍加改造就可变成良田，不开垦，偏要上山造梯田，那不是劳民伤财吗？"结果，当场又被加了一项"反对农业学大寨，反对毛主席"的罪名。

后来，我质疑领导以种树做门面邀功的行为，说了一句"年年种树，年年不见树"，因而又被扣上一个"反对绿化"的罪名。

那时，我两个年幼的孩子也受到拖累，还在幼儿园的大女儿被批为反革命。我的太太经常受到"划清界限，立功赎罪"的教育，甚至被逼与我离婚，但她却始终与我同舟共济，患难与共，厮守终身。她于2006年底病逝。

虽然受尽折磨，但我始终坚信历史会还我清白，宣判我无罪，总有一天会雨过天晴见彩虹的。1978年，我迎来了人生的又一个转折点，我从农业生产基地正式调回农场场部，主管供销、基建、机务工作，还兼负安置越南难民的基建工作。

1982年6月，农场处遗办领导小组以场党委的名义，对我在"文化大革命"的遭遇下达了令人啼笑皆非的平反书。要拿黑材料去烧，我问有关人员："怎么我的材料才这么一点？起码有一百页。"我当场提出异议，并拒绝在上面签字。之后，政工部门多次找我，要我相信党，相信组织，要我认清形势，不要执迷不悟，然而我只是缄口不言。1984 年元月，在上级处遗办的督促下，农场有关领导万般无奈才以党的名义给我重新发了第二份平反书。

1984 年春节，我被广西壮族自治区侨办调到落实知青办公室，先后在广西华侨企业供销公司、华侨企业局等部门工作。后调到侨办落实办工作，搞落实归侨工作。再后来，又调到侨办职称办，专门管理评职称的事务，直到 1999 年退休。

改革开放的春风，使我的一生、我的家庭发生了根本性的变化。从 1993 年起，我的四个女儿中有三个从国有企业走出来，自谋职业，下海经商，成了个体工商户。我的二女儿竟在我出国期间，辞去华侨服装厂收入丰厚的工作，向我的朋友借了 3 万元，就在工厂对面开起了窗帘店。他们夫妇经过十多年的苦心经营，已初具规模，安排了数十位农民的工作，几年前每年向国家上缴七八万元税金，算是南宁市同行业中的领头羊了。大女儿也在其妹下海两年后，辞去华侨印刷厂的照排工作，下海开了一间文印店。老三被广西壮族自治区政府派到广西驻深圳办事处工作，三年后，又自费到新加坡深造，现在是中国东盟博览会秘书处驻新加坡办事处的负责人。老四在赴英国完成学业后，也到新加坡工作了。

三

我在马来西亚是第二代移民。1927 年，我父亲从广西到马来西亚，他当时刚 19 岁，是独自坐船过去的。1937 年，他回乡结婚。他之前还有一个未婚妻，没有过门就过世了。

我家有八个兄弟姐妹，我是老大，后面有两个弟弟，五个妹妹，只有我一个人回国。我当时离开时没有跟家里人告别，因为父母亲根本就不让我走。我回国时，我的一个妹妹刚刚满月。现在我的兄弟姐妹都在马来西亚，他们已经加入了马来西亚国籍。目前我的家族有上百人在马来西亚。1991 年春节我回去时，他们还在老地方，那是我们多年来的第一次见面。

我回来后一直没有与家人联系，直到 1979 年才第一次联系。我太太是在印尼棉兰出生的，她的家人现在大部分在雅加达。1979 年，我妈妈去世，家人寄信到来宾华侨农场，政工科和武装部的人找到我，然后我就和家人联系上了。1983 年我父亲回国看我，那时我还在来宾华侨农场，他在我这里住了三个月。1996 年、1997 年、2003 年他又回来过三次。他最后一次回来是在 2003 年，那次他一定要回老家看看，那时还没有公路。

1989 年底，我爸爸对我说：你回来探亲吧，拿出生纸办护照，寄去马来西亚办签证。但后来办理签证时遇到阻碍，因为有关部门查到我的身份证是马来西亚独立前的，所以不给签证。我的出生地为马来西亚，马来西亚政府规定，1957年8月31日以前回中国的都不能进马来西亚了，没有超过60岁的也不给签证了。于是我就把回马来西亚的想法放到一边了。到了1991年，我的朋友，侨办的陈科长，看到我的户口本上名字用汉语拼音，出生时间是1940年，出生地为广西，就建议我办旅游签证去，15天时间签证就通过了。我回去时，我的朋友一看到我就说："马共回来了！"

当年我回国时，家里环境还很一般。1992年我第二次重返马来西亚过年时，才知道家里有一个橡胶园。我小弟是1960年出生的，他说带我去看几片橡胶园，一片十几亩，还有可可园。这曾引起我弟媳的误解，她生气了，误以为要把橡胶园分给我。后来有一次家里又叫我回去开家庭会议。我父亲90多岁了，要分家了，弟弟提了方案，家产总共有4份，我是最大的，可得两份；两个弟弟每人一份，妹妹没有份。我想：为什么妹妹她们没有？这个橡胶园都是妹妹和妈妈一起做出来的，我和弟弟没有贡献。我说：这样分不合理，我凭什么分得两份，妹妹她们凭什么没有。他们说：按照传统就是这样。我说：把我那两份分给几个妹妹，因为我什么都没做。后来财产还没有分配，我就回中国了。我小弟才70岁就去世了，他生前一直在马来西亚管橡胶园。现在橡胶园没人管了，原来说收入一半归管理者，但现在实际上谁也不管。

我爸爸去世时，邻居都送了帛金，我爸爸在当地年纪大，大家对他比较尊敬，我们收到了三四万马币。我带了五万马币去，最后没有用完。父亲去世百天的时候，我带上我的小孩一起去了，我们的宴席摆了三四十桌。

我认识陈平的原秘书（马共的秘书）李亚育，马共还有人是从黄埔军校毕业的。2017年我组织14位马来西亚华人到广西旅游，其中有12人是马共的，他们去了桂林、阳朔以及中越边境镇南关旅游。

马共在泰南地区时，把泰南控制得比较好，后来马共走了以后，泰南就乱了，所以当马共退到泰南后，泰国政府就让他们在当地居住了。

赵耀强老先生（右）与采访者陈文（左）

自 1991 年第一次回到马来西亚以来，我就经常穿梭于新加坡、马来西亚之间，为增进三国之间的人民友谊和民间交往穿针引线、牵线搭桥。最令我宽慰和自豪的是，成功为南宁引进近亿元的蛋鸡养殖场投资——南宁诚兴农业科技有限公司，该厂成为当时西南地区规模最大、最先进的工厂式机械化养鸡场之一，日产 60 万枚鸡蛋，还兼种植有机蔬菜和瓜果。该养殖场的投资人马来西亚诚兴农业有限公司董事长戴国光先生 2010 年被授予南宁市荣誉市民的光荣称号。2008 年，我被该公司聘为顾问。

1997 年广西新马华侨联谊会成立后，由于工作需要，我被选为副会长，2007 年改任荣誉会长。

朱国良[①]

一

我的祖籍是广东梅县，我爸十六七岁时因家乡生活困苦，跟着水客到了印尼。那时我妈作为童养媳已经与我爸结婚了，这种“童养媳”的风俗在当时的梅县是很时兴的。在比较困难的家庭，女孩子很小的时候就被卖给男方，由男方来抚养，到了一定年龄就结婚。我爸到印尼雅加达后，就到一个梅县人开的店铺“亚弄店”（Warung）里做帮工。我爸出去两年后，由水客把我妈带到印尼。在日本侵占印尼时期，店主不做了，要回乡落叶归根，我爸就把“亚弄店”盘过来经营。

1942 年，我出生于印尼首都雅加达城乡接壤部的芒加拉地区（Mangarai）我们十一个兄弟姐妹，都在印尼出生。那时父母就靠经营这个小店铺来维持生计，养活我们十一个兄弟姐妹，把我们都养育成人。父母勤俭持家，相当辛苦。

很多印尼华侨华人在经济上都是从经营“亚弄店”起步的。这种店铺比杂货铺还要“杂”，什么五花八门的商品都卖，小到针线、碗筷、咸鱼干，大到水泥、建材、沙子之类的都有。我爸把店铺盘过来之后，先是卖主要作为牛马饲料的米糠，因为那时印尼以马车作为主要的交通工具，所以米糠需求量还比较大。后来又卖木炭、煤油，这些商品都是印尼很需要的，也很畅销。这样慢慢地积累资金，再扩大店铺经营的商品范围。

我爸的身体一直比较差，因为他在 1943 年左右曾被日本人抓去坐牢。在监狱关押期间，他受了虐待，导致身体受损，落下了肺部的毛病。当时日本人抓他的理由可能是他向抗日力量出售商品吧。他一直坐牢，直到日本投降才被放出来，我记得我妈曾背着我去牢房看望过他。那段时间店铺的事情就由我妈照看

① 第一次访谈时间：2013 年 8 月 12 日；采访：陈健。第二次访谈时间：2018 年 10 月 2 日；采访：梁茂春、陈文。采访和录音整理：梁茂春。访谈地点：朱国良家中。

了。我爸出狱后继续打理店铺，他负责搬运货物，我妈负责看店。当时他经常生病，所以也常去私人诊所找华人西医看病。看病也很费时间，看一次病没有个半天是不行的。我爸就这么艰难地走过来了。我回国后，直到“文化大革命”期间我们之间一直有书信联系。中国改革开放之初，我父母曾到桂林来看我，但父亲来到这里不到一个月就去世了，享年七十九岁。我在印尼的姐姐和妹妹过来把他的骨灰带回了印尼，这样也算是另一种“落叶归根”了。

在印尼时，我们一家居住在雅加达南区一个叫作巴萨明古的地方，那里是有名的果乡，遍地是果树，孩子们可以随意攀爬采摘，但那里也是警匪交战的地区。在这里经常能听到枪声，也不知道是谁与谁打仗，我们常常要钻床底、桌底避险。

当时，雅加达有两个游泳池，我们家就在其中之一的“芒加拉游泳池”的对面。附近是荷兰人的居住区，印尼当地人则居住在我们房屋的后面。我大哥后来继续经营那个“亚弄店”，印尼当地人的房子都紧靠我们家的房子，当时我们与印尼本地人关系很不错，他们都会来我们店铺买东西。我们互相之间也常送东西，我们华侨以年糕作为礼物送给他们，一个小小的年糕，他们都很看重，视为珍贵的礼物，非常高兴，认为能够收到华侨的年糕，就是得到了华侨最大的尊重和爱戴。所以一到过年的时候，我们就做几百斤的糯米糕，把它们放到屋顶晒干后作为礼物送给他们。当时印尼本地人是非常纯朴的。在伊斯兰教新年时，他们也会给我们送土特产，例如水果、咖喱鸡、咖喱牛肉等，他们会一碗一碗地端过来给我们吃，当时华侨与印尼人的关系真的是非常融洽，不存在他们骂我们“支那”或者我们骂他们“番鬼”之类的事情。20 世纪 50 年代之后形势才有转变，那时所谓的民族主义开始兴起，出现了“华人是欺诈我们的寄生虫”的流言。我们明显感受到，以前华人与印尼本地人小孩之间一起嬉戏玩耍的场景将不复存在了，族群之间的隔阂也慢慢加深了。直到现在，情况仍然不容乐观。前几天棉兰有一家华人商店店主被打了，这家华人还要向警察道歉。在苏门答腊岛也发生同样的事情，这两天海啸发生后，政府官员说：你们如果没有东西吃，可以到超市去拿。然后就发生了华人商店被抢的事件。

1959 年，苏加诺总统发布“十号法令”。我认为这是受到了印尼国内民族主义浪潮影响的结果。由于不同政治势力的影响，苏加诺对华侨华人的态度也存在不确定性。不过当时只是驱赶居住在县以下的华侨，雅加达以及其他城市的华侨没有被驱赶。

印尼当局认为华侨在县以下掠夺了他们的资源，所以就把华侨挤到大城市，不管华侨是否能够生存。中国驻印尼大使馆对华侨们说：你们如果打算回中国就坐船回来，不回来就在印尼继续生存。但这个法令到了 1961 年下半年就执行不下去了，因为大量华侨被赶到城市，县以下的经济不行了，那里的商业网络瘫痪了，老百姓要买油米针线都找不到地方买了。所以后来驱赶华侨的行动就基本停止了。

我们当时住的地方比较乱，有土匪，有当地人，有政府警察等，我们华侨不能得罪他们，否则会过得不好。不管对方是土匪也好，警察也好，当地人也好，华侨都要与之搞好关系。我爸曾救过一个土匪，后来这些土匪对我们很好。我们开店时，有一些印尼地痞来店里随意拿东西，我们也不得不给他拿，只求他拿少一点就行，一般不敢吱声。他们一般只拿烟酒这些比较值钱的东西，不过不会大把大把地拿走东西，一般也就是拿一两包烟而已，像咸鱼干之类的便宜东西他们是不要的。总之，在印尼，华侨的生存是不容易的。后来，印尼本地人慢慢都迁到了我们家周围，那个“亚弄店”和我们家就被本地人的房子包围起来了，连房屋都靠在一起，成为真正的邻居了。所以我们当时很怕火灾，因为印尼本地人的房子都是用茅草叶来做顶盖的，然后再用竹片作为建材。他们没有电灯，基本上是用煤油灯照明，老鼠一碰倒煤油灯，就容易发生火灾，而且会“火烧连营”，周边房屋无一幸免。在我记忆中我们那里曾发生过两次大火。

印尼本地人不是不勤劳，是因为他们没有机会。华侨华人勤劳节俭，一毛钱当作两毛用，而印尼人五毛钱当一毛花，一旦有点钱就不干活了。印尼的土地非常好，作物种下去总会有收成，所以种下去就等着收获了，不需要努力耕作。这还可能与他们的生活习惯有关，也可能与气候有关，印尼天气比较热。华侨华人一般都是从一而终，印尼当地人可以娶几个老婆，他们勤俭持家的意识远不如华侨华人。

我的童年生活虽然很苦，但确实很开心、很幸福，可以自由自在地与印尼当地的小朋友们玩，觉得很安全。荷兰人对我们华侨也很好，他们经过我们住的地方时常送给我们糖果。我们华侨把荷兰人叫作“红毛鬼”。

1949 年，我已经到上学年龄。中华人民共和国成立、中国与印尼建交后，印尼当地的华文教育进入了新纪元，开始了蓬勃的发展时期。距我家四、五里地的地方就有一所由侨领投资建立的完小——铭登中华小学，提供完全的中文教育。我小学毕业后又顺利地考上了巴城中学（后来改称雅城中学）。这所学校由热心教育事业的侨领集资兴办，是一个师资力量、教学设备都很强的左派学校。建校早期就有不少来自国内的名校，如南京中央大学、圣约翰大学、国立清华大学等二十多位老师，他们给巴中的教育质量打下了坚实的基础；后期则有不少师范毕业的校友来任教。学生中有相当一部分是从外岛的尖子生中考进来的，其余则是从本市各校的学生中录取，因此学生们有很强的学习能力，也有很强的动手能力。我们只上半天课，另一半时间是到生物、物理和化学实验室做实验（每周都安排三个半天上实验课）。我们在印尼读书的时候比国内的学生还要艰苦一些，不仅经常要在学校做实验，还要帮家里做事，除此之外，我还要常常帮父亲拿药看病。礼拜一、三、五是物理、化学和生物的实验课，一般下午两点半就要到学校做实验，做到五点，放学后要帮父母做家务，照看店铺的生意。一般“亚弄店”也要到晚上七点多以后才关门，因为印尼人也是这个时候回家做饭，这之前他们都会来买东西。

我的印尼语还算比较好，这不仅与我在华校的教育有关，也与我孩提时代的环境有关。在华校的时候，我们学生之间的交谈一般都是用印尼语，并形成了习惯。另外，我从小就与印尼本地人做邻居，天天与他们在一起，在那里只有我们一家是华侨，所以我很早就会说印尼语。现在我看的书有很多是印尼文的，也常看一些印尼的新闻，不用查词典。

二

中华人民共和国成立之前，父亲曾经回过一次中国，时间很短暂。那次应该是回来买田地的，因为他积攒了一些钱，所以回来买地建房子。没想到“土改”时就因为这个被定为“华侨地主”，伯母也被当作地主婆来批斗。我们家里人都很生气，当时许多华侨家庭都遇到这种情况。后来，我们申诉说这是我们用辛苦劳动挣来的钱购买的土地，不应该没收，也不应被划分为地主成分。后来“土改”的一些过激的做法很快就被纠正过来。但是我爸从此开始由“左”转为“右”，不再支持共产党了。一些华侨的心理也产生了动摇，认为曾经支持共产党的华侨受到了不公平的对待。

当时共产党的宣传工作很厉害，把好的方面宣传得很到位，我们都知道这些情况。比如当时上海生产的英雄牌（Hero）钢笔，确实价廉物美，很受学生们的喜爱。印尼华侨办的《新报》《生活报》都是亲共产党的左派报纸，报道中华人民共和国的新闻都是正面的，我们当时就受这些报纸的影响。现在看来，当时这些报纸所宣传的，有些夸大的成分，不够实事求是。“土改”以后，我爸就开始订阅亲国民党的《天声日报》，不再订阅《新报》和《生活报》了。不少华侨也像我爸爸那样发生了这样的转变。所以，我爸当初并不支持我回大陆。

在印尼的华侨华人分为两派，一派亲共产党，一派亲国民党，两派有时走在路上都会吵架，但是不会打架。华文学校也以此分为两派，后来左派多数都回大陆了，巴中、华中的华侨师生是亲共产党的左派，中山中学的则是亲国民党的右派。那时国民党也派人到印尼去抢夺华文学校，如果学校换了校长，有可能等于换派别了。到1960年以后，这种派别斗争就慢慢少了，因为亲国民党的华侨也被驱赶了。我们亲共的学生一般都回大陆，亲国民党的学生就去台湾。印尼不允许拥有双重国籍，是印尼籍的就要效忠印尼，你选择中国国籍，若要继续深造，就只能回中国或是去一些西方国家。

1958年，印尼华侨华人的教育也开始出现分化，华文学校只接受中国籍的学生，印尼籍华人子弟则需要到印尼学校读书。当时雅加达有两所华文学校很出名，一是巴城中学（或称巴中），全名是巴达维亚中学；另一所是华中，也就是中华中学。这两所学校的校长也都很有名。巴中的校长就是后来暨南大学东南亚研究所所长司徒赞，中华中学的校长是李春鸣。巴中当时很有名望，学校的实验室条件很好，印尼大学的都比不上，学校的设备和师资都是从中国的名牌大学调来的。中国的老师来了以后都是认认真真地教学，所以教学质量很高。学校的经费全部来自华侨华人的捐赠，经济实力也十分雄厚，侨团里的许多人是学校的董事和股东，一般华校是不以赚钱为目的的，属于公益事业。巴中以中文教学为主，以数理化等科为优势，所以回到国内后我们的数理化很快就跟上了，只是在中文和政治两科上与国内学生的水平存在一些差距。中华学校则主要以外文教学为主。

两派的华文学校相比之下，还是亲共产党的学校教学质量好，中山中学的学生我们是看不起的，社会上也看不起他们，因为华侨中的优等生都到巴中了。印尼华商界的人才基本上都是亲共的，印尼当局也害怕了。

我们这些归侨的爱国热情并不比国内群众低，甚至我们可能更爱国。我们受华文学校教育的影响，思想上与国内相近。当时华校基本上使用的是新中国的教材，只不过讲解可能不一样而已。在国外，寄人篱下的感觉是很不好受的，我们深有体会，这也是我决定回国的主要原因。

在我十一个兄弟姐妹中，我排第六。我为什么要回来？一方面是因为祖国的感召和强大，另一方面则是我们在印尼受欺压。我们华侨华人不被印尼政府所认可、接纳，哪怕是加入印尼籍，也照样是要受歧视的。华侨遭受社会压迫、经济压制，政治参与的权利也受到剥夺。华侨华人在经济上的成功主要是自我奋斗的结果，他们不仅没有得到印尼政府的任何照顾，而且在经济上处处受到歧视和政策的压制。华侨子弟进不了当地大学，印尼也不允许华侨华人开办大学，所以我们没办法上大学，只有回国或到国外去才能上大学。其实，每年的六七月份，我们华侨的子弟就有很多人回国，主要就是要回到中国上大学。

国内是非常欢迎华侨子弟回来读书的。当时中国驻印尼大使叫黄镇，他经常到我们的华文学校去聊天，给我们讲国内的形势，鼓励我们回国。他经常与我们坐在学校的草地上聊天，非常随意，一直聊到我们要去上课了，他才离开，一点架子也没有。那时的大使馆官员真的非常杰出啊。我们当时就想：这么大的官员都能够与我们这样融洽地在一起交流，说明祖国不简单啊！这使得我们深为感动，并对祖国产生了很好的印象。许多同学因此立下决心一定要回到祖国的怀抱中并为祖国贡献力量，我也是被深深吸引和感动的一员。

1959 年，随着苏加诺总统签署的“十号法令”的执行，从驱赶在乡镇从业的华侨开始，一场排华的浪潮席卷印尼各地。我们身处城市，虽然不属驱赶的对象，但侨心是相连相通的。我们各大华校立即行动起来，帮助这些已无家可归的难侨，同时我们也掀起了回国读书的浪潮。大批学生的回归，有力地表明了我国政府是有能力保护华侨的。一时各种商业活动萧条，经济下滑，排华的严重后果出来了，这才迫使印尼政府停止了排华活动。我也在这时选择回国去。回国就意味着从此难见自己的父母和亲人，甚至可能是永远不再相见。因为印尼政府在我们回国的签证上，注明了“永远不再回印尼”的誓言。我们毫不犹豫地按下了手印。

朱国良从印尼带回国的游戏棋 Cangklok

虽然我爸一直不赞成我回国，但我还是坚持。我说：不回国我能做什么？我又不喜欢做生意，因为我不喜欢骗人。做生意的人经常骗人，比如在秤砣下面贴一枚硬币偷秤骗人，我是读书人，我要回来读书，不想做生意。我爸就说，那你先回去，如果情况真的好，大家再回去。我妈在我回国的问题上没有说什么，这是客家人的家风，一般女人不做主，都是男人说了算。当时我爸让我多带点东西回去，连菜盘和饭碗都让我带上了。在我爸的想象中，中国的生活会很苦，他说：你回去就只能吃红薯了。他让我带了这么多东西回来，是准备如果他们有朝一日也回来了，这些东西还能用得上。这些菜盘、饭碗和玩游戏用的 Cangklok，我现在还一直在用，结果他们并没有回来。

1959 年下半年，我们华文学校基本上已经不能正常上课了，学校工作被打乱，高年级同学随时停课接待难侨，或到海关协助扛行李，校园也被用来安置难侨。到了 1965 年，印尼的华文学校全部都被没收了。

1960 年我回国时，巴中三千多名学生有一半也回国了。中华侨团和学校有组织地安排学生回国，申请—登记—大使馆审批—乘船离境，这个流程中每个环节的工作都有条不紊。侨团的负责人都是我们华文学校的股东，他们组织学生回中国读书的工作做得很好，学生中无人抱怨。当时，中国政府派船去印尼接侨，但需要我们自己支付船票费用。中国没有派船时，我们有些学生就自己去坐商务船。我坐的是中国租的苏联船，叫“美上美”，它是专门到印尼接华侨学生回国读书的。我们在上船的前一天就被集中到华中，第二天中华侨团的车就来接我们去上船，我能感受到侨团的工作做得非常好。“美上美”就是一艘货船，我们大部分时间都在甲板上，很冷。我们5月20日从印尼雅加达出发，27日到达广州黄埔港口。途中遭遇了一点惊险——到新加坡附近的时候，海上刮起了大风浪，这时船上广播说：我们的船遇上了大风浪，我们必须高速前进，并且要抛弃部分行李。据说那些比较大件的行李就被抛到海里了。

整装待发——登船回国时

船到广州后，我们在黄埔港上岸，然后在位于石牌的广州华侨补校停留了十多天。国家分配时，我报名到南宁，因为我不喜欢北方的天寒地冻。政府就组织我们一批人上了到南宁的火车，那是一趟客货列车，我们坐了两天才到南宁。我在南宁金牛桥旁边的华侨补习学校学习了一段时间，然后参加考试，顺利考上了重点中学南宁三中。那时到南宁三中的侨生，被编成两个班，一是侨三班（高三年级），一是侨二班（高二年级），我在侨三班。在国内读书，确实与国外有很大的不同，学习气氛不同，老师讲课、辅导方式不同，同学间关系不同，学习时长也不同。在国内读书，除了吃饭、睡觉，处理生活小事，其他时间都可以在教室看书、做题目。老师在晚间自习课也会到课堂答疑，同学间也乐意互相帮助解题。在这么优良的学习环境熏陶下，我的学习成绩有了很大的提高。

归侨们快乐的合影

南宁三中侨生在生产基地学农

刚回国时也有一些事让我们归侨感到不愉快。有一天，南宁华侨补习学校校长召集我们开大会。她说：你们现在回来了，就要把政治立场转变过来，不要还想着资产阶级的那一套，现在还有些人与国外的亲人联系，你们还不赶紧跟你们的父母划清阶级界限吗？我听了非常反感，我想我父母怎么会是资产阶级，他们是劳动人民。当天晚上我马上跟家里写信，告诉他们我的校长要我与你们划清界限。当时信件来回要两三个月。

我的信曾被拆过一次，不过信封上有一个封条写着“此信已经拆封”。究竟是哪个部门拆的，是海关、邮局还是公安局拆的，反正是有一个部门负责的，我就不管了，没有给我心理造成阴影就行了。这封信是我爸亲自写的，他读过四年小学，繁体字写得很好。我妈则是文盲。

三

无论在印尼还是回国后，我的学习成绩一直是中游水平。1961 年五六月份我参加高考，结果幸运地被广西医学院医疗系录取，可以说是得偿所愿，当时的学制是五年。1961 年 9 月，我就去上大学了。学习医学是我从小就有的愿望。由于我父亲从日军牢房中被放出来后，就染上了结核病、哮喘病，常年要就医、用药，我年纪稍长时，就会陪同去挂号、候诊、取药。在印尼取药，只能到私人药房去配药，常常是一处药房配不齐所需要的药，必须多跑几家，费时费力。父亲的病痛，使我下决心学医，以解除我父亲的痛苦。

大学期间除需要购买工作服、各种教科书、听诊器外，不用再承担其他费用，助学金解决了我们的吃、住问题。那时，我国正处在遭受严重自然灾害的时期，但国家却给予我们这些归侨学生无微不至的照顾，这使我们没有遭受到饥饿的威胁。我们每周都有半天的劳动课，在学院的农业生产基地上，我们种菜养鱼，自给有余。除了专业课的学习和各种实验外，学校也非常重视学生的思想品德教育。马列主义的哲学思想课培养我们深刻认识唯物论，破除唯心论，这在医学教育中是非常重要的一环。学校也很重视社会调查，让我们多了解农村的现状，比如组织我们参加四清运动、地方病普查等。

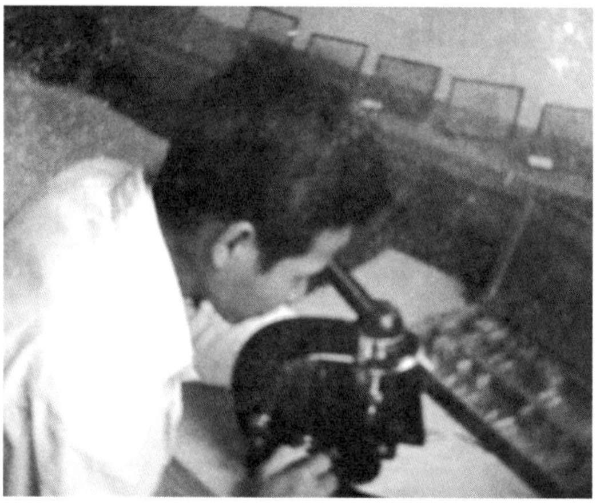

在医学院实验室

五年的大学生活刚结束，席卷全国的“文化大革命”如暴风骤雨般把我们卷入纷争中。毕业分配被暂停了，这期间让我参加流行性感冒的防治工作。经历两年的煎熬后，1968 年 8 月中央启动了毕业生的分配工作。按“626 指示”，在军宣队（军队宣传工作队）、工宣队（工人宣传工作队）的管理下，我们这些大学生全部都被分配到基层去工作。特别是我们这些归侨，没有一个分配到城市的，全部都被分到农村、基层，到隆林、西林、乐业、天峨等这些广西有名的大山区里面去工作。我被分配到了离桂林市不远的临桂县农村卫生所工作，这一干就是十年。我到临桂县委组织部报到时，组织部的人说：你工作的问题，我们没办法安排。听到这句话，我就要求组织部把我的档案退回学校。组织部的人说：你过一个礼拜再来吧。一个礼拜后我又去，县委组织部又说：你再等一等吧。我又这样等了一个礼拜。后来他们把我分配到临桂的庙头，我就去了。在接受毕业分配工作上受到如此刁难、推诿，我至今仍然感到有些不公。

到了庙头之后，当年十二月份我就作为“走白专道路资产阶级知识分子”被抓了起来，被关在当时的农机厂，现在那个地方是娃哈哈的厂区。我去的时候那里已经关了一百多号人，还有人拿枪站岗守卫。当时我也弄不清这是什么情况。他们要我们写了几次检讨，我就抄毛主席语录，抄了很多页。我受了两次批斗，但由于没有罪名，后来又被放了，他们让我回去工作，也没说明抓我的原因。

后来卫生所又出现了“打倒白专道路朱国良”的大字报。我胆子也很大，我把大字报拿去给公社革委会主任看，说：“我怎么才工作了两个月就成了白专？”当时我觉得有些极“左”思想是很可笑的。

20 世纪六七十年代，广西农村的医疗水平、技术、医疗设备、工作环境都很落后，人员素质也参差不齐，但工作量很繁杂，没有内科、外科、妇产科等的分科制度，医生可谓都是全科医生，除担负日常的医疗工作，还要做防疫工作，督促各种预防针、药的按时接种，农忙时还要下乡去收割、插田。虽然当时工资不高，物质生活也不富裕，但我的工作精神、服务态度是得到当地百姓、职工所认可的，我不会因为是归侨而自认清高，而是勤勤恳恳、清清白白地做好我的医生工作，工作中除了自觉学习新知识，更多时候也向老中草医学习，跟他们到崇山峻岭中挖掘草药，学习单方偏方，这方面的收获使我终身受益。

20 世纪 70 年代，印尼归侨中掀起了一股出国浪潮。在“文化大革命”中遭受不公的待遇，使得一些归侨感到不安，也令一些海外亲友感到担忧，一些归侨因此希望离开这种环境。这些出国的归侨不是不爱国了，而是无奈。在我的生活中虽然也受到这样那样、明的暗的伤害，但我始终割舍不下我心爱的治病救人的工作。对我遭受的伤害，我都能泰然处之。故我在出国风潮中沉下心来，不为所动，坚守自己的岗位，在祖国扎下了根，为自己心爱的治病救人事业奋斗，直到退休。

1978 年我和同是印尼归侨的爱人（也是医生）调到了桂林的南溪山医院，当时叫作“越南医院”，我到了消化科，一干就干到退休。我爱人在干部病房工作，直到退休。

自 1960 年回来后，我与在国外的父母兄弟只能通过书信联系。改革开放初期，大概是 1987 年或 1982 年，我第一次从中国返回印尼，是桂林市印尼归侨中最早去印尼探亲的人之一。我是带着儿子去的，当时母亲还在，我们隔了二十几年才和大家见了面。除了我大哥还在原地经营那个“亚弄店”之外，其他兄弟姐妹都已分散各处，十三人的小家庭，已经扩张到了几十号人的大家庭，他们都跟华人结了婚。华人内部通婚，这有好的方面，也有不好的方面，好的方面是文化沟通没有障碍，不好的方面是不同族群之间的隔阂不容易消除。但是对华人而言，与穆斯林结婚确实不容易，因为这意味着必须改信伊斯兰教。我的兄弟姐妹基本上信仰基督教和佛教；我的同学中也只有两个人信伊斯兰教，其他都是信仰佛教、基督教或天主教。

回印尼探亲时的合影

我的其他兄弟姐妹都还在雅加达，有一个妹妹和妹夫因为年纪大了，不想经商，想落叶归根了，打算回国定居。但我们在梅县老家已经没有什么亲人了，在中国只有我这个亲哥哥，所以他们就在桂林买了房，想在这里长期居住。不过很难申请定居或办理居住证，必须每个月到香港办一次签证，非常麻烦且辛苦。

1998 年，由桂林市侨联推荐我代表归国华侨联合会，任第八届广西壮族自治区政协委员。任期内我对桂林市华侨农场有了更多的接触和了解。在农场发生工资拖欠或不足额发放时，我们就能通过政协渠道把情况反映上去。老归侨们的老旧平房，在政府有关政策帮助下，从 2005 年起到 2015 年完成了三期的平房换楼房工程，老归侨告别了矮漏潮的危房，都住进了干干净净的新楼。

自我回国六十年来，祖国的面貌发生翻天覆地的变化，从贫穷落后发展到今天的繁荣昌盛、国富民强，我有幸成为参与者、见证者、受益者。退休金的增长就是最好的说明。

2021 年我国宣布实现了小康目标、摆脱了绝对贫困。我们已迈向实现第二个百年奋斗目标的征程，大步向前。我在祖国六十年的风雨历练中，得到了锻炼和成长。我将在这条正确道路上，永远热爱我的祖国和人民，永远跟党走。我永远不会忘记回国的初心——为祖国贡献青春和力量。

印尼归侨甲[1]

一

我们是从印尼回来的，1960 年 8 月 24 日进入这个农场。武帽的印尼归侨是当年 5 月份到的，我们晚一点，算是第三批，第二批是 2 月份到的。我们昨天晚上还在三队庆祝回国 46 周年。三队有 70% 是归侨，本地人少一些，我们这里本地人占了一半。我们都去了，全场的人都去了，主要活动是跳舞。

当时因为印尼排华，我们就申请回国，国内派船把我们接了回来。我们印尼的家在东爪哇岛，在日惹的农村。我是跟着爸爸回国的，当时我们一共十个人一起回来。我们回国坐的是苏联的船，船非常大，上面什么娱乐场所都有，包括电影院、托儿所、篮球场、游泳池，吃的也很好。我们乘船抵达了湛江后，再直接坐火车到了南宁。我们在南宁的和平旅社住了下来，和平旅社就在火车站的对面，现在叫作“朝阳旅社”。那个时候南宁的人很少，很安静。我们在那里一共住了二十天，那些日子里我们就去看戏、逛公园，每天到处去玩。

回国的时候我们什么都没有，刚刚回到这里的时候，看到房子后我们都哭了。当时这里的房屋全部都是茅草屋，屋里还有老鼠。到了晚上，大家都不敢到外面走。有一些人以前在印尼是住在县城里的，没在农村住过，完全没有心理准备。那时我们是在公共食堂吃饭的，食堂的师傅也是归侨，他们煮什么我们就吃什么。他们用饭罐来蒸饭，煮出来的饭上面有一层黄黄的东西，因为所使用的水里有泥巴。当时我们都吃不惯，有些人都吐了。

本来我们是申请到海南岛的，因为那里的气候与印尼相近一点。但我们还是填了服从分配，而且我们也不清楚这里的具体情况。来到这里之前，国家也没有

---

① 访谈时间：2006 年 8 月；采访和录音整理：梁茂春；访谈地点：武鸣某华侨农场；受访者：匿名。在 2006 年至 2007 年，我们对南宁、桂林两地归侨进行了访谈，主要目的是为将来的田野调查做准备，所以普遍采取匿名记录的方式，在访谈过程中并未记录受访者的真实姓名。考虑到一些受访者自述的个人经历内容比较丰富，也有一定的口述史价值，所以也一并放入本书的后半部分，并以化名“甲乙丙丁……”代之。

让我们先来看过，就直接用车把我们拉到这里了。当时经过武鸣的五海桥时，我们还停下来每人喝了一碗水，那是武鸣县用来欢迎我们的。当时来我们农场的有几十趟车，拉了 3 000 多人。我们来到农场，看到什么都没有，简直是欲哭无泪。刚安顿下来后，我就到处去找开水，结果被告知房门外面的大水缸里的水就是烧好的，这个水缸就是给我们喝水用的。万一下雨也没有东西可以挡一下缸口，我们过去在印尼都没有这么苦！当时就有两个人跑了，后来他们也被追回来了，先被送到北京，然后再被送回来这里。从印尼坐船回来的这一路上，情况是越来越差，我们都哭了好几个晚上。当时我 17 岁，本来是想回来读书的，一回到中国直接就被安排在农场做农业劳动了。刚开始的时候我一个月只有 3 元的工资，那时我们每个人一个月只有 4 两油。物资不足时，有些本地人会拿煮熟的红薯和一些肥皂之类的东西卖给我们。那时的中国，很苦啊！

领导给我们发了棉衣、棉被、床铺。1960 年 9 月 1 日我们就被安排去参加集体劳动了。我们的父母在印尼主要是做生意，没有干过这种农活，我们都没有扛过锄头、沙耙，很不习惯。我们不会挑东西，只能两个人一起扛，这样扛着走路就走不好了，本地人都笑话我们。一开始我们去扛水，一桶水都装不了一半，后来才慢慢学会挑水。当时只能喝池塘里的水，到了冬天池塘就干了，我们只好去一公里远的山脚下取水。我们只能埋怨自己当初回国的决定了。政府也关心我们，先是派人挖井，挖不成后开始钻井，一直到 1978 年还是 1979 年才挖出一口井。后来我们喝水的问题就解决了，有了类似自来水一样的供水了。以前我要下河去挑水，还要排队，所以经常因抢水而吵架。我们这个分场很多小队 60% 以上都是本地人。有些本地人还冒充华侨，因为“侨”字在当时还是很有好处的。以前冬天没有水，就用手扶拖拉机去外面拉回来，然后就在分场分配，我们就去排队等水，然后挑回来倒入大缸中。

1960 年我回来时才 17 岁，书只读到了小学，本来是要读中学的，但因为在印尼时我们家老是搬来搬去，我换了四个学校，每换一个学校都要重读，所以到 17 岁时还在读小学。我读的四个学校都是华文学校。

我从小就没有了妈妈，是爸爸把我抚养大。因为我们生活困难，他一个人在农村生活。我们家就三个小孩，包括姐姐、哥哥和我，都被送到县城让我姑姑帮忙养。我姐姐很小就出嫁了，嫁给了华人，她丈夫的年龄比她大很多，两人岁数相差一倍多，那也是没办法呀，也是为了我这个妹妹。我姑姑家有 17 个人，也很困难，所以我舅舅就帮忙把我弄去一个贫民学校读书。那时上学是不用交学费的，因为有专门资助困难的华人读书的学校。办校的人祖籍是福建漳州的，是亲国民党的。后来，我姑姑说不要读反动派的学校，要去中华学校读，那是进步的学校，是共产党办的。虽然我父亲是中国籍的，但是因为我没有“国籍证”，所以我还是不能进这个学校读书。我没有中国的“国籍证”，所以我到了15岁就不能去华文学校读书了。我只好转到印尼学校去读，印尼学校里使用的教材全部都是印尼文，只有一门中文课程。我只读了一年多，因为很多门课程考试都不过关，读得很吃力，所以就放弃了。那时我16岁，回到家里没事干，就在家里看书，再过了一年就回国了。

我回国的时候，姐姐对我说：你回了中国，如果生活好的话，我也想回来。我就跟她说好写信用的暗号，如果回国生活好就用“A”作为暗号，不好就用“P”作为暗号。因为我当时就很害怕，担心我们的信件会被中国的警察查出来。回国两个月后，我就在信里写了一个“P”给她，说明生活不好了，告诉她不要回国。在那封信里我也写了别的事情，比如政府把我们安置在哪里，但涉及回国好不好的问题，我就写了一个“P”，至于来到这里的具体情况，比如住在茅草屋的情况，我都不敢写。而我姐夫在回信中告诉我说，千万不要回家乡福建福清，政府安置在哪里就去哪里，这样的话，有困难时政府可适当地照顾。

我姐夫的姐姐的孩子，原来在福建的集美大学读书，1959年才去的印尼，他本来劝我不要回国的。但我回答说：“我回国的主要目的是想读书，因为我在印尼，华文学校读不了，印尼学校又读不下去，很吃力，我爱读中文，爱我的中华。”他说：“你不要回国，你回去生活肯定会大变的！是要吃苦头的！你回去也不可能读书了！”但当时中国在印尼做了很多宣传，说是可以回来读书，可以发挥自己的一技之长。果然，回到中国后情况真的是如他所说的。回来两个月后我给姐姐写信，就写了某某人（指我姐夫的姐姐的孩子）当初说的话很对，然后再用了“P”这个暗号告诉我姐姐不要回来了。

二

其实不回国也是可以的，也是不会有什么问题的。我姐姐就没回来，她现在已经加入印尼籍了。只不过我是因为想读书，所以才回来的，主要是想回来读中文。但想不到的是回来之后再也没有进入校门，而是直接参加工作了。

我们归侨住的这个村，以前是没有像样的公路通往外面的，直到2005年大家集资修建了一条通往外面的路。当时，每个人出了60块钱，政府也拨了一部分钱。

讲起来呀，有好多苦，讲不完。在印尼吃饭的时候，我们有辣椒、花生，来到这里后连菜都没有油，只能用清水来煮蕹菜。所以有时我们剥花生的时候，就偷偷地放一点到自己的口袋里，那时花生是公家的，管得也不是很严。到了晚上，我们就去农场的地里挖马铃薯来吃。

刚刚回来的时候国家没有给我们什么补助，所以我们也没有什么钱，只是吃饭不用钱而已。那时男人抽烟，一个月农场给男人发5块钱工资，女人发3块钱工资。1961年我们去修一个水库，当时我们农场有时能吃到米饭，我们去修水利的竟然没有米饭吃，只能吃红薯。在印尼的时候我们很少吃红薯，都是吃白米饭的。在印尼，红薯只是作为零食来吃的，在这里变成主食了！还有一次食堂没有米饭，只有黄豆，而且只是用水煮熟，也不放油，只放了一点盐。我们回来一年多的时候，有人饿得水肿了。1960年的时候中苏关系还很好的，我们就是坐苏联的船回来的，但到了1961年苏联开始逼债了，所以很困难嘛。当时一个月都吃不到一餐猪肉，这样的生活过了三年左右。到1964年的时候，我们从分场搬来了总场，换了一个食堂。

我们回国的时候，没有多带东西回来。在印尼我们一年四季穿的都是裙子，哪里知道中国这边到了冬天这么冷。我们睡觉的时候就用两张凳子架起几块木板，再铺上稻草，就这样睡了。

我们当时肯定非常想回到印尼呀！可是再回印尼是不可能的了。到了“文化大革命”以后，才开始有人去了香港，他们有些人有亲戚在香港，所以就可以找办法去香港。像我们没有海外关系的，只好继续待在这里了。

我每年给我姐姐写三四封信。我生了小孩或者孩子生病的时候，我都会写信告诉她，她就会寄钱、寄东西回来给我。我姐姐经常寄一些东西回来，一年寄两三趟，包括饼干、牛奶、冰糖、白糖，一般半个月就寄到了。一趟书信来回一个月左右，回信到南宁或里建邮电局领就可以了。到1966年“文化大革命”后，我就告诉我姐姐不要再寄钱了，然后她最后寄了一次就不再寄了。

刚回来的时候就开始给我们划成分了，有“富裕小商”和“贫苦小商”两类。有些人就是在印尼开一个小商店，卖了一点东西，就被划成“富裕小商”了。这两个成分的待遇是不同的，被划为“富裕小商”的家庭，一个人只能得到“贫苦小商”一半的工资待遇。有些华侨回来之前本来也是很贫苦的，回来之后因为亲人从印尼寄些东西回来，就被划为“富裕小商”了。我爸爸被划成“富裕小商”，我丈夫被划成“贫苦小商”。“文化大革命”后我还去农场问过为什么要划我爸爸为“富裕小商”，办公室的人说：你以后不要再来问这个问题，否则会犯案的，会被认为是搞特务活动的。幸亏后来我连队长的职务也辞去，不干了，所以后来在“文化大革命”中我没有挨过整。

我至今还没有回过印尼呢。哥哥在2004年回去过一次，他带了儿子一起回去的，去我们原来住的地方找姐姐。姐姐是老大，哥哥是老二，我是老三。他回来后说：那边真的是好啊。我有46年没有回过印尼了。他问我想不想回去，我说想，但目前没有钱。他说：你一定要回去呀！他说姐姐过得很好，我姐夫是很有钱的，他有工厂，20 世纪 60 年代就已经有了。现在姐姐、姐夫都老了，所以就把生意交给孩子了。他们在印尼的孩子喜欢赌博，这一点很不好。他们家有一个儿子现在在欧洲发展，全家都已经在欧洲了。1984 年姐姐曾来过上海，我们在上海见过。她带自己的孩子来治病，我当时就到上海去，与她一起生活了两个月。1993 年的时候，姐夫和他的外孙女也一起来桂林看望过我们。他们是到桂林旅游的，主要是想看看中国的新面貌吧。我姐夫的同事跟我说：你姐夫是很有钱的，你可以向他要钱。但我没有向姐夫伸手要钱，虽然我在农场很穷，一个月才 40 元。

现在从香港去印尼的往返机票只需要 1 000 多元，去北京的机票都要 1 800 多元了。同样的钱，我们更愿去印尼看看，因为那里曾经是生我养我的地方啊！1984 年，姐姐来上海时我曾跟她去了一趟长城，她说如果不去长城，就等于没有来过中国。

现在我们这个分场的归侨只有四百多人了，不包括侨眷，可当初回来的时候有三千多人。主要是因为出国的出国，去世的去世，人少了。现在中国比以前好多了，所以印尼的人都开始到这里投资、读书了。我们现在要重新跟印尼那边的人联系，不懂得印尼文就很难了，因为那边的人也都不懂得中文了。我的孩子是 1963 年出生的，他们都会印尼文。我家老二 1994 年去过印尼，他一个人去玩了一个月。印尼华人的思想很进步，他们很爱国，也很团结。我们当时还在印尼的时候，每人都捐款给中国。1958 年的时候，中国开展“大跃进”，我们中华学校组织学生捐款，买粮食、买东西捐给中国，支援中国。他们看体育比赛的时候都是看中国队，也很关心中国的事情。现在我们回到印尼的时候，穿的大多是印尼的衣服，印尼的华人就觉得奇怪，问我们为什么不穿中国的衣服，反而买印尼的衣服回去穿？我们也有人带中国的衣服到印尼去卖，因为这些衣服比印尼的还要便宜一些，印尼的华人也喜欢穿中国做的衣服。在我们农场，很多人反而穿印尼的花花绿绿的衣服，这里的本地人是不会这样穿的。

我们现在已经不后悔当初回国的决定了，后悔也没有什么用了。当时刚刚回来的时候很多人后悔。那时我们把带回来的大大的金戒指卖了才能得 9 块钱，手表也卖掉了。在印尼这些东西是很贵的。但不卖又能怎么办呢？没有饭吃呀！我们把东西卖给当地人，他们也是偷偷摸摸地把这些东西拿去贩卖了。如果他们被抓到也是要坐牢的，这算是投机倒把罪呀。有一个归侨，他的父母在印尼没有钱，就让他回到中国读书，后来却读不成书，只能到这里做工。所以，他就要求办理手续重新回到印尼。但他没能回去，反而被打成了“反革命分子”了。“文化大革命”的时候我们连信都写不了，因为这里要求我们不能与国外的人沟通，要与外面断绝关系，不能与自己的亲人写信。“文化大革命”之后我们才能写信回印尼，但也不经常写信，不敢写，更不能乱写，比如说吃苦什么的。刚回来的时候，有一段时间我们食堂的饭菜天天都是蕹菜和红薯，有一个华侨用筷子“叮叮当当”地敲打自己的饭碗，叫了起来：“蕹菜万岁！”结果被农场的干部抓去做思想教育。我们那时候即使写信，也不敢说中国穷。我们写的信都会被检查，看看里面写了什么。不过现在中国已经发展起来了，连国外的华人都已经相信：你们生活得很好！

不过，还是附近的农村的百姓的生活更好。我们农场的地一亩要收 200 元的土地管理费。农村已经免除这项费用了，但是我们华侨农场还是要收这笔钱交给分场，不交就不给我们发工资。农场解释说因为我们是国有企业，所以才收这个钱。

印尼归侨乙[1]

我们1960年回来到现在，经历了很多酸甜苦辣。我们回来时的行李包上写的都是“中国广州”，大使馆告诉我们，国家将我们安排在了广州，所以我们的皮箱、行李上写的都是“中国广州”。但是在湛江上岸住了三天后，我们就坐火车来到了广西南宁。我们在南宁师范学校住了一个礼拜，我估计这一个礼拜是为了动员本地人腾出他们的房子来给我们住。然后我们就坐车到武鸣华侨农场来了。

刚到这里时，我们住在静安对面的村子里，住在本地人家中。国家让本地人搬到另一个地方，把他们的房子腾出来，我们就暂时住在他们家里。本地人的房子有土房，也有砖房，就在武帽这个地方。三年后，本地人又搬到别的地方去了。其他印尼归侨则被安置到静安，那里是把猪栏装修成了简易安置房。

1963年这里建了一个居民点，我们就搬到这里来了，本地人就又搬回他们原来的家。农场分为两个队，本地人一个队，我们归侨一个队。这些房子就是1963年建的，现在都是危房了，还在修修补补。我们提意见也没有用，说是拨的款不够修新房，一户只有6 500元补助维修房子。我们住的房子，如果是在城市早就是危房了。政府要求我们把这些房子买下来，英才队的归侨就是不想买。其实这个房子是国家用安置费修建的，按理说就是归侨的房子。现在农场又想模仿城市搞房改，后来一些归侨不买，接着住，也不用交租金，但没有产权。我们即使买了也只有使用权，没有产权，还不如不买，不用花钱，像现在这样住着。

“文化大革命”期间我们被批斗，怕得要命呀！虽然当时被批斗的是少数人。你现在无论问他们什么，人家也不会讲的。

当年我回来时是十七岁，那时我们上学还是坐在龙眼树底下，一个班一个班的，哪里有树荫就在哪里上课，没有教室的。我在印尼已经读到四年级了，当时是在中华学校读中文，要交学费的。后来印尼排华了，学校就关闭了。

---

① 访谈时间：2006年8月；采访：梁茂春；访谈地点：武鸣某华侨农场；受访者：匿名。

印尼归侨丙[①]

大概是在1998年，由我叔叔担保，我爸爸妈妈和三个妹妹、一个姐姐去了香港。他们现在的生活比我们的好。我二姐是第一个出去的，我姐夫在来宾矿务局，他也是归侨，我们当中他是第一个去的香港，后来他就接我的妹妹和父母出去。他们一个接一个地出去了，只有我大姐和我留在这里，因为我们已经结婚了，没办法出去了。我们在这里生活比较困难，所以他们会从境外寄一点钱给我们。我爸爸不知道哪一年去世了，我妈妈她们仍继续寄一点钱给我。我今年八月份还去了一趟香港，看我妈妈和姐妹。现在上头要我们买这个危房，我们花了两千多块钱买。我们反映了很多次问题也没有用，单位没有钱也没有办法，我们也不知道去找谁。以前农场里有很多归侨，十分热闹，现在有很多归侨去香港了，清静多了，出去了好多人。他们出去后生活都比我们的好。我们幸好有我妹妹的支援，否则生活也难呀！我们的房子都漏水了，还是我妹妹寄钱帮助装修了一下，否则就住不了了。还好我的小孩在香港，在香港生病去看医生不用花钱。

我爸爸去世很多年了，我妈妈还在香港，现在差不多90岁了。我妹妹常要我去看看母亲，她年纪大了，我每年都会去香港看她和我妹妹两次。以前都是坐飞机去，由她们帮我买机票。有一次我带女儿一起过去，我说：我没坐过火车，想试一下。于是妹妹帮我们买了软卧，2个人800多元，从南宁坐火车到广州，然后从广州坐车经深圳过关到香港，广州火车站售票处人很多，乱哄哄的，排队排了很久，比较麻烦。我今年7月份刚从香港回来，这次是一个人去的，住了三个月，去程是从南宁坐汽车到深圳，比较方便，不用转车。武鸣也有到深圳的汽车，但是要到广东云浮下车转车，也比较麻烦。南宁有车直达深圳，从江南车站出发，车票230元，是卧铺车，可以睡觉。香港很热闹，而且香港的公共汽车排队比较有秩序，很干净，治安也好。他们想带我去玩，但我现在年纪大了，只能在家陪陪我妈妈。我妹夫原来在武汉，后来到香港定居，他前几天刚刚到这里看我和我大姐，住了9天。前天我到罗圩送他上车，他从罗圩坐车到南宁，然后再从南宁坐飞机到香港。我告诉他，要看好自己的包和钱，小心小偷。

在来宾的二姐夫1979年去了香港，然后接我二姐出去。1984年我二姐就接

---

① 访谈时间：2006年8月；采访：梁茂春；访谈地点：武鸣某华侨农场；受访者：匿名。

我爸妈、妹妹到了香港，当时我三个妹妹还没有结婚，去到那边才结婚。那时我已经有三个孩子了，去不了了。可惜我和我大姐没能出去，现在出去很难了。每次我去香港，他们都会买东西帮助我们。我一年会去两三次，不能再多了，这边的家里也要照顾。

我们这个队叫果林队，原来有 60 多户归侨，现在只剩 10 多户了，其中在香港有亲戚的有 7 户。我们大多数都有亲戚在海外。如果没有海外亲戚，一个月三百多元是不够生活的。我们自己做印尼糕、黄金糕等印尼小吃。本地人很少来我们印尼归侨家里串门。

印尼归侨丁[①]

一

我爸爸在印尼有两个老婆，我是小妈妈的儿子。我原本有十个兄弟姐妹，1960 年，父母带着我们六个兄弟姐妹回来。两个大哥哥是双胞胎，我是老三，还有老四、老五、老六、老七都在农场，老八是妹妹，妹妹下面还有一个弟弟过世了。1961 年，我妹妹拉肚子治不好过世了，当时没有棺材，我们只好用睡觉的床板做了棺材。还有一个弟弟生下来两三个月后，因缺少奶粉票，母亲又没有奶水，营养不良过世了。

回来的时候我才 8 岁，完全不习惯这里的生活：饭是用水蒸的，吃饭的时候是一家家地拿饭票去食堂领回家吃，菜是青菜，一个月只能吃两三次肉，每月每人只有两三两白糖。我吃不饱，但没有办法，那时国家困难。

我们回来之前，共产党在印尼宣传说，回国吃饭不要钱。那时国家是派苏联船去接我们的，我们从雅加达到广东湛江花了一个礼拜，然后在湛江住了一个礼拜后就到了南宁，一开始在学校住，后来分配到武鸣华侨农场。来到武鸣的归侨一共有一千多人，我们到达农场时，还有一部分人不肯下车。在武鸣华侨农场，我们先是住在牛栏临时改建的安置房，房顶是用茅草盖的。

我 8 岁开始读书，从幼儿园大班读起，9 岁读小学，读到初中毕业就不读了，虽然当时是有高中读的。几年之后，就是“文化大革命”了，对此我印象深刻。那时我 14 岁，他们开批斗大会，安排华侨坐在前面，让我们接受教育。有一年我也想跑到香港去，我跟一个印尼归侨同学一起跑了，我们是农场初中的同班同学。我们先跑到南宁，想坐车到梧州，我心里害怕，不敢走了，又跑了回来。这位同学后来考上了湖南大学土木系，20 世纪 80 年代初去澳大利亚留学，后来就留在那里了。

划成分时，我们家是“富裕小商”。当时给归侨定成分是以在印尼的身份为

① 访谈时间：2006 年 8 月；采访：梁茂春；访谈地点：武鸣某华侨农场；受访者：匿名。

根据的。小商小贩相当于中农，富裕小商小贩相当于富农。因为我父亲是做生意的，曾开过百货大楼之类的，但 1958 年倒闭了。我们 1960 年回来时，在印尼已经是穷人了，但还是被定为了“富裕小商”。农场发工资时是按成分等级来划分的，当时将归侨分为几等：贫苦归侨、农民每月 12 块，小商贩、富裕小商、小资本家每月 6 块。我家是每月 6 块。当时由我们自己报在印尼是农民还是小商贩，如果你是小商贩却申报为农民，一起回来的华侨也会举报你的。本来国家分配给我们每个人一件棉衣，但我们家两个人才有一件棉衣，这是不合理的。1964 年四清运动时，我父亲因是小商贩，成分不好，就挨了批斗。

我 18 岁初中毕业后就参加劳动了，一个月拿七八块钱工资。当时要抢工分，四分为 1 块钱，半劳动力可以拿 9 块，属于照顾性质。后来，我的工资上升到 18 ~24 块，20 世纪 80 年代达到 40 块一个月。当时的农活主要是种木薯、甘蔗、水稻、花生之类的农作物。

因为工资少，所以 1973 年我申请到香港定居时是用舅舅、外婆的名义申请的。香港现在有一批印尼归侨就是那时申请出去的。这个申请需要有亲戚在香港才能通过，不过亲戚也可以“创造”，有人请人用假的公章写信过来，说是什么亲戚之类的。由于我跟农场的办事人员合不来，那个秘书把我的申请压了三年，别的归侨的申请都通过了，可以走了，我却不能走。

我是 1979 年，也就是 27 岁时结的婚，我们家 1980 年有了一个女孩，后来又有了一对双胞胎男孩，现在他们都在南宁打工。

1984 年农场土地承包给个人了，我们就没有工资了，每个劳动力分 6 亩地，我们夫妇俩分了 12 亩。20 世纪 90 年代，1992—1993 年时，又重新按人头来分配，有的人家小孩太多，要养的人多，如果按劳动力分不合理，所以改成每个人分 3 亩地。我家有 5 个人，分得了 15 亩地，自己又开荒地 2 亩，一共有 17 亩。现在我把地租给别人种了，以每亩 380 元的价格出租。现在我们不用交公粮了，只需要交给分场每亩 30 元的管理费，我们最终每亩能租 350 元。但是这些钱是不够用的。我儿子在南宁酒楼打工，有时他们的工资也会被拖欠。我女儿 10 月份要结婚了。儿子想去美国，所以不想结婚，他们现在 21 岁了，一个在酒楼，一个在夜总会，他们的工资虽然不高，但找这些工作时都走了后门。现在去印尼一个人的来回机票大概 3 100 元，两个儿子也想去看看。他们办好护照后，由旅行社帮办理签证，可以签两个月。我们回去后可以在亲戚家里租房子，比旅店便宜很多，两房一厅可以住五六个人。

20 世纪 80 年代时，我们这儿的生活还行，分土地到户，我们的作物完成上交公粮任务后剩下的就归我们所有，但总场却不让我们自己自由在市场上卖掉剩下的余粮，而是要低价收购我们的粮食，然后溢价卖出，从中吃差价。20 世纪

90 年代就腐败多了，1991 年时一个老板说要来购买菠萝，价钱是 2 角 8 分一斤，我们偷偷地卖。有个归侨眼红，就报告到了总场。我们种菠萝需要买肥料，耕种、护理需要人力呀，我们也想卖个好价钱。后来我被抓了，总场按 1 角 8 分一斤收购我的菠萝，一共收了 2 000 多斤。不应该这样没收我们的菠萝，我们有小孩读书，要花钱的呀。

二

印尼人为什么穷呢？因为他们没有我们华侨那么勤快，他们整天抽烟、赌钱，所以穷。今年五月份我刚从印尼回来，我表妹他们有了两辆汽车，一辆上下班用，一辆留在家里。回国之后，我们在家里一直都讲印尼话，特别是跟我妈，只是在上学时讲普通话，所以我们印尼归侨讲普通话都有印尼口音，一听就知道是从印尼回来的。印尼人与中国人长相有区别，他们比较黑，即使白一点也能从他们的一举一动中分辨出来，印尼华侨也与国内的人有区别。我到过来宾华侨农场，我能分辨出哪个是印尼归侨，哪个是缅甸归侨，从口音里能听得出来。我到雅加达去买衣服，有一个服务员是印尼人，老板是华侨，我用印尼话跟服务员沟通，他说从我的口音就知道我是外国人。他还用印尼话跟老板说：把价钱抬高一点。他还以为我听不懂印尼话呢。我用印尼话跟他说："你做生意不要这样做，你要发财的话就不要这样，价钱应该都是一样的，我是印尼这里出生的哦。"那里的华侨普遍雇佣印尼本地人，我去做客时，印尼佣人都是很有礼貌的。

如果你去印尼，我可以带你去警备区看一下。我的朋友在那里工作，他是印尼人，在那儿当团长。我舅舅在印尼认识不少当官的印尼人，他在那里做生意。当年印尼排华时，当地的军官派军队把华侨包围起来，是为了保护他们呀！为什么印尼本地人当年烧华侨的商店？他们都是外地来的，如印尼的北方人到南方烧华侨商店，印尼的南方人到北方烧华侨商店。

他们为什么这么恨华侨？一方面是穷，印尼当地人是不存钱的，华侨则都想着存钱，所以有积蓄比印尼当地人富裕；另一方面是信仰，印尼人信仰伊斯兰教。信伊斯兰教的印尼人一天做几次礼拜，早上起床做一次，中午吃饭前又做一次，晚上又唱一次，放的音响声音很大、很吵。所以华侨一般不与他们同住一个社区，生活习惯相差太多。

1993 年我第一次去香港，此后 7 年里又去了 3 次。原来与我们一起回来的有 50 多人搬到香港了，他们说不愿意回来了。我在这里一直住到了 2000 年，我爱人去美国以后才搬到里建。这里算是比较偏远的。我爱人现在在美国休斯敦，她在美国待了6年时间了。我们通过电话联系，她从那边打过来，20美元可以打两个小时，一般一个月打一次。从这里打过去每分钟要2.4元，太贵了。我跟她说：你带孩子要带好一点，我不想去了，我不了解那里的情况。她老了也会回来的，在那里她只有一个临时身份。还是在中国好，中国的东西样样都便宜。

印尼归侨戊[1]

一

我爷爷去了印尼后，家人还在国内，我爸爸由我奶奶带着在国内读书。那时正是民国时代，我爸爸还是一个大学生。我爷爷从印尼寄外汇回来，让我爸爸在厦门大学读书。毕业后我爸爸就到福建南安当了中学老师。那个年代治安很差，因为我爸爸有我爷爷寄回来的外汇，福建那边的土匪知道以后，就把我爸爸抓去关了两个月，要我妈妈给钱才放人。我爸爸被关在一个山洞里，后来他逃了出来，我伯伯就叫他去印尼。就这样，爸爸把我一起带去印尼了。

我的叔叔是在印尼出生的，我的姑姑还带他回国内读过书，读到高中后他又回到了印尼。华人在印尼一般上不了大学，华文学校只能办到高中，学生毕业后没有大学可上。印尼每省都有两所华文中学。1960 年以前，有华中、巴中这样的华文中学。华中学生的中文比较好，80% 的学生毕业后都回到了中国，主要是回来读大学的，回来后一般都要进华侨补校学习一年才能考上大学，例如南宁补校一年就有 500 个学生。而巴中学生的英文比较好，70% 的学生毕业后到了其他国家读书。巴中的学生到国外读完书后都没有回印尼了，因为回不去了，当时回到印尼的大学生现在都当官了。

华侨华人在印尼的经济实力强大，不管是房地产，还是商业、制造业都由华侨华人掌握。印尼人主要是在政治上掌握大权，整个经济大权则掌握在华人手上。印尼排华的根源就是经济原因。印尼首都雅加达当时有大量华侨华人居住，当印尼有外宾来访时，雅加达挂的中国国旗比印尼国旗都多。所以印尼政府出台了一个政策，将华侨聚集到县以上的地方。但华侨不可能一下子都到县以上的城镇来住，因为要买房子，很多人是买不起城镇的房子的。

在印尼，所有的华文学校都是华人创办的，华人很团结，不管是高中、初中还是小学，都是由华人筹集资金创办的。那时，华文学校教学都是以中文为主、

---

① 访谈时间：2006 年 8 月；采访：梁茂春；访谈地点：武鸣某华侨农场；受访者：匿名。

印尼文为辅，一个星期只有 4 节课是印尼文。印尼文很好学，有 26 个字母，主要是学发音和拼写。小学学了印尼文，高中就不用学了。印尼不允许华侨华人开办大学，华侨华人学生大都是回中国考大学，如果想考印尼的大学，就得参加印尼的高考，只有 20% 的人能考上。

我老婆是侨生，曾在印尼的华文学校教过印尼文。我们回来后一直讲印尼话，我觉得我们这个家不能丢了印尼话。但是里建居民点的印尼归侨的孩子有的只会听、不会讲印尼话了。我们印尼归侨有的来自东爪哇，有的来自西爪哇，所以有的是讲印尼话，有的是讲爪哇话，我们这里的印尼归侨讲的是西爪哇话，团结分场讲的是东爪哇话，还有的讲的是印尼地方话，相互间是无法交流的。为了方便交流，他们的后代就很少讲印尼话了，大多都讲普通话了。

二

1960 年时，我父母、我和妻子、妹妹、弟弟 6 个人一起从印尼回国。我在海外已成家，回来时是 22 岁。当时我们先是在印尼大使馆报名回国，然后坐船回来。回来时先到了湛江，国家在那里分配我们的去处。我们报名去海南岛，因为海南岛的气候与印尼差不多，但是被安置到了广西。

然后我们从湛江坐大巴车到了南宁，被安排在广西干校住了一个星期，我们在那里接受思想教育。学校墙上的标语是“自愿为社会主义建设而奋斗”“我自愿到第一线”等。当时组织上就给我们做思想工作，说南宁有单车厂，后来我们到现场参观时发现那其实只是一个小小的打铁场。而汽车厂，只是一个修理汽车的场地；香茅厂，只是一个小小的饮料厂。

我们一大批归侨由 180 辆大巴车运来，这些大巴车都是 50 座的，走的是泥巴路，我们的行李则是用大卡车装运来。到武鸣华侨农场时，下车一看，到处茅草丛生，大家一看是这个样子，都哭了。

到达这里的农场后，很多人都不想留下，有的人回了老家，比如福建、广东；有的有关系的，就到华侨旅社当服务员；在印尼曾开过汽车的，就被安排去开车了。当时的南宁也不发达，但我们也没有什么机会留在南宁。填表的时候，我也想填“司机”，因为我在海外开过汽车，但是回来一看这里的都是大客车，我父母不让我去开，我听父母的话，就没有填。

农场里有一个养殖场，土地是国家的。我们刚到就住在猪栏里，是把猪搬迁到别的地方，用猪栏改建的安置房，一个猪栏就是一间房，那是很艰苦的生活环境呀！猪栏不够住就搭建茅棚。直到 1963 年才由国家拨款建起了房子。现在这些房子都是1963年建的，1980年又重新装修了一下。

刚回来时，达到劳动力要求的人可以领工资。开始是每人每月3.5元，后来提高到12元。补助分为三等，如果是“富裕小商”就拿三等补助；在印尼比较苦的就拿一等补助；在印尼做职员、工人的拿二等补助。“富裕小商”的补助后来提高到10块，最低是7块，最高是12块（农民）。为什么在划成分时，工作组知道哪些归侨是“富裕小商”？因为我们回来的时候都曾向我们的领队说明过生活情况。回来后，也由领队来划分成分。被划为“资本家”的话就不给补助了。刚刚回国时，大家都把手表、单车、黄金之类的卖掉换钱了。有的人带回了4斤黄金，都卖给了政府。当时一个手表可以卖四五百块钱，我们从印尼带回来的单车也很好，都是德国、法国生产的，也都卖了。我们是坐船回来的，带了好多东西，所有的东西都包装得很好，有的家庭的行李甚至一卡车都装不完，我们家行李也要两辆卡车才能装完。

我们农场的农活主要是种木薯、玉米。毛泽东时代要备战备荒，开荒种地，挖水库。现在这些都被破坏了，水库也没用了。一开始，我们每年冬季都去修水利，大家都很爱国，认为要自力更生。但是，“文化大革命”后，大家都心凉了，没有那么热心了。1962年，正值困难时期，我们每个劳动力每月18元，这里有很多人饿得浮肿，吃不饱，缺少营养。

“文化大革命”时期，我是老归侨，思想也很上进，但是，因为入党时交代了我有一个叔叔、一个姑姑还在印尼，他们说我有海外关系，上面就不给我当领导了，直到1980年才给我转成干部。

在“文化大革命”时期，有很多归侨出去了，尤其是归侨里的大学生，90%都出去了，在出去的印尼归侨中80%都留在了香港。在我们二队，从印尼回来的有500人，现在只剩20多人还留在这里。本来我也是想走的，但刚回国的时候，我是比较突出的。1961—1966年间，我当了六年的队长，1971年成为国家干部，然后又担任了九年的副场长。我是党员、国家干部，所以不好提出申请，不好走了。归侨离开最早是从1970年开始，一直到1973年，其间大批的归侨都跑出去了。他们一般都是申请探亲，出去就不回来了。去中国香港、澳门的归侨都是通过正常途径出去的，因为有亲戚在，可以申请探亲出去。由于印尼不准华侨返回印尼的故地了，所以他们中转到香港就停留下来了，在香港打工，我们队几百户归侨都是这样走的。

我现在一个月是拿600多元退休金，国家干部每月退休金1 300多元。我们也反映到中央了，我还写了很多信，都没有作用。我们写信到国务院总理办公室，回信说中央要派工作组，半个月前唐家璇到这里来做了调研。关于场部领导官僚主义、腐败、挪用公款的情况，我都在信里面写了。

农场已经变味了，做领导的归侨很少了，都是本地人做场部领导了，不为整个归侨群体着想了，他们不了解我们归侨对整个国家的贡献很大。为什么我们党对归侨很重视？比如说有一年海外华侨无偿支援广东25亿元，广东省政府拿来搞公路、医疗，建学校。但是，这里的人没有看到华侨对国家经济建设的贡献。国家应该把国内的归侨安置好，海外华侨才会积极援助国内经济建设。

我们二队原来有500多户归侨，现在只剩10户归侨了，其余全都是本地人。这里原来是归侨的安置房，归侨在1973—1978年间都走了，房子空了出来。20世纪90年代华侨农场就将空房卖给我们，我这一栋是1981年建的，有4户，其中有2户是本地人。我们用3 600元买的，后来我们自己装修过，不过地板还是原先用水泥铺的。家里有钱的就装修好一点，一般都是自己的子女去了澳门、香港，有点钱了就寄钱回来才装修好的。很少有归侨自己有能力装修房子，都是靠外面的亲戚寄钱回来支援。前面这一栋是1977年建的，是最早的房子；后面的房子是20世纪80年代建的。搬到里建新建楼房的归侨，大部分都是子女在外面有点钱，寄钱回来买的。

我们农场有18个大队，连周边本地人都并进来了。本地人原来是乡镇的农业户口，20世纪60年代并进来就转成非农业户口，变成了国家工人，因此有关系的都进来了。以前本地人很愿意被合并进华侨农场，因为那样可以享受与归侨一样的待遇，也照样可以领工资。到20世纪八九十年代开始出现承包制后，他们又想走乡镇承包那条路了。现在乡镇的待遇比农场还好，有的人就后悔进华侨农场了。1985年开始，我当副场长时，推行两个政策：生产资料自理和按劳动力分土地。2000年，华侨农场跟农村接轨，按人口来分土地。一开始很多人反对，闹得很厉害，因为以前是靠国家，承包后要靠自己了，化肥要自己出钱来买了。农场是这样分土地的：如果家里人口多，而且有能力开荒地，能把1960年抛荒的地开垦出来，在分配时也要将荒地交出来平均分配。农场按人头分土地，一个人头2.9亩，我家3个人才分到8.7亩，这样分配不合理。

我的退休金是每月600元，但有时一个月才发给我100元，那我怎么生活呀？因为我们生活困难，不得不签字同意这种分配，100块也要拿回来。从2003年到今天，我们上访几次了。现在我们能领足额的退休金了，但是前几年的还没有补下来。现在应该补给我们夫妇俩的钱达2万多元，但是还没补下来，不知中央会不会补。现在华侨农场融入了当地社会，我们这些老人想离开也没办法，只能在这里。一些有文化的人宁愿跑到外省去打工，也不愿回农场，为什么？这边各方面都比较差，环境不好，待遇不好。像我叔叔，后来瘫痪了，他有两个孩子，读到中专、大学，这边待遇低，本地人又歧视我们，回到这边来没有什么发展前景。现在土地都卖给外商了，建东盟经济园区，1.2万元一亩，但听说中央定5万元一亩，所以我们不满意。关于退休金，我们起诉了农场。上诉后，劳动仲裁法庭开庭。《南国早报》对此事有刊登。以前也有人告过，牵涉到政府部门，记者到总场调查，总场就打电话到分场，分场不敢讲，于是请记者到分场保卫科去坐。这样归侨有情况也不敢讲，中央政策下不到基层。①

农场为什么要克扣退休金？农场总部靠土地承租收费作为收入，但有的人不交租金，场部也是有开支的呀！这样就没有钱发放我们的退休金了。农场一亩收土地费100多元，有一年达到200多元一亩，农村都没有这么高的税费。现在华侨农场每亩收30多元土地费，但农村已经不用交这些钱了。乡镇干部的工资是由国家发的，我们农场干部的是由农场发的。每个生产队有一个队长，他们现在基本上都没什么事做，每年就拿着工资出去游玩，去北京、美国考察。去北京坐火车一个人就要2 000多元，场部70个人要花多少钱呀！场部队长的工作量很少，一个星期能工作两天都不错了。最忙的时候就是砍甘蔗时，要由队长来统一调配工作，平时基本上没什么事。

我们现在还跟海外的亲人有联系，我有一个叔叔和姑姑，我老婆有姐姐在印尼。以前我们靠写信联系，从这里寄去要一个月。我们这里三个分场属于罗圩邮政管，送信人到星期天才能送信来，我们投递信也要到罗圩镇上。就算这里设了投递箱，也不可能有人天天来取。如果在南宁市、武鸣县寄信就会快一点，在里建寄信二十来天就到了。现在大家都有电话、手机了，可以随时打电话联系。打长途电话到印尼要6元一分钟，那边打电话过来更贵，手机通话的费用则便宜一点。

1999年我内退，2000年就退休了。我们回过印尼。2000年我去了一个月印尼，到我老婆的姐姐那里探亲。她住在爪哇，离雅加达100公里。我大孙子30多岁了，最近想去印尼找工作，他跟我姑姑一起回去两个多月了，也不知道能不能找到工作。

---

① 2008年，中央、广西壮族自治区、南宁市等各级财政部门落实了补助武鸣某华侨农场的“改革和发展社会保障补助资金”4140.81万元，用于解决武鸣华侨农场归难侨职工纳入南宁市职工基本医疗保险、养老保险以及农场拖欠退休金问题。

越南归侨甲[1]

一

我们原来生活在越南的广宁省。回国的时候，是经云南的河口入境的，河口就在越南老街的对面。我们回来后，那边的房子就不要了，当时走得匆忙，牛、猪等都来不及卖，更不会想到卖房子。我们决定回国也就是一两天的事，当时也没想到还会回越南。那时听说要打仗了，越南要赶我们回中国，我们只得匆匆忙忙地卖掉一点鸡。至于房子就只能不要了，因为没有时间去卖。当时我们听到风声说，有好多人都回中国了，我们也很快就走了，根本没有时间去卖东西。我们收拾了衣服，几个家庭请了辆车到河内去，再从河内坐火车到老街。在老街有很多解放军用竹船把我们运了过来，便到了河口。在河口，我们在橡胶厂住了两个星期。我们小孩爱玩，去外面玩的时候可以看到一大片橡胶晾在外面，臭臭的，大人们就在那边洗菜、煮饭。

在橡胶厂住了两个星期后，我们就坐车到了昆明，在一个庙里住了一个星期，当时我们就在地上铺席子睡。隔壁的一个庙里也安排了其他的越南归侨。

一周后，解放军战士就用解放牌卡车把我们拉到了柳州。一路上共有 40 多辆卡车，一车 40 多个人。我们在车上有的坐，有的睡，太累了就用一块布在车上一铺，躺下就睡了。卡车上有人抱着很小的小孩，还有的人晕车呕吐了。

我们在柳州住了整整一个月，吃住都在柳江饭店，平日里没什么事，白天有时去玩，有时就在那里聊天，整个柳江饭店里住的都是我们越侨，蛮多人的。我记得最清楚的是那时柳侯公园的门票是两分钱，但我们没有钱，就试图从另一侧的后门进去，没想到守门人也允许我们进去了。

在柳州住了一个月后，我们又坐班车到了武鸣县，住了两个星期。我们当时并不知道将被安排到哪里，最后才知道是要到武鸣华侨农场去开荒。刚到里建的时候，我们的住房是搭建在一大片平地上的，房子的材料是沥青、竹子和油纸。

---

① 访谈时间：2006 年 8 月；采访：梁茂春；访谈地点：武鸣某华侨农场；受访者：匿名。

太阳一晒，沥青和油纸的油就流了下来，刮风下雨的时候就会开裂，住起来很不舒服。这种房子是临时搭建的。当时按照家庭来分配住房，每个家庭可以住一间或两间。住了半年后，我们就搬到这里刚刚建好的新房子，一直住到现在，这里距离原来住了半年的旧房子有一公里。安置房的质量并不好，后来房子的天花板掉了下来，最后农场把它推倒了。现在那些房子已经变成了荒地，长满了杂草。前几年我们家刷了墙，天花板也重新钉过了。

我们都服从政府的安排来到这里，也没有人提出要安排在武鸣县城，对上级的安排也没有什么意见。

但当时我们一些归侨认为，与这里相比，越南更好。他们主要觉得越南更方便，自己种的稻谷自己收，不用到市场去买，因为在那里住久了，田地都有了，离街市也很近，很方便，什么都有。那时我经常跟我妈妈挑东西去街上卖，每天六点妈妈就叫我们起来，把自己种的东西挑去卖，比如木薯。可是这里是蚂蚁山，想吃点什么别的都难，很不方便，因为距离街市很远，当时路又不好走，只有泥巴路，坑坑洼洼的，一下雨就很难走，骑单车在路上经常被泥巴绊着。现在已经修成了沙子路，不过是这两年才铺的。我们这里没小学，学生读书要到顺安去，从这里到顺安有 4 公里，是很远的，要骑单车才行。

二

我回国来到农场时是 15 岁。在越南，我完全没有上过学，长大就劳动了。来到这里后，由政府安排，我们十多岁的就去读书，我和我侄女（当时她 7 岁）在同一个班里，因为我在越南没有上过学，来这里就从一年级读起。我读了两三个月就不读了，因为年龄太大了，所以干脆回来干农活。那时集体劳动工作，工资是 15 元一个月，成年人是 25 元一个月。那时吃大锅饭，每天敲钟出工，到下午五点就收工了，天天都是这样。

1978 年我们刚到这里时是在饭堂吃饭，吃了几个月的大锅饭。农场安排归侨自己做饭，小部分人专门煮饭，大部分人去做工。那时一个月加一次菜，队里按组分，每个月一组杀一头猪，有多少个组就分多少头猪，当时有专门养猪的人，叫生产队。后来大家逐渐感到不习惯，因为伙食不合自己的口味，有的说菜淡了，有的说菜辣了，真可谓众口难调。后来有人说干脆把米分给我们，自己想怎么吃就怎么吃，就这样，大家分开做饭了。过了四五个月，这边搞好房子，我们就搬过来住了，也就各家分开吃了。在饭堂吃饭时，我们不用交钱，因为刚刚回国，大家也没有钱，由政府供应我们吃饭。后来做工以后，就自己用工资买米买菜了。

刚回国的时候，有人不安分，想跑出去。男女都有想跑出去的，大多是青年人，他们去北海、广州，然后出钱坐船去香港。那时候一般是十几二十个人合伙去买船，一人出一百多元，也有的出几十块，大家买点在船上吃的东西，在船上过一两天时间，从珠海到澳门，再到香港。我当时也想去香港，也尝试过偷渡过去。

当时，我们归侨中有人听收音机，其中有的人鼓动大家：“你去不去呀，别人都去香港，你去不去呀?”这样你叫我，我叫你，一个传一个，聚集了一批人。有的人没有参加集体劳动，但他们信息很灵，因为他们的兄弟姐妹从越南直接去香港后，寄信过来说那边生活很好，然后他们就把消息传出来，一传十，十传百，弄得大家都想去香港了，就像现在我们一窝蜂去广东打工一样。

我们买船一起偷渡的时候，我坐的那只船一共有 50 人，全部是越南归侨，其中一部分是我认识的人。在那只船上，我们村里的就有我、我姐姐一家人、我大哥一家人。我们先是到高峰林场，那里有我姐夫的一个越南归侨亲戚，他也一起去。然后我们去到广东的大浣码头，究竟是哪个村，现在我已不记得了。我们在那里找人买船，买到船后，就去买米，用袋子装好，其他行李也放到船上，就这样坐船下海向香港出发了。我们出去时没发现海上有巡逻队。我们自己划着船，到半路时就累了。海上有打鱼的船，我们就去和他们谈价钱，请他们拉我们的船，最后只拉到了澳门。我们是晚上九点才到澳门的，海水退潮了，所以男人全部下去把船推到澳门的码头。澳门不让我们上岸，我们就在船上住了一个星期。我们准备了很多米、菜，在船上煮饭，在半路遇到打鱼的船时，我们也跟渔民买鱼，所以存了很多粮食。

我们只在海上待了一天半，但在澳门码头却停留了一个星期。后来，澳门政府的人来说，现在不给我们上去了，他们不接收人了。澳门大船把我们的船拉到香港沿岸公海上，他们的大船就走了，然后我们只能乘坐小船继续去香港。后来大浪把我们的船打翻了，香港的船正好过来救我们，等我们大大小小都上了他们的船后，我们那只小船就慢慢沉入海里。如果他们慢了一步，或许我们就都死了，真是够险的！到了香港后，他们给我们提供食物，有面包、罐头鱼、米饭，我们变成了难民。

我们有很多越南难侨死在海上了。有一艘坐了 50 多人的船，因在海上没吃的，饿死了一些人。在难民营里，有人给我讲了一个故事：他们那只船上饿死、病死了不少人。有一个人生病了躺在船上，别人以为她死了，要来吃她，砍了她一刀后，她才醒过来。香港船救了他们后，给她的伤口上了药，问她为什么会被砍一刀，她就把事情原委说了出来。我在难民营时曾亲眼见到她去看医生。她当时就是这么对医生说的。在难民营，我听到各种各样的故事。他们从越南坐船，要两个月才能到香港，准备的粮食在海上不够吃，且在海上又不知道方向，晃来晃去，有的船就沉到海里了，死了很多人，但有的人不仅得救了，还有很多钱。人生就是这样，无法看明白的。我们的船没有发生这样的事情，因为我们买了很多食物，足够我们吃的。

我们当时住的香港的难民营是在一个岛上，我是和姐姐、哥哥一起去的。有孩子的家庭安排在另一个岛上的难民营里；我被安排到的那个岛，全部是女人，由香港女工作人员来管我们，我们见不到一个男人，只有当电话、电扇坏了的时候才有男人来修理。我们在那里吃得很好，每天有四餐，早上起来，运动运动，刷好牙后，就到上面餐厅里，已经摆好一桌一桌的饭菜，这就是早餐了。吃完后，我们爱玩什么就玩什么，打球、看电视，唯独不能出去做工。那个岛比我们农场的生产队大，开有两三个门，但不允许我们出去，只能在里面玩。我们的住所是一些四五层的房子。到了中午，就吃午饭。我们也不用洗衣服，有一个很大的房子作为洗衣房，有人给我们统一洗衣服。我们吃完饭后，想洗澡了就去拿衣服下去洗澡，洗完澡了，想玩就玩。晚饭后，到晚上九点，她们就拿食物来，有牛奶、面包、排骨，爱吃什么就吃什么，吃完了就玩。我们觉得那时候的生活好舒服。

我在那里住了一年，那个岛上总共有一百多人，都是 15 ~ 20 岁的女人。我们是 1980 年底去的，1982 年过完春节才回来。我们不想回来，很想再住久一点。香港那边跟内地沟通后，给我们每一个人两千块人民币的安置费，我们就被接回来了。但是，我们也不知道要接我们回到原籍所在地。那天晚上，一位女工作人员说："你们今晚收拾好行李，明天要去另一个岛。"第二天，我们上车时也不知道要回内地，但当看到所乘坐的车辆已换成了内地牌照时，才突然意识到又要回来了。有的人开始大哭，他们不想被送回来，毕竟出了这么多钱买船偷渡，经历了许多曲折，本以为可以跑出去了，结果又被送回来了。

越南归侨乙[1]

一

我们是1978年2月回国的，当时我十七岁。我有七个弟弟妹妹：五个弟弟、两个妹妹。我是最大的，最小的是妹妹，回国时她才两岁。我爷爷奶奶很早就过世了，我老爸是孤儿。我们家是爷爷那一代从中国去越南的，我是第三代。我们是十个人回来的，我有一个大伯，当时也跟我们一起回来。他被安置在宁明，1988年他出国了。他的孩子先是到了香港，然后再从香港的难民营去了加拿大。他的孩子后来在加拿大拿到了身份，他就申请去加拿大了。现在我大伯已经过世了，他比我爸爸大了十八岁。爷爷当时在中国娶了一个老婆，在越南又娶了两个老婆，这都是听我爸说的。我妈现在在国外，是通过我六妹申请出去的，也去了加拿大。六妹嫁给了加拿大人，是通过亲属介绍的，她好像是1998年出去的，当时没到三十岁。

我们回来时经过云南的河口，河口海关的对面就是越南的老街。我们回来前就住在老街。回国后我们在河口住了一个月，等待安排。住处在学校，我也不清楚是中学还是小学，反正是两所学校。那时候等待回国的人多呀，临时把我们安置在学校，连教室都安排住人了，那时刚好是放寒假。住了大概一个月，刚过了年，我们就跑过来了。我们住的教室空荡荡的，椅子都搬走了，政府给我们发新被子，统一供应饭菜。我们每天就去饭堂领饭菜回来吃，就像现在吃快餐一样，每人一份，按年龄分，15岁及以上的就可以拿大碗，15岁以下的拿小碗。我们一家有十个人，分配住在一起，一个教室可以住几家人，每人都有用竹子做的床铺——下面是砖头，竹子一块一块地拼起来铺在上面。我们是头一批回国的，接待还是比较好的；后面回来的，就没有这么好了。从广西东兴那边回来的也很多。我们当时也不知道是云南好还是广西好，就申请安排到自己的老家。所以虽然我们是从云南入境的，但没有被安置在云南。当时由侨办来安排，我们申报去

① 访谈时间：2006年8月；采访：梁茂春；访谈地点：武鸣某华侨农场；受访者：匿名。

哪个地方，政府就安排我们到哪个地方，我的老家在防城，所以就安排回广西了。

一个月后，我们坐车到广西武鸣里建，住在招待所里。当时的招待所是平房，不是现在的楼房。当时一些印尼归侨已经回来十多年了，里建已经有了一些建筑物了。在里建住了一个星期之后，我们全家十个人就被分配到了宁武分场。当时我们住的也是平房。我们是头一批越南归侨，好像是 1978 年 3 月 24 日还是 26 日到这里的，后面来的几批归侨住房要比我们的好一些。当时南宁华侨补校的学生在这里搞了一个青年队，来这里下乡做工，就在这里结婚了。当时青年队那批人有几十个，后来有条件的都搬走了。

刚来到农场时，我们有一二百人，要分两个地方煮饭、两个食堂吃饭。一边是用大礼堂做食堂，另一边，也就是我们这边搭了一个大棚做食堂，现在大礼堂改的食堂还在使用。

我们在饭堂大概吃了半个月的饭，当时吃得好，有肉有菜，国家还是照顾我们的。其他的安置也做得好，什么炊具、家具都准备齐了。有了这些东西后就各家各自做饭，自己过日子了，不再在公共食堂用餐了。后来建的房子户型是厨房前面是一间卧室或者卧室的后面是一间厨房，没有卫生间。卫生间是公共的，但有独立的洗澡室，设在厨房旁边，空间足够一个人洗澡。

二

我回来的时候刚好 17 岁，因为基础不好读不了中学，读小学的话年纪又大了，所以我就不读书了，直接参加劳动。我在越南时 9 岁才开始读书，读了六年书。我们那里有个中华学校，以中文教学为主，每天也学一点越南文，数学课是用中文教的。1975 年以后，就没有华文学校了，也就是在我读了小学后，就没有华文中学了。我读了五年小学，第六年上初一，就读越南文学校了。我会讲白话、越南话。现在，我还会说越南话，算是一般水平吧。现在我们经常讲越南话，就像壮族人在一起时就讲壮族话，我们越南归侨聚在一起时也就讲越南话。在越南的时候，我们讲白话的多一些，有时也讲越南话：出去读书就讲越南话，在家里跟父母就讲白话。我们在越南读的华文学校教的是普通话，我们的老师是华人。另外一些地方的华文学校会教白话，但是我不会使用白话来读书。我们莱州省有一个华文中学，可以读初中。如果想读高中，就要到河内才行了。那时高中毕业就可以当老师了。后来越南解散了华文学校，华侨就没法当老师了。

来到农场后，我就被算作劳动力了，当时的工资是每个月 27 元。那个年代还有生产队，还是吃大锅饭的制度。我所在的二队种的是稻谷，我当时不会种稻谷，种下去的禾苗一下子就浮上来了。当时我劳动也不是很认真，因为工分是按天计算的，做多少都一个样，经常做半天就行了，所以很多年轻人就偷懒了。一般三十多岁的会积极一点，十几岁、二十多岁的会懒一点。有一个本地人说，他们在农场劳动，也领工资，开始时是每个月 16 元，后来也提到跟归侨一样，每个月 27 元了。以前生产搞得比较好的生产队，每个月工资是 19 元，有的是 18 元、17 元，搞得不是很好的生产队只有 16 元。后来才进行工资定级，每月 27 元，再后来涨到 32 元。归侨与本地职工一样，没有什么区别，都拿农场统一待遇，只不过归侨每年有一点补助。为什么会有本地人在农场？因为这个农场原来是本地人的土地，后来把归侨安置到这里来，就和本地人一起在农场了，总不能把本地人赶走呀！当时有很多本地人想进农场，因为农场可以领工资，又能买米，吃大锅饭的时候每个月还可以领十斤的饭票，当时本地人没有这么好的待遇。

宁武华侨农场本地人较多，在 22 个生产队中，本地人占了 60% ~70%。管理人员中本地人占的比例比较大，因为当时越南归侨不会说普通话，中文水平不高，所以难以担任管理人员。

1982 年、1983 年开始搞承包到户，刚开始时大家都同意，没有人反对。所有人都认为还是承包好，可以多劳多得。

我是 1985 年结婚的，当时 24 岁。那时计划生育政策已经开始了，我只生了一个女孩。农村可以生第二胎，但华侨不行。有一段时间华侨是有照顾的，第一胎到 4 岁后可以生第二胎，从 1990 年开始就没有这个政策了。我是 1986 年生的第一胎，没有搭上末班车，所以只生了一个女孩。我的弟弟妹妹多，我也不想多要孩子了，孩子多了家庭经济负担也沉重。

我们六个人在这里上班，这里是大队，每个生产队的队长都要到这里上班。大队原来叫管区，后来改作村，队长办公的房子跟农村的大队办公处一样，就是有个办公的地方。场部的环境好不少，就像是在镇里一样。

现在农场的土地跟乡镇的土地是有区别的，例如土地承包费不一样，我们这里每亩要交 100 元，文塘村那边每亩只交 30 元，但是他们要自己交养老保险。我们宁武分场的职工每亩交 100 元的土地使用费后，就按工资的 8% 交养老保险，自己交一部分，单位交一部分，以后退休了就可以领退休金了。退休金地方财政是不可能拨款的，由农场自己从土地使用费里交。有的职工困难，交不起 100 元一亩的土地使用费，就只交 30 元了，但是养老保险就得自己解决。两种办法各有利弊，具体情况具体分析，由单位自己定。乡镇的农村要交公粮，我们农场交的是土地使用费，不用交公粮。我们现在按照土地的地理位置来确定每亩要交多少土地使用费，靠近河边的就交多一点，在山区里面的就交少一点。现在农村比农场发展好一些，但是农场的退休待遇好。我现在七十多岁，我一个月还有几百块钱的退休金，农场老有所养，女的到五十岁，男的到六十岁，只要参加了养老保险的就可以领退休金了。农村就没有退休金，养老要靠子女。

我们这里的越南归侨出国的有二三十人吧，有的是嫁出去的，有的是跟着子女出去的。还有一些老人出去后又回来了。当时刚一回到中国马上就有人走了，有的是直接从越南走，有的是回到中国后走。回到宁武农场后走的大多是年轻人，那时我还小，如果当时年纪大一点就可以跟着他们走了。他们跑到香港后，就以难民身份分配到某一个国家。偷渡去香港的归侨有的成功了，也有的被骗了，给了钱，但没有坐上船。当时可以游到澳门去，但游不到香港，那里有鲨鱼会吃人的。

后记

近年来，随着相关学术研究的深入发展，我国华侨华人研究界已逐渐认识到以往以二手文献资料为基础的研究之局限性，越来越多的研究者开始重视田野调查研究。而暨南大学国际关系学院/华侨华人研究院作为教育部人文社会科学重点研究基地，一直以来都十分重视对海外华侨华人和归侨侨眷的田野调查研究和口述史研究。

我们认为，归难侨口述资料收集工作具有重要的意义。20世纪50年代以后，我国陆续接纳了从海外回国的大批归难侨，分别安置在海南、广东、广西、福建、云南等省区。出于历史原因，对这些归难侨的安置以及他们对本土适应情况的研究并没有及时、充分地开展。归难侨是一个特殊的社会群体，由从不同国家归来的海外华侨华人组成，其身份认同、文化特征与中国大陆其他民族或群体存在显著的差异。因此，归难侨口述史作为具有独特价值的历史文献资料，对当代华侨华人及相关问题研究的意义是不可忽视的。

由于许多归难侨年事渐高，对他们开展口述访谈及个人文献资料的收集已成为一项紧迫任务。近年来，境内外已经先后出版相关的口述史著作，为这项工作做出了许多贡献。我们从2006年开始着手对广西的归难侨、2013年着手对暨南大学归难侨进行口述史访谈。《归侨口述史·暨南篇》共收录了暨南大学40位归难侨的访谈录，已由暨南大学出版社于2019年出版。

由于经费、时间安排等原因，我们对广西归难侨的访谈工作持续时间较长。接受访谈的广西归难侨绝大多数是基层人士，主要居住在桂林、南宁、柳州、武鸣和隆安各华侨农场以及东兴等地的印度尼西亚、越南、缅甸、泰国、马来西亚、柬埔寨等归难侨。当然，受访者中也有一些知名归侨人士，包括侨联干部、党政领导、专业技术人员、企业家等。遗憾的是，十多位受访者对公开出版自己的口述史文稿心存顾虑并在出版前夕决定放弃，因此本书最终只收录42位归侨的访谈录。不过，他们的口述文字也同样具有重要的学术研究价值，仍可以通过合适的方式匿名应用于相关科研中。

在此需要说明的是，对广西归难侨的访谈工作主要在两个时间段进行。一是在2013—2019年断断续续开展的访谈，其中也包括因访谈条件所限而由受访者自己按我们的访谈问题而撰写的自述。这些受访者主要居住在桂林、南宁、隆安、东兴和柳州等地。这部分访谈记录和自述详细记录了访谈时间、地点、采访者和受访者的姓名等信息。二是在2006—2007年对广西若干华侨农场进行的访谈，是当时相关田野调查研究工作的一部分，所以普遍采取匿名记录的方式，在访谈过程中并未记录受访者的真实姓名。考虑到部分受访者自述的个人经历内容比较丰富，也有一定的口述史价值，所以也一并放入本书的后半部分，并以化名“甲、乙、丙、丁……”代之。此外，本书中还收录了广西侨联苏妙英老师于1997年访谈两位归侨的口述文稿。

《归侨口述史·广西篇》是《归侨口述史·暨南篇》的姊妹篇，访谈内容、排版格式一样，即目录编排根据口述者的姓氏拼音进行排序，内容采用图文结合的形式，既有访谈文字，又穿插一些受谈者提供的个人和家族老照片，以增加可读性。

我们原计划除了《归侨口述史·暨南篇》《归侨口述史·广西篇》之外，还要在广东、福建、海南、云南等省继续开展归侨口述史的访谈工作并出版相应口述史文稿。但在这两本书出版之后，我们已感力不从心。《归侨口述史·暨南篇》的访谈工作相对容易一些，因为该项目由暨南大学国际关系学院/华侨华人研究院和暨南大学侨联协调合作完成，几乎所有的受访者都居住在暨南大学校园或广州市内，还有大量研究生和本科生可随时调用作为访谈员，这些便利因素都使其能够在相对较短的时间内（前后六年多）完成。《归侨口述史·广西篇》则要艰难得多。我们必须利用每年的寒暑假到广西开展访谈和访谈记录核对，不仅需要提前进行通信联系，还需要解决交通、住宿等问题。一般情况下，每天只能完成两三位归侨的访谈工作，因为每次访谈需要两至三个小时（口述记录、对归侨的旧照片进行拍照）。一个小时的访谈录音对应后续半天录音转文字的时间，工作量不小。不少受访者因口述内容较多，需要两次或三次登门才能完成。为了提高访谈效率，我们在广西自驾车穿梭于各地华侨农场，夜里也经常安排访谈。因经费有限，录音转文字的工作全部由我们几位团队成员亲自完成。另外，出版环节也比较烦琐、耗时。总之，《归侨口述史·广西篇》比《归侨口述史·暨南篇》所付出的时间和精力要多得多。

《归侨口述史·广西篇》历经艰辛，终于面世，我们深感愧疚：时间拖得太久了！我们要感谢所有受访人员所付出的努力。在访谈期间，他们不厌其烦地接受我们的多次登门造访，并一如既往地耐心、热情地接待，使我们深受感动；此书进入整理编辑工作后，为了核对某一位受访者的口述资料，我们时常通过电话多次甚至十多次找到受访者要求核对，或登门拜访，对他们的平静生活造成了一定程度的干扰，对此我们深感愧疚。我们要感谢广西侨联、桂林市侨联、南宁华侨投资区、东兴市侨联、桂林市华侨农场、隆安华侨农场、柳州市侨务部门等工作人员的热情接待和指引，在选取合适受访者方面提供了详细的资料和建议。我们也要感谢几位访谈员，他们是苏妙英、陈健、普鹏飞、黎力、梁晓晨、方陈灵等老师和同学，感谢他们认真细致的工作和辛苦努力的付出。最后，我们特别感谢各位匿名评审专家对书稿的认真审阅和修改意见，感谢暨南大学出版社责任编辑冯琳、王辰月和刘宇韬等为书稿的出版所做的大量工作，感谢暨南大学国际关系学院/华侨华人研究院为本书提供的出版资助。

梁茂春、陈文

2022 年 7 月 18 日